KB247143

新 수학의 바이블 기하

풀이집

기하

新 수학의 바이블 기하 풀이집

201812 제5판 1쇄 **201910** 제5판 3쇄
펴낸이 김형중 **펴낸곳** 이투스교육(주) 서울시 서초구 남부순환로 2547
전화 1599-3225 **등록번호** 제2007-000035호 **ISBN** 979-11-6123-760-2(53410)

• 이 책은 저작권법에 따라 보호받는 저작물이므로 무단전재와 무단복제를 금합니다.
• 잘못 만들어진 책은 구입처에서 교환해 드립니다.

예제 01　포물선의 방정식　　　　　p.21

01-1

(1) 주어진 조건을 만족시키는 점을 $P(x\ y)$라 하고, 점 P에서 직선 $x=3$에 내린 수선의 발을 H라고 하면 $\overline{PF}=\overline{PH}$이므로

$$\sqrt{(x+1)^2+(y-2)^2}=|x-3|$$

이 식의 양변을 제곱하여 정리하면

$$(x+1)^2+(y-2)^2=(x-3)^2$$
$$\therefore (y-2)^2=-8(x-1)$$

(2) 주어진 조건을 만족시키는 점을 $P(x,\ y)$라 하고, 점 P에서 직선 $y=-1$에 내린 수선의 발을 H라고 하면 $\overline{PF}=\overline{PH}$이므로

$$\sqrt{(x-4)^2+(y+3)^2}=|y+1|$$

이 식의 양변을 제곱하여 정리하면

$$(x-4)^2+(y+3)^2=(y+1)^2$$
$$\therefore (x-4)^2=-4(y+2)$$

보충 설명 포물선의 작도

(1) 선분 AH와 길이가 같은 실의 양 끝을 정점 F와 자의 한 끝점 A에 고정시키고 연필의 끝점 P를 자에 붙입니다.

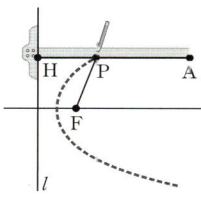

(2) 실을 팽팽하게 유지하면서 직선 l을 따라 자를 수평으로 이동합니다.

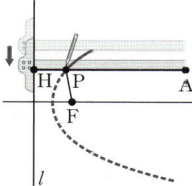

(3) $\overline{PF}=\overline{PH}$이므로 점 P가 그리는 도형은 포물선입니다.

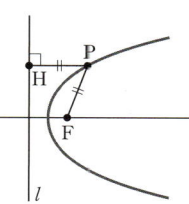

정답　(1) $(y-2)^2=-8(x-1)$
　　　(2) $(x-4)^2=-4(y+2)$

01-2

오른쪽 그림과 같이 꼭짓점이 원점이고, 준선의 방정식이 $x=-4$인 포물선의 초점은

$$F(4,\ 0)$$

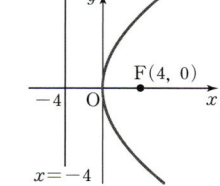

이므로 주어진 조건을 만족시키는 포물선의 방정식은

$$y^2=16x$$

이 포물선이 점 $(a,\ 8)$을 지나므로

$$8^2=16a \quad \therefore a=4$$

정답　⑤

01-3

초점이 $F(0,\ 1)$이고, 원점을 지나는 포물선은 $x^2=4py$에서 $p=1$이므로 포물선 $x^2=4y$입니다.

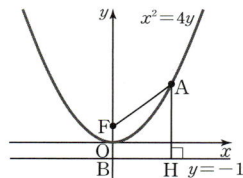

점 A가 포물선 $x^2=4y$ 위에 있고 점 F는 초점이므로 점 A에서 직선 $y=-1$에 내린 수선의 발을 H라고 하면 포물선의 정의에 의하여 $\overline{AF}=\overline{AH}=5$입니다. 따라서 점 A의 y좌표는 4이므로 x좌표는 4 또는 -4입니다.

두 경우 모두 선분 AB의 길이는 같으므로

$$\overline{AB}=\sqrt{4^2+5^2}=\sqrt{41}$$
$$\therefore k^2=41$$

정답　41

예제 02　포물선의 방정식의 일반형　　　p.23

02-1

(1) 주어진 포물선의 방정식을 변형하면

$$y^2-2y+1=-4x-8$$
$$\therefore (y-1)^2=-4(x+2)$$

따라서 주어진 포물선은 포물선 $y^2=-4x$를 x축의 방향으로 -2만큼, y축의 방향으로 1만큼 평행이동한 것입니다.

이때, 포물선 $y^2=-4x$의

초점의 좌표는 $(-1,0)$
꼭짓점의 좌표는 $(0,0)$
준선의 방정식은 $x=1$

이므로 포물선 $(y-1)^2=-4(x+2)$의

초점의 좌표는 $(-3,1)$
꼭짓점의 좌표는 $(-2,1)$
준선의 방정식은 $x=-1$

(2) 주어진 포물선의 방정식을 변형하면
$$x^2-4x+4=-8y-16$$
$$\therefore (x-2)^2=-8(y+2)$$

따라서 주어진 포물선은 포물선 $x^2=-8y$를 x축의 방향으로 2만큼, y축의 방향으로 -2만큼 평행이동한 것입니다.

이때, 포물선 $x^2=-8y$, 즉 $x^2=4\times(-2)\times y$의

초점의 좌표는 $(0,-2)$
꼭짓점의 좌표는 $(0,0)$
준선의 방정식은 $y=2$

이므로 포물선 $(x-2)^2=-8(y+2)$의

초점의 좌표는 $(2,-4)$
꼭짓점의 좌표는 $(2,-2)$
준선의 방정식은 $y=0$

보충 설명 포물선의 방정식의 일반형

(1) x축에 평행한 축을 가진 포물선의 방정식은
$$y^2+Ax+By+C=0 \text{ (단, } A\neq0)$$
이때, xy항과 x^2항이 없고, y^2항이 있습니다.

(2) y축에 평행한 축을 가진 포물선의 방정식은
$$x^2+Ax+By+C=0 \text{ (단, } B\neq0)$$
이때, xy항과 y^2항이 없고, x^2항이 있습니다.

정답 (1) 초점의 좌표 : $(-3,1)$, 꼭짓점의 좌표 : $(-2,1)$
    준선의 방정식 : $x=-1$
   (2) 초점의 좌표 : $(2,-4)$, 꼭짓점의 좌표 : $(2,-2)$
    준선의 방정식 : $y=0$

02-2

포물선 $(x-1)^2=4y$는 포물선 $x^2=4y$를 x축의 방향으로 1만큼 평행이동한 것이고, 포물선 $x^2=4y$의 초점의 좌표는 $(0,1)$이므로 포물선 $(x-1)^2=4y$의 초점의 좌표는 $(1,1)$ $\therefore F_1(1,1)$

또한 포물선 $(y+2)^2=-8x$는 포물선 $y^2=-8x$를 y축의 방향으로 -2만큼 평행이동한 것이고, 포물선 $y^2=-8x$, 즉 $y^2=4\times(-2)\times x$의 초점의 좌표는 $(-2,0)$이므로 포물선 $(y+2)^2=-8x$의 초점의 좌표는 $(-2,-2)$ $\therefore F_2(-2,-2)$

$$\therefore \overline{F_1F_2}^2=(-2-1)^2+(-2-1)^2=18$$

정답 ③

02-3

포물선 $f(x,y)=0$은 포물선 $y^2=4x-16$을 직선 $y=x$에 대하여 대칭이동한 것이므로 $y^2=4x-16$에 x 대신 y를, y 대신 x를 각각 대입하면
$$x^2=4y-16$$
$$\therefore x^2=4(y-4) \qquad \cdots\cdots \bigcirc$$

즉, 포물선 $f(x,y)=0$은 포물선 $x^2=4y$를 y축의 방향으로 4만큼 평행이동한 것입니다.

포물선 $x^2=4y$의

초점의 좌표는 $(0,1)$
준선의 방정식은 $y=-1$

이므로 포물선 $f(x,y)=0$의

초점의 좌표는 $(0,5)$
준선의 방정식은 $y=3$

이때, 점 $P(2,3)$을 지나고 y축과 평행하게 그은 직선의 방정식은 $x=2$이므로 $x=2$를 $\bigcirc$에 대입하면
$$2^2=4(y-4) \qquad \therefore y=5$$

따라서 오른쪽 그림과 같이 점 Q의 좌표가 $(2,5)$이므로 초점 $F(0,5)$와 점 Q를 이은 선분의 길이는
$$\overline{FQ}=2-0=2$$

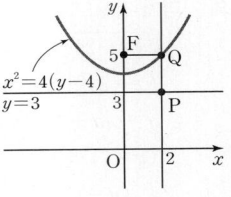

정답 2

예제 03　포물선을 나타내는 도형의 방정식　p.25

03-1

(1) 점 $(4, 0)$을 지나고 y축에 접하는 원의 중심을
　　$P(x, y)$라고 하면 점 P에서 y축까지의 거리는
$$|x| \qquad \cdots\cdots \text{㉠}$$
　　점 P와 점 $(4, 0)$ 사이의 거리는
$$\sqrt{(x-4)^2+y^2} \qquad \cdots\cdots \text{㉡}$$

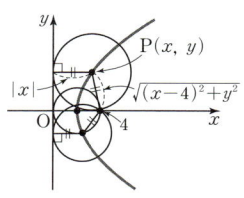

　이때, ㉠$=$㉡이므로
$$|x| = \sqrt{(x-4)^2+y^2}$$
$$x^2 = (x-4)^2+y^2$$
$$x^2 = x^2-8x+16+y^2$$
$$y^2 = 8x-16 \qquad \therefore y^2 = 8(x-2)$$

(2) 원 $(x-2)^2+(y-1)^2=4$의 중심은 $F(2, 1)$입니다. 이 원과 외접하고 직선 $x=-2$에 접하는 원의 중심을 $P(x, y)$, 반지름의 길이를 r라고 하면 $\overline{PF}=r+2$이고, 점 P에서 직선 $x=-2$까지의 거리는 r이므로 점 P에서 직선 $x=-4$까지의 거리는 $r+2$입니다.

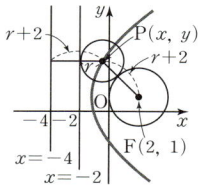

즉, 선분 PF의 길이와 점 P에서 직선 $x=-4$까지의 거리가 같으므로
$$\sqrt{(x-2)^2+(y-1)^2} = |x+4|$$
$$(x-2)^2+(y-1)^2 = (x+4)^2$$
$$x^2-4x+4+(y-1)^2 = x^2+8x+16$$
$$(y-1)^2 = 12x+12$$
$$\therefore (y-1)^2 = 12(x+1)$$

　정답　(1) $y^2=8(x-2)$　(2) $(y-1)^2=12(x+1)$

03-2

$x^2+y^2-8y+15=0$에서
$$x^2+(y-4)^2=1 \qquad \cdots\cdots \text{㉠}$$

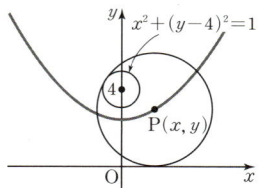

점 P의 좌표를 (x, y)라고 하면 원 O는 x축에 접하므로 반지름의 길이가 y이고, 원 ㉠이 원 O에 내접하므로
$$y = \sqrt{x^2+(y-4)^2}+1$$
즉, $y-1 = \sqrt{x^2+(y-4)^2}$
이 식의 양변을 제곱하면
$$y^2-2y+1 = x^2+y^2-8y+16$$
$$\therefore x^2 = 6\left(y-\frac{5}{2}\right) = 4\times\frac{3}{2}\left(y-\frac{5}{2}\right)$$

따라서 이 포물선의 초점의 좌표는 $\left(0, \frac{3}{2}+\frac{5}{2}\right)$, 즉
$(0, 4)$이므로 초점의 y좌표는 4입니다.

　정답　4

03-3

자연수 n에 대하여 직선 $x=n+1$과 원
$(x-3)^2+(y-2)^2=n^2$을 좌표평면 위에 나타내면
다음 그림과 같으므로 각 자연수 n에 대하여 직선
$x=n+1$과 원 $(x-3)^2+(y-2)^2=n^2$의 교점에서
점 $(3, 2)$와 직선 $x=1$에 이르는 거리가 같음을 알
수 있습니다.

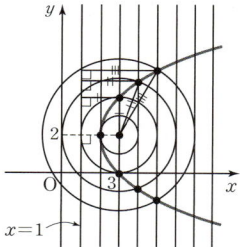

즉, 직선과 원의 교점들은 초점이 $F(3, 2)$이고 준선

이 $x=1$인 포물선 위에 있음을 알 수 있습니다.

따라서 포물선 위의 임의의 점을 $P(x, y)$라 하고, 점 P에서 직선 $x=1$에 내린 수선의 발을 H라고 하면 $\overline{PF}=\overline{PH}$이므로

$$\sqrt{(x-3)^2+(y-2)^2}=|x-1|$$

이 식의 양변을 제곱하여 정리하면

$$(x-3)^2+(y-2)^2=(x-1)^2$$
$$\therefore (y-2)^2=4(x-2)$$

보충 설명 위의 문제의 결과를 일반화하면 자연수 n에 대하여 직선 $x=n+(p-2)$와 원 $(x-p)^2+(y-q)^2=n^2$의 교점을 매끄럽게 연결했을 때 그려지는 도형은 점 (p, q)를 초점으로 하고 직선 $x=p-2$를 준선으로 하는 포물선이 된다는 것을 알 수 있습니다.

정답 ③

예제 04 포물선의 정의의 응용   p.27

04-1

포물선 $x^2=4y$의 초점은 $F(0, 1)$이고
$$\overline{FA}=\sqrt{(3-0)^2+(5-1)^2}=\sqrt{3^2+4^2}=5$$
로 일정하므로 $\overline{PA}+\overline{PF}$가 최소일 때 삼각형 AFP의 둘레의 길이도 최소가 됩니다.

이때, 오른쪽 그림과 같이 점 P와 점 A에서 준선 $y=-1$에 내린 수선의 발을 각각 H, H'이라고 하면 포물선의 정의에 의하여 $\overline{PF}=\overline{PH}$이므로

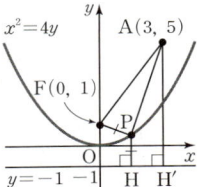

$$\overline{PA}+\overline{PF}=\overline{PA}+\overline{PH}$$
$$\geq \overline{AH'}$$
$$=|5-(-1)|=6$$

따라서 세 점 A, P, H가 일직선 위에 있을 때 삼각형 AFP의 둘레의 길이는 11로 최소가 됩니다.

정답 11

04-2

포물선 $y^2=8x$, 즉 $y^2=4\times2\times x$의 초점의 좌표는 $A(2, 0)$이고, 준선의 방정식은 $x=-2$입니다.

두 점 P, B에서 준선 $x=-2$에 내린 수선의 발을 각각 H, H'이라고 하면 포물선의 정의에 의하여 $\overline{AP}=\overline{PH}$이므로

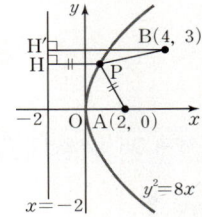

$$\overline{AP}+\overline{PB}=\overline{PH}+\overline{PB}$$
$$\geq \overline{BH'}$$
$$=|4-(-2)|=6$$

따라서 구하는 최단거리는 6입니다.

정답 6

04-3

세 점 A, B, C의 좌표를 각각 (x_1, y_1), (x_2, y_2), (x_3, y_3)이라고 합시다.

포물선 $y^2=24x$, 즉 $y^2=4\times6\times x$의 준선의 방정식은 $x=-6$이므로 세 점 A, B, C에서 준선 $x=-6$에 내린 수선의 발을 각각 H_1, H_2, H_3이라고 하면 포물선의 정의에 의하여

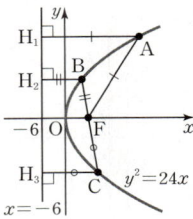

$$\overline{AF}=\overline{AH_1}=x_1+6$$
$$\overline{BF}=\overline{BH_2}=x_2+6$$
$$\overline{CF}=\overline{CH_3}=x_3+6$$
$$\therefore \overline{AF}+\overline{BF}+\overline{CF}$$
$$=(x_1+6)+(x_2+6)+(x_3+6)$$
$$=(x_1+x_2+x_3)+18$$

이때, 삼각형 ABC의 무게중심의 x좌표가 12이므로
$$\frac{x_1+x_2+x_3}{3}=12 \quad \therefore x_1+x_2+x_3=36$$
$$\therefore \overline{AF}+\overline{BF}+\overline{CF}=(x_1+x_2+x_3)+18$$
$$=36+18=54$$

보충 설명 세 점 $A(x_1, y_1)$, $B(x_2, y_2)$, $C(x_3, y_3)$을 꼭짓점으로 하는 삼각형 ABC의 무게중심의 좌표는

$$\left(\frac{x_1+x_2+x_3}{3}, \frac{y_1+y_2+y_3}{3} \right)$$

정답 ③

예제 05 포물선과 초점을 지나는 직선   p.29

05-1

(1) 포물선 $y^2=8x=4\times2\times x$의 초점은 $F(2, 0)$이고 준선의 방정식은 $x=-2$입니다.

두 점 A, B에서 x축에 내린 수선의 발을 각각 A', B'이라 하고, 준선 $x=-2$에 내린 수선의 발을 각각 A″, B″이라고 합시다.

이때, $\overline{AF} : \overline{BF} = 3 : 1$이므로 $\overline{AF}=3k$, $\overline{BF}=k$ $(k>0)$로 놓으면 포물선의 정의에 의하여

$$\overline{AA''}=\overline{AF}=3k, \overline{BB''}=\overline{BF}=k$$

이므로 두 점 A, B의 x좌표는 각각

$$\overline{AA''}-2=3k-2, \overline{BB''}-2=k-2$$

삼각형 FAA'과 삼각형 FBB'은 닮음이고 닮음비는 $3 : 1$ $(\because \overline{AF} : \overline{BF} = 3 : 1)$

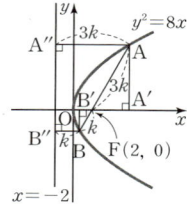

$$\overline{FA'}=(3k-2)-2=3k-4$$
$$\overline{FB'}=2-(k-2)=4-k$$

이므로 $\overline{FA'} : \overline{FB'} = 3 : 1$에서

$$(3k-4) : (4-k) = 3 : 1$$

$$12-3k=3k-4 \qquad \therefore k=\frac{8}{3}$$

$$\therefore \overline{AB}=\overline{AF}+\overline{BF}=4k=4\times\frac{8}{3}=\frac{32}{3}$$

(2) (1)에서 두 점 A, B의 x좌표는 각각

$$\overline{AA''}-2=6, \overline{BB''}-2=\frac{2}{3}$$

이고, $y^2=8x$ 위의 점이므로

$$\overline{AA'}=\sqrt{8\times6}=4\sqrt{3}, \overline{BB'}=\sqrt{8\times\frac{2}{3}}=\frac{4\sqrt{3}}{3}$$

따라서 삼각형 OAB의 넓이는

$$\frac{1}{2}\times\overline{OF}\times(\overline{AA'}+\overline{BB'})$$

$$=\frac{1}{2}\times2\times\left(4\sqrt{3}+\frac{4\sqrt{3}}{3}\right)=\frac{16\sqrt{3}}{3}$$

정답 (1) $\frac{32}{3}$ (2) $\frac{16\sqrt{3}}{3}$

05-2

포물선 $y^2=12x=4\times3\times x$의 초점은 $F(3, 0)$이고 준선의 방정식은 $x=-3$입니다.

$\overline{AF} : \overline{BF} = 4 : 1$이므로 $\overline{AF}=4k$, $\overline{BF}=k$ $(k>0)$로 놓을 수 있습니다.

두 점 A, B에서 포물선의 준선에 내린 수선의 발을 각각 H, H'이라고 하면 포물선의 정의에 의하여

$$\overline{AH}=\overline{AF}=4k, \overline{BH'}=\overline{BF}=k$$

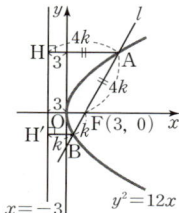

따라서 두 점 A, B의 x좌표는 각각

$$\overline{AH}-3=4k-3, \overline{BH'}-3=k-3$$

선분 AB를 $4 : 1$로 내분하는 점이 점 F이므로 점 F의 x좌표는

$$\frac{4(k-3)+4k-3}{4+1}=\frac{8k-15}{5}$$

$F(3, 0)$이므로 $\frac{8k-15}{5}=3$

$$\therefore k=\frac{15}{4}$$

즉, 점 A의 x좌표는 $4\times\frac{15}{4}-3=12$

점 A는 포물선 위의 점이므로 점 A의 좌표는 $A(12, 12)$입니다.

직선 l은 두 점 $A(12, 12)$, $F(3, 0)$을 지나므로 직선의 방정식은

$$y - 0 = \frac{12-0}{12-3}(x-3) \qquad \therefore 4x - 3y = 12$$

따라서 $a=4$, $b=-3$이므로

$$a^2 + b^2 = 4^2 + (-3)^2 = 25$$

정답 25

05-**3**

점 B에서 포물선 $y^2=4px$의 준선 $x=-p$에 내린 수선의 발을 D라고 합시다. $\overline{AF}=a$, $\overline{BF}=b$라고 하면 포물선의 정의에 의하여

$$\overline{AC} = \overline{AF} = a, \quad \overline{BD} = \overline{BF} = b$$

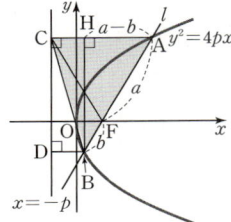

직선 l의 기울기가 $\sqrt{3}$이므로 직선 l이 x축의 양의 방향과 이루는 각의 크기가 $60°$이고, 삼각형 ACF에서 $\overline{AF} = \overline{AC}$이므로

$$\angle AFC = \angle ACF = \angle FAC = 60°$$

점 B에서 선분 AC에 내린 수선의 발을 H라고 하면 $\overline{AH} = a - b$이고 직각삼각형 AHB에서 $\angle BAH = 60°$이므로

$$\overline{AB} = 2\overline{AH}$$

$$a + b = 2(a - b) \qquad \therefore a = 3b$$

이때, $a+b=16$이므로 $a=12$, $b=4$

따라서 삼각형 ACB의 넓이는

$$\frac{1}{2} \times \overline{AC} \times \overline{BH} = \frac{1}{2} \times a \times \sqrt{(a+b)^2 - (a-b)^2}$$
$$= \frac{1}{2} \times a \times 2\sqrt{ab}$$
$$= \frac{1}{2} \times 12 \times 8\sqrt{3} = 48\sqrt{3}$$

보충 설명 삼각형 ACF는 정삼각형이고 직선 AC는 x축과 평행하므로

$$\overline{AC} = 4\overline{OF}, \ a = 4p \qquad \therefore p = \frac{a}{4} = 3$$

정답 $48\sqrt{3}$

기본 다지기 p.30~31

01-1 ②　　2 ④　　3 9　　4 5　　5 24
　　　6 ⑤　　7 $\frac{9}{4}$　　8 12　　9 6　　10 8

01- **1**

접근 방법 포물선 $y^2=4px$의 초점의 좌표는 $(p, 0)$이므로 포물선 $y^2=4px$를 x축의 방향으로 m만큼, y축의 방향으로 n만큼 평행이동한 포물선 $(y-n)^2 = 4p(x-m)$의 초점의 좌표는 $(p+m, n)$입니다.

상세 풀이 포물선 $y^2 = 4(x-a)$는 포물선 $y^2=4x$를 x축의 방향으로 a만큼 평행이동한 것이고, 포물선 $y^2=4x$의 초점의 좌표는 $(1, 0)$이므로 포물선 $y^2 = 4(x-a)$의 초점의 좌표는 $(1+a, 0)$입니다.

또한 포물선 $y^2 = -8(x+b)$는 포물선 $y^2 = -8x$를 x축의 방향으로 $-b$만큼 평행이동한 것이고, 포물선 $y^2 = -8x$의 초점의 좌표는 $(-2, 0)$이므로 포물선 $y^2 = -8(x+b)$의 초점의 좌표는 $(-2-b, 0)$입니다.

이때, 두 포물선의 초점이 일치하므로

$$1 + a = -2 - b$$
$$\therefore a + b = -3$$

보충 설명 방정식 $f(x, y) = 0$이 나타내는 도형을 x축의 방향으로 a만큼, y축의 방향으로 b만큼 평행이동한 도형의 방정식은 $f(x-a, y-b) = 0$입니다. 즉, 원래 식에 x 대신 $x-a$를 대입하고, y 대신 $y-b$를 대입하면 평행이동한 도형의 방정식을 얻을 수 있습니다.

정답 ②

01- **2**

접근 방법 포물선은 초점과 준선에 이르는 거리가 같은 점들의 집합임을 이용합니다.

상세 풀이 포물선 $y^2=8x$의 초점의 좌표는 $(2, 0)$이고, 준선의 방정식은 $x=-2$입니다.
점 P에서 초점까지의 거리는 5이므로 프물선의 정의에 의하여 점 P와 준선 $x=-2$ 사이의 거리도 5입니다.
이때, y축과 준선 $x=-2$ 사이의 거리는 2이므로 점 P에서 y축에 내린 수선의 길이는
$$5-2=3$$

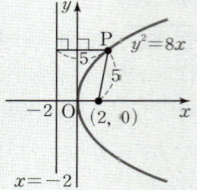

보충 설명 만약 이 문제에서 포물선 위의 점 P의 좌표를 (x, y)로 놓고 식을 세워 계산만으로 풀었다면 훨씬 복잡한 식을 얻었을 것입니다. 이차곡선과 관련된 문제는 항상 그래프를 그려 보고 이차곡선의 정의와 성질을 이용해야 한다는 것을 기억해야 합니다.

정답 ④

01-3

접근 방법 주어진 포물선의 방정식을 완전제곱식 꼴로 고쳐서 초점의 좌표와 준선의 방정식을 구합니다.

상세 풀이 $y^2-8x-4y+12=0$에서
$$y^2-4y+4=8x-8$$
$$\therefore (y-2)^2=8(x-1)$$
즉, 주어진 포물선은 포물선 $y^2=8x$를 x축의 방향으로 1만큼, y축의 방향으로 2만큼 평행이동한 것입니다.
포물선 $y^2=8x$의 초점의 좌표는 $(2, 0)$, 준선의 방정식은 $x=-2$이므로 포물선 $(y-2)^2=8(x-1)$의 초점의 좌표는 $(3, 2)$, 준선의 방정식은 $x=-1$입니다.
이때, 점 A에서 초점 F에 이르는 거리가 10이므로 점 A에서 준선 $x=-1$에 이르는 거리도 10입니다. 따라서 점 A에서 y축에 이르는 거리는
$$10-1=9$$

정답 9

01-4

접근 방법 포물선의 정의, 즉 포물선 위의 점에서 초점과 준선에 이르는 거리가 같음을 이용합니다.

상세 풀이 두 점 B$(1, 5)$, C$(1, -2)$를 지나는 직선의 방정식은 $x=1$
점 A$(5, 3)$을 초점으로 하고 직선 $x=1$을 준선으로 하는 포물선 위의 점 P$(a, 7)$에서 준선 $x=1$에 내린 수선의 발을 H라고 하면 포물선의 정의에 의하여 $\overline{PA}=\overline{PH}$이므로
$$\sqrt{(a-5)^2+(7-3)^2}=|a-1|$$
이 식의 양변을 제곱하면 $(a-5)^2+16=(a-1)^2$
$$8a=40 \qquad \therefore a=5$$

보충 설명 점 A$(5, 3)$을 초점으로 하고 직선 BC, 즉 직선 $x=1$을 준선으로 하는 포물선의 방정식을 구해 봅시다.
포물선 위의 임의의 점 Q(x, y)에서 준선 $x=1$에 내린 수선의 발을 H라고 하면 $\overline{QA}=\overline{QH}$이므로
$$\sqrt{(x-5)^2+(y-3)^2}=|x-1|$$
이 식의 양변을 제곱하여 정리하면
$$(y-3)^2=8(x-3)$$
따라서 이 포물선이 점 P$(a, 7)$을 지난다는 것을 이용하여 상수 a의 값을 구할 수도 있습니다.

정답 5

01-5

접근 방법 포물선의 정의를 이용할 수 있도록 준선을 긋고, 점 A에서 초점 F까지의 거리와 점 A에서 준선에 내린 수선의 길이가 같음을 이용합니다.

상세 풀이 직선 AB와 축 l의 교점을 H라 하고 점 A에서 이 포물선의 준선에 내린 수선의 발을 A'이라고 하면 꼭짓점 O에서 준선까지의

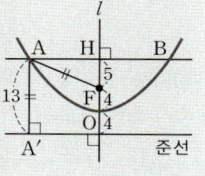

거리는 4이므로 $\overline{AA'}=13$

$\therefore \overline{AF}=13$

직각삼각형 AFH에서 $\overline{HF}=5$이므로

$\overline{AH}=\sqrt{13^2-5^2}=12$

$\therefore \overline{AB}=2\overline{AH}=2\times12=24$

정답 24

01-6

접근 방법 포물선의 정의에 의하여 두 포물선의 교점에서 초점과 두 준선에 이르는 거리가 모두 같음을 이용합니다.

상세 풀이 오른쪽 그림과 같이 두 포물선의 초점을 F, 두 교점을 각각 P, Q라 하고, 점 P에서 준선 $x=-1$과 준선 $x=5$에 내린 수선의 발을 각각 H, K라고 하면 포물선의 정의에 의하여

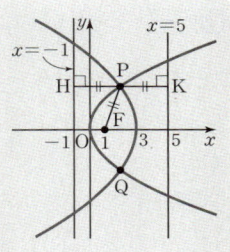

$\overline{PF}=\overline{PH}=\overline{PK}$

이때, $\overline{HK}=6$이므로

$\overline{PF}=\overline{PH}=\overline{PK}=3$

즉, 점 P의 x좌표는 2이므로 점 P의 y좌표를 b라고 하면

$\overline{PF}^2=(2-1)^2+(b-0)^2=3^2$

$b^2=8$ $\therefore b=\pm2\sqrt{2}$

따라서 두 교점 P, Q는 x축에 대하여 대칭이므로 구하는 두 교점 사이의 거리는

$\overline{PQ}=4\sqrt{2}$

보충 설명 이 문제에서 두 포물선의 교점의 좌표를 직접 구하려고 했다면 매우 복잡했을 것입니다. 이와 같은 이차곡선의 응용 문제는 이차곡선의 정의를 이용하여 풀 수 있도록 합니다.

정답 ⑤

01-7

접근 방법 구하는 포물선의 방정식을 $y^2+Ax+By+C=0$으로 놓습니다.

상세 풀이 준선이 y축에 평행하므로 포물선의 방정식을 $y^2+Ax+By+C=0$으로 놓으면 이 포물선이 세 점 $(1, 1)$, $(1, 3)$, $(4, 4)$를 지나므로

$1+A+B+C=0$ ...... ㉠

$9+A+3B+C=0$ ...... ㉡

$16+4A+4B+C=0$ ...... ㉢

㉠, ㉡, ㉢을 연립하여 풀면

$A=-1$, $B=-4$, $C=4$

$\therefore y^2-x-4y+4=0$

$\therefore (y-2)^2=x$

포물선 $(y-2)^2=x$는 포물선 $y^2=x$를 y축의 방향으로 2만큼 평행이동한 것이고, 포물선 $y^2=x$의 초점의 좌표는 $\left(\dfrac{1}{4}, 0\right)$이므로 포물선 $(y-2)^2=x$의 초점의 좌표는 $\left(\dfrac{1}{4}, 2\right)$입니다.

따라서 $a=\dfrac{1}{4}$, $b=2$이므로

$a+b=\dfrac{9}{4}$

보충 설명 세 점을 지나는 이차함수의 식을 $y=ax^2+bx+c$로 놓고 풀어야 했던 것처럼 세 점을 지나는 포물선의 방정식은 $y^2+Ax+By+C=0$ 또는 $x^2+Ax+By+C=0$으로 놓고 풀어야 합니다.

정답 $\dfrac{9}{4}$

01-8

접근 방법 포물선의 정의, 즉 포물선 위의 두 점 A, B에서 초점 F까지의 거리와 준선까지의 거리가 각각 같음을 이용하여 삼각형 AFB의 밑변의 길이와 높이를 구합니다.

상세 풀이 포물선 $y^2=8x$의 초점의 좌표는 F$(2, 0)$이고, 준선의 방정식은 $x=-2$입니다.

오른쪽 그림과 같이 포물선 위의 두 점 A, B에서 준선 $x=-2$에 내린 수선의 발을 각각 H, K라고 하면 포물선의 정의에 의하여

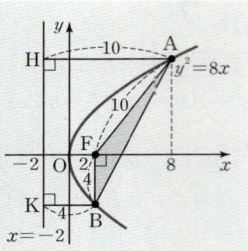

$\overline{AH}=\overline{AF}=10$이므로 A$(8,8)$

$\overline{BK}=\overline{BF}=4$이므로 B$(2,-4)$

따라서 구하는 삼각형 AFB의 넓이는

$$\frac{1}{2}\times4\times6=12$$

보충 설명 좌표축에 평행한 선분의 길이는 x좌표끼리의 차 또는 y좌표끼리의 차를 이용하여 구할 수 있습니다.

이 문제에서는 선분 BF가 y축에 평행하므로 선분 BF를 삼각형 AFB의 밑변으로 생각할 수 있습니다.

정답 12

01-9

접근 방법 포물선의 정의에 의하여 포물선 위의 점에서 초점까지의 거리와 준선까지의 거리가 같음을 이용합니다.

상세 풀이 포물선의 정의에 의하여

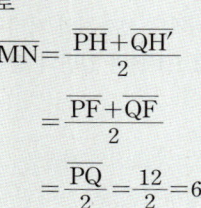

$$\overline{PF}=\overline{PH}$$
$$\overline{QF}=\overline{QH'}$$

이때, 두 점 M, N은 각각 선분 PQ, 선분 HH'의 중점이므로

$$\overline{MN}=\frac{\overline{PH}+\overline{QH'}}{2}$$
$$=\frac{\overline{PF}+\overline{QF}}{2}$$
$$=\frac{\overline{PQ}}{2}=\frac{12}{2}=6$$

보충 설명 오른쪽 그림과 같이 $\overline{AD}/\!/\overline{BC}$인 사다리꼴 ABCD에서 $\overline{AB},\overline{CD}$의 중점을 각각 M, N이라고 하면

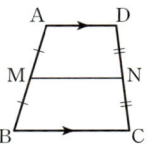

$$\overline{MN}=\frac{1}{2}(\overline{AD}+\overline{BC})$$

정답 6

01-10

접근 방법 두 점 P, Q의 y좌표를 각각 y_1, y_2라고 하면 두 선분 PH, QK를 각각 한 변으로 하는 두 정사각형의 넓이의 합은 $y_1{}^2+y_2{}^2$입니다.

상세 풀이 포물선 $y^2=2x$의 초점은 F$\left(\frac{1}{2},0\right)$이고, 준선의 방정식은 $x=-\frac{1}{2}$입니다.

포물선 $y^2=2x$ 위의 두 점 P, Q의 좌표를 각각 $(x_1,y_1),(x_2,y_2)$라 하고, 두 점 P, Q에서 준선

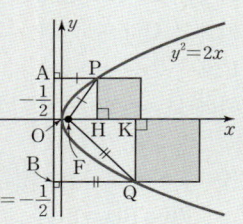

$x=-\frac{1}{2}$에 내린 수선의 발을 각각 A, B라고 하면 포물선의 정의에 의하여

$$\overline{PF}=\overline{PA}=x_1-\left(-\frac{1}{2}\right)=x_1+\frac{1}{2}$$
$$\overline{QF}=\overline{QB}=x_2-\left(-\frac{1}{2}\right)=x_2+\frac{1}{2}$$

이므로

$$\overline{PF}+\overline{QF}=\left(x_1+\frac{1}{2}\right)+\left(x_2+\frac{1}{2}\right)=5$$
$$\therefore x_1+x_2=4$$

따라서 구하는 두 정사각형의 넓이의 합은

$$\overline{PH}^2+\overline{QK}^2=y_1{}^2+y_2{}^2=2x_1+2x_2$$
$$=2(x_1+x_2)=2\times4$$
$$=8$$

정답 8

01-**11**

접근 방법 두 포물선의 꼭짓점이 점 P에 대하여 대칭이므로 두 꼭짓점을 연결한 선분의 중점이 P임을 이용합니다.

상세 풀이 $x=y^2-6y+10$ 을 변형하면
$$(y-3)^2=x-1 \qquad \cdots\cdots ㉠$$
포물선 ㉠의 꼭짓점의 좌표는 $(1,\,3)$
또한 $x=-y^2+14y-50$ 을 변형하면
$$(y-7)^2=-(x+1) \qquad \cdots\cdots ㉡$$
포물선 ㉡의 꼭짓점의 좌표는 $(-1,\,7)$
이때, 두 포물선 ㉠, ㉡이 점 $P(a,\,b)$에 대하여 대칭이므로 점 P는 두 포물선의 꼭짓점 $(1,\,3)$, $(-1,\,7)$을 연결한 선분의 중점이 됩니다.
따라서 $a=\dfrac{1-1}{2}=0,\ b=\dfrac{3+7}{2}=5$이므로
$$a+b=5$$

정답 ③

01-**12**

접근 방법 점 P가 포물선 $x^2=12y$ 위의 점이므로 포물선의 초점을 먼저 구한 후, 포물선의 정의를 이용하여 선분 PH와 길이가 같은 선분을 찾습니다.

상세 풀이 포물선 $x^2=12y$의 초점은 $F(0,\,3)$이고, 준선의 방정식은 $y=-3$입니다.

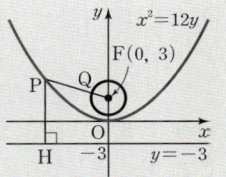

또한 원 $x^2+(y-3)^2=5$의 중심의 좌표는 $(0,\,3)$이고, 반지름의 길이는 $\sqrt{5}$입니다.

점 $(0,\,3)$을 지나는 직선이 포물선 $x^2=12y$, 원 $x^2+(y-3)^2=5$와 제2사분면에서 만나는 점이 각각 P, Q이고, 점 P에서 직선 $y=-3$에 내린 수선의 발이 H이므로 포물선의 정의에 의하여
$$\overline{PH}=\overline{PF}$$
$$\therefore \overline{PH}-\overline{PQ}=\overline{PF}-\overline{PQ}=\overline{QF}=\sqrt{5}$$

정답 ③

01-**13**

접근 방법 한 정점으로부터 같은 거리에 있는 점들의 집합이 원임을 이용하여 원의 중심 P가 나타내는 도형의 방정식을 구합니다.

상세 풀이 오른쪽 그림과 같이 주어진 원과 y축의 접점을 B라고 하면
$$\overline{PA}=\overline{PB}$$
이때, 점 P의 좌표를 $(x,\,y)$라고 하면
$\overline{PB}=x$이므로
$$\sqrt{(x-4)^2+y^2}=x$$
이 식의 양변을 제곱하면 $(x-4)^2+y^2=x^2$
$$\therefore y^2=8x-16$$
따라서 $a=8,\ b=-16$이므로
$$a+b=-8$$

보충 설명 주어진 포물선은 초점의 좌표가 $(4,\,0)$, 준선의 방정식이 $x=0$, 꼭짓점의 좌표가 $(2,\,0)$임을 알 수 있고, 이를 이용하여 포물선의 방정식 $y^2=4\times2(x-2)$를 얻을 수 있습니다. 이와 같이 포물선의 그래프를 통하여 포물선의 방정식을 구할 수도 있습니다.

정답 ①

01-**14**

접근 방법 주어진 포물선의 준선을 좌표평면 위에 나

타내고 세 점 F, P, Q에서 준선에 수선을 내려 각 점까지의 거리를 구하여 점 Q 까지의 거리를 생각해 봅니다.

상세 풀이 포물선 $y^2=x$의 초점은

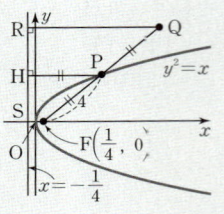

$$F\left(\frac{1}{4},\,0\right)$$

이고, 준선의 방정식은

$$x=-\frac{1}{4}$$

입니다. 점 P에서 준선에 내린 수선의 발을 H라고 하면 포물선의 정의에 의하여

$$\overline{PF}=\overline{PH}=4$$

또한 점 Q에서 준선에 내린 수선의 발을 R, 준선과 x축의 교점을 S라고 하면 사각형 FQRS는 사다리꼴입니다.

이때, $\overline{QR}=k$라고 하면 두 점 P, H는 각각 선분 FQ, 선분 SR의 중점이고, $\overline{FS}=\frac{1}{2}$이므로

$$\overline{PH}=\frac{k+\frac{1}{2}}{2}=4 \qquad \therefore k=\frac{15}{2}$$

따라서 점 Q의 x좌표는

$$k-\frac{1}{4}=\frac{15}{2}-\frac{1}{4}=\frac{29}{4}$$

보충 설명 오른쪽 그림과 같이 2개의 사다리꼴 FQRS를 직사각형이 되도록 이어 붙이면

$$a+b=2c$$

$$\therefore \frac{a+b}{2}=c$$

이와 같은 방법으로 위의 상세 풀이 에서 k의 값을 구했습니다.

정답 ①

01-15

접근 방법 두 포물선 $y^2=4(x+4)$, $y^2=-4(x-4)$의 초점과 준선을 구한 후, 포물선 위의 점에서 초점

까지의 거리와 준선까지의 거리가 같음을 이용하여 사각형 ABCD의 둘레의 길이를 구합니다.

상세 풀이 두 점 A, B에서 포물선 $y^2=4(x+4)$의 준선 $x=-5$에 내린 수선의 발을 각각 A′, B′이라 하고, 두 점 C, D에서 포물선 $y^2=-4(x-4)$의 준선 $x=5$에 내린 수선의 발을 각각 C′, D′이라고 하면

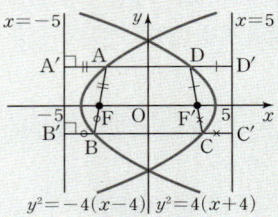

포물선의 정의에 의하여

$$\overline{AF}=\overline{AA'},\ \overline{BF}=\overline{BB'},$$
$$\overline{CF'}=\overline{CC'},\ \overline{DF'}=\overline{DD'}$$

따라서 사각형 ABCD의 둘레의 길이는

$$(\overline{FA}+\overline{AD}+\overline{DF'})+(\overline{F'C}+\overline{CB}+\overline{BF})$$
$$=\overline{A'D'}+\overline{C'B'}=10+10=20$$

정답 20

01-16

접근 방법 점 $(2,\,0)$은 포물선 $y^2=8x$의 초점이므로 포물선 위의 한 점에서 초점까지의 거리와 준선까지의 거리가 같음을 이용하여 사다리꼴 ABDC의 둘레의 길이를 구합니다.

상세 풀이 오른쪽 그림과 같이 두 선분 AC, BD의 연장선과 포물선 $y^2=8x$의 준선 $x=-2$가 만나는 점을 각각 H, K라고 하면 점 F$(2,\,0)$은 포물선의 초점이므로 포물선의 정의에 의하여

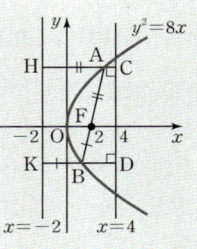

$$\overline{AH}=\overline{AF},\ \overline{BK}=\overline{BF}$$

$$\therefore \overline{AB}+\overline{BD}+\overline{DC}+\overline{CA}$$
$$=(\overline{AH}+\overline{BK})+\overline{AC}+\overline{BD}+\overline{CD}$$
$$=\overline{CH}+\overline{DK}+\overline{CD}=12+\overline{CD}$$

따라서 사다리꼴 ABDC의 둘레의 길이는 선분 CD의 길이가 최소일 때 최소가 됩니다.

두 점 A, B의 좌표를 각각

$$\left(\frac{\alpha^2}{8},\,\alpha\right),\,\left(\frac{\beta^2}{8},\,\beta\right)(\alpha>\beta)$$

라고 하면 α, β는 직선 AB와 포물선 $y^2=8x$의 두 교점의 y좌표입니다.

이때, 선분 CD의 길이는 $\alpha-\beta$입니다.

직선 AB의 방정식을

$$x=my+2 \qquad\qquad \cdots\cdots\ \text{㉠}$$

로 놓고, ㉠을 $y^2=8x$에 대입하면

$$y^2=8(my+2)$$
$$\therefore y^2-8my-16=0$$

α, β는 $y^2-8my-16=0$의 두 근이므로 이차방정식의 근과 계수의 관계에 의하여

$$\alpha+\beta=8m,\ \alpha\beta=-16$$
$$\therefore \overline{CD}^2=(\alpha-\beta)^2$$
$$=(\alpha+\beta)^2-4\alpha\beta$$
$$=64m^2+64\geq64$$

즉, 선분 CD의 길이의 최솟값은 8입니다.

따라서 구하는 사다리꼴 ABDC의 둘레의 길이의 최솟값은 $12+8=20$입니다.

보충 설명 직선 AB는 기울기가 0이 아닌 모든 직선이 될 수 있습니다. 즉, y축과 평행한 직선이 될 수도 있기 때문에 ㉠에서 직선 AB의 방정식을 $x=my+2$로 놓고 푼 것입니다.

정답 20

01-17

접근 방법 포물선의 초점의 좌표와 준선의 방정식을 구하고 포물선의 정의와 특수각을 가지는 삼각형의 길이의 비를 이용하여 정삼각형의 한 변의 길이를 구합니다.

상세 풀이 $y^2=8x-16$에서 $y^2=8(x-2)$이므로 주어진 포물선의 꼭짓점의 좌표는 $(2, 0)$, 초점의 좌표는 $(4, 0)$이고, 준선은 y축입니다.

다음 그림과 같이 포물선의 초점을 F라고 하면 포물선의 정의에 의하여 $\overline{PK}=\overline{PF}$이므로

$$\overline{PF}:\overline{PH}=\overline{PK}:\overline{PH}=2:\sqrt{3}$$

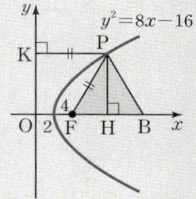

즉, $\angle PFH=60°$이므로 초점 F는 점 A와 같은 점입니다.

이때, 정삼각형의 한 변의 길이를 a라고 하면 $\overline{OF}+\overline{FH}=\overline{PK}=\overline{PF}$이므로

$$4+\frac{a}{2}=a \qquad \therefore a=8$$

따라서 정삼각형 PAB의 한 변의 길이는 8이므로 그 넓이는

$$\frac{\sqrt{3}}{4}\times8^2=16\sqrt{3}$$

보충 설명 $\overline{PK}:\overline{PH}=2:\sqrt{3}$이므로 점 P의 좌표를 $(2k,\ \sqrt{3}k)$라고 하면 점 P는 포물선 $y^2=8x-16$ 위에 있으므로

$$3k^2=8\times2k-16,\ 3k^2-16k+16=0$$
$$(3k-4)(k-4)=0$$
$$\therefore k=\frac{4}{3}\ \text{또는}\ k=4$$

따라서 점 P의 좌표는 $\left(\frac{8}{3},\ \frac{4\sqrt{3}}{3}\right)$ 또는 $(8,\ 4\sqrt{3})$

그런데 $\overline{PK}=\overline{OH}>4$이므로

$$P(8,\ 4\sqrt{3}) \qquad \therefore a=8$$

이와 같이 점 P의 좌표를 포물선의 방정식을 통하여 구하면 정삼각형의 한 변의 길이를 구할 수 있습니다. 하지만 포물선의 정의를 이용하여 풀 수 있도록 실력을 기르는 것이 중요합니다.

정답 $16\sqrt{3}$

01-18

접근 방법 두 점 P, Q에서 포물선 $y^2=\dfrac{x}{n}$ 의 준선 $x=-\dfrac{1}{4n}$ 에 수선을 그은 후 그 길이를 구하고 도형의 닮음을 이용합니다.

상세 풀이 포물선 $y^2=\dfrac{x}{n}$ 의 초점은 $F\left(\dfrac{1}{4n},\,0\right)$ 이고, 준선의 방정식은 $x=-\dfrac{1}{4n}$ 입니다.

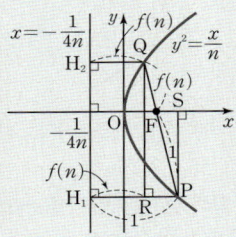

두 점 P, Q에서 준선 $x=-\dfrac{1}{4n}$ 에 내린 수선의 발을 각각 H_1, H_2라 하고, 점 Q에서 선분 PH_1에 내린 수선의 발을 R, 점 P에서 x축에 내린 수선의 발을 S라고 하면 포물선의 정의에 의하여

$$\overline{PF}=\overline{PH_1}=1, \quad \overline{QF}=\overline{QH_2}=f(n)$$

이때, 삼각형 PQR와 삼각형 FPS는 닮음이므로

$$\overline{PQ}:\overline{PR}=\overline{FP}:\overline{FS}$$

$$(1+f(n)):(1-f(n))=1:\left(1-\dfrac{1}{2n}\right)$$

$$1-f(n)=\left(1-\dfrac{1}{2n}\right)(1+f(n))$$

$$1-f(n)=1-\dfrac{1}{2n}+\left(1-\dfrac{1}{2n}\right)f(n)$$

$$\dfrac{1}{2n}=\left(2-\dfrac{1}{2n}\right)f(n)$$

$$\therefore f(n)=\dfrac{1}{4n-1}$$

$$\therefore f(1)f(2)+f(2)f(3)+f(3)f(4)$$
$$+\cdots+f(9)f(10)$$
$$=\dfrac{1}{3}\times\dfrac{1}{7}+\dfrac{1}{7}\times\dfrac{1}{11}+\dfrac{1}{11}\times\dfrac{1}{15}$$
$$+\cdots+\dfrac{1}{35}\times\dfrac{1}{39}$$

$$=\dfrac{1}{7-3}\left(\dfrac{1}{3}-\dfrac{1}{7}\right)+\dfrac{1}{11-7}\left(\dfrac{1}{7}-\dfrac{1}{11}\right)+$$
$$+\dfrac{1}{15-11}\left(\dfrac{1}{11}-\dfrac{1}{15}\right)$$
$$+\cdots+\dfrac{1}{39-35}\left(\dfrac{1}{35}-\dfrac{1}{39}\right)$$
$$=\dfrac{1}{4}\left(\dfrac{1}{3}-\dfrac{1}{7}+\dfrac{1}{7}-\dfrac{1}{11}+\dfrac{1}{11}-\dfrac{1}{15}\right.$$
$$\left.+\cdots+\dfrac{1}{35}-\dfrac{1}{39}\right)$$
$$=\dfrac{1}{4}\left(\dfrac{1}{3}-\dfrac{1}{39}\right)=\dfrac{1}{4}\times\dfrac{4}{13}=\dfrac{1}{13}$$

보충 설명 (1) 오른쪽 그림과 같은 사다리꼴에서

$$x=\dfrac{mb+na}{m+n}$$

임을 이용하여 $f(n)$을 구할 수도 있습니다.

즉, 사다리꼴 H_2H_1PQ에서

$$\dfrac{1}{2n}=\dfrac{f(n)\times1+1\times f(n)}{f(n)+1}$$

$$\therefore f(n)=\dfrac{1}{4n-1}$$

(2) 주어진 식 전체의 분모를 통분하면 분모의 값이 커지고 계산이 복잡해지므로

$$\dfrac{1}{AB}=\dfrac{1}{B-A}\left(\dfrac{1}{A}-\dfrac{1}{B}\right)(A\neq B)$$

임을 이용하여 주어진 식을 부분분수로 변형하여 계산합니다.

정답 $\dfrac{1}{13}$

01-19

접근 방법 (1)은 포물선의 정의에 의하여 $\angle PFR=\angle PRF$, $\angle QFS=\angle QSF$임을 이용하고, (2)는 선분 PQ를 빗변으로 하는 직각삼각형을 이용합니다.

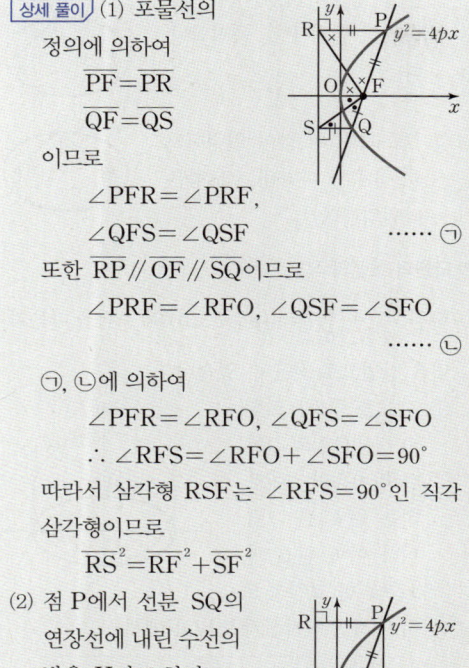

상세 풀이 (1) 포물선의 정의에 의하여

$$\overline{PF}=\overline{PR}$$
$$\overline{QF}=\overline{QS}$$

이므로

$$\angle PFR = \angle PRF,$$
$$\angle QFS = \angle QSF \quad \cdots\cdots \text{㉠}$$

또한 $\overline{RP}\,//\,\overline{OF}\,//\,\overline{SQ}$이므로

$$\angle PRF = \angle RFO, \quad \angle QSF = \angle SFO \quad \cdots\cdots \text{㉡}$$

㉠, ㉡에 의하여

$$\angle PFR = \angle RFO, \quad \angle QFS = \angle SFO$$
$$\therefore \angle RFS = \angle RFO + \angle SFO = 90°$$

따라서 삼각형 RSF는 $\angle RFS = 90°$인 직각삼각형이므로

$$\overline{RS}^2 = \overline{RF}^2 + \overline{SF}^2$$

(2) 점 P에서 선분 SQ의 연장선에 내린 수선의 발을 H라고 하면 $\overline{PH}=\overline{RS}$이고 삼각형 PQH는 직각삼각형이므로

$$\overline{PQ}^2 = \overline{QH}^2 + \overline{PH}^2$$
$$(\overline{PF}+\overline{QF})^2 = (\overline{RP}-\overline{SQ})^2 + \overline{RS}^2$$
$$(\overline{RP}+\overline{SQ})^2 = (\overline{RP}-\overline{SQ})^2 + \overline{RS}^2$$
$$\therefore \overline{RS}^2 = 4\overline{RP} \times \overline{SQ}$$

정답 풀이 참조

상세 풀이 점 C에서 포물선 p_1의 준선 l_1에 내린 수선의 발을 E, 포물선 p_2의 준선 l_2에 내린 수선의 발을 F라고 합시다.

$\overline{OA}=a, \overline{OB}=b,$
$\overline{OC}=c$라고 하면

$$a+b=2 \quad \cdots\cdots \text{㉠}$$

이때, 포물선의 정의에 의하여

$$\overline{BC}=\overline{CE}$$이므로 $\sqrt{b^2+c^2}=a+2 \quad \cdots\cdots \text{㉡}$
$$\overline{OC}=\overline{CF}$$이므로 $c=2b \quad \cdots\cdots \text{㉢}$

㉠, ㉢을 ㉡에 대입하여 양변을 제곱하면

$$b^2+(2b)^2=(4-b)^2$$
$$4b^2+8b-16=0$$
$$b^2+2b-4=0$$
$$\therefore b=-1\pm\sqrt{5}$$

그런데 $b>0$이므로 $b=\sqrt{5}-1$

$$\therefore c=2b=2(\sqrt{5}-1)$$

따라서 구하는 삼각형 ABC의 넓이는

$$\frac{1}{2}\times 2 \times 2(\sqrt{5}-1)=2(\sqrt{5}-1)$$

정답 $2(\sqrt{5}-1)$

01-20

접근 방법 $\overline{AB}=2$이므로 삼각형 ABC의 넓이를 구하려면 선분 OC의 길이를 구해야 합니다. 따라서 각 포물선의 준선을 그은 후에 포물선의 정의를 이용하여 선분 OC의 길이를 구합니다.

예제 01 타원의 방정식 p.47

01-**1**

(1) 구하는 타원의 방정식을 $\dfrac{x^2}{a^2}+\dfrac{y^2}{b^2}=1\,(a>b>0)$

이라고 하면 $2a=10$에서 $a=5$

$a^2-b^2=4^2$에서 $b^2=5^2-4^2=9$

$\therefore \dfrac{x^2}{25}+\dfrac{y^2}{9}=1$

(2) 구하는 타원의 방정식을 $\dfrac{x^2}{a^2}+\dfrac{y^2}{b^2}=1\,(b>a>0)$

이라고 하면

$2b=8$에서 $b=4$

$b^2-a^2=1^2$에서 $a^2=4^2-1^2=15$

$\therefore \dfrac{x^2}{15}+\dfrac{y^2}{16}=1$

다른 풀이 (1) 주어진 조건을 만족시키는 점의 좌표를

$\mathrm{P}(x,\,y)$라고 하면 $\overline{\mathrm{PF}}+\overline{\mathrm{PF'}}=10$이므로

$\sqrt{(x-4)^2+y^2}+\sqrt{(x+4)^2+y^2}=10$

$\sqrt{(x-4)^2+y^2}=10-\sqrt{(x+4)^2+y^2}$

등식의 양변을 제곱하여 정리하면

$4x+25=5\sqrt{(x+4)^2+y^2}$

다시 등식의 양변을 제곱하여 정리하면

$9x^2+25y^2=225$ $\quad\therefore \dfrac{x^2}{25}+\dfrac{y^2}{9}=1$

(2) 주어진 조건을 만족시키는 점의 좌표를 $\mathrm{P}(x,y)$

라고 하면 $\overline{\mathrm{PF}}+\overline{\mathrm{PF'}}=8$이므로

$\sqrt{x^2+(y-1)^2}+\sqrt{x^2+(y+1)^2}=8$

$\sqrt{x^2+(y-1)^2}=8-\sqrt{x^2+(y+1)^2}$

등식의 양변을 제곱하여 정리하면

$y+16=4\sqrt{x^2+(y+1)^2}$

다시 등식의 양변을 제곱하여 정리하면

$16x^2+15y^2=240$ $\quad\therefore \dfrac{x^2}{15}+\dfrac{y^2}{16}=1$

보충 설명 (1) 타원의 작도

① 선분 $\mathrm{FF'}$의 길이보다 긴 실의
양 끝을 두 점 F, $\mathrm{F'}$에 고정시
키고 연필의 끝점 P를 실에
붙입니다.

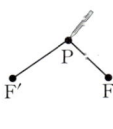

② 실을 팽팽하게 유지하면서
연필의 끝점 P를 움직입니
다.

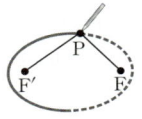

③ $\overline{\mathrm{PF}}+\overline{\mathrm{PF'}}$의 값이 일정하므
로 점 P가 나타내는 도형은
타원입니다.

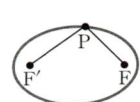

(2) 타원의 초점의 작도

타원 $\dfrac{x^2}{a^2}+\dfrac{y^2}{b^2}=1\,(a>b>0)$의 초점을 다음과

같은 방법으로 찾을 수 있습니다.

① 점 B를 중심으로하
고 선분 OA의 길이
를 반지름의 길이로
하는 원 C_1을 그립
니다. 이때, 원 C_1과
x축의 한 교점을 F
라고 하면 직각삼각형 BOF에서

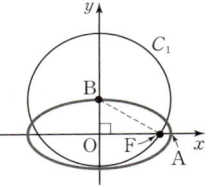

$\overline{\mathrm{OF}}=\sqrt{\overline{\mathrm{BF}}^2-\overline{\mathrm{OB}}^2}=\sqrt{\overline{\mathrm{OA}}^2-\overline{\mathrm{OB}}^2}$

$\qquad=\sqrt{a^2-b^2}$

즉, 원 C_1과 x축의 교점이 타원의 두 초점이
됩니다.

② 중심이 원점이고 점
B를 지나는 원 C_2
를 그리고, 점 A에
서 원 C_2에 접선 l
을 그립니다.
그 접점을 T라 하

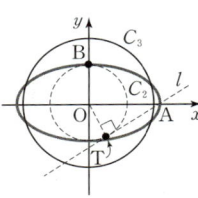

고, 중심이 원점이고 선분 AT의 길이를 반지
름의 길이로 하는 원 C_3을 그립니다. 그러면
접점 T는 원 C_2 위의 점이므로

$\overline{\mathrm{OT}}=\overline{\mathrm{OB}}=b$

또한 $\overline{\mathrm{OT}}\perp\overline{\mathrm{AT}}$이므로 직각삼각형 OTA에서

$\overline{\mathrm{AT}}=\sqrt{\overline{\mathrm{OA}}^2-\overline{\mathrm{OT}}^2}=\sqrt{a^2-b^2}$

따라서 원 C_3과 x축의 교점이 타원의 두 초점
이 됩니다.

정답 (1) $\dfrac{x^2}{25}+\dfrac{y^2}{9}=1$ (2) $\dfrac{x^2}{15}+\dfrac{y^2}{16}=1$

01-**2**

(1) 타원의 두 초점 $F(1, 5)$, $F'(1, -1)$에 대하여 선분 FF'의 중점 $(1, 2)$는 타원의 중심이고, 두 초점 F, F'을 지나는 직선은 y축에 평행하므로 타원의 장축은 y축에 평행합니다.

즉, 구하는 타원의 방정식을

$$\frac{(x-1)^2}{a^2}+\frac{(y-2)^2}{b^2}=1 \ (b>a>0)$$

이라고 하면 장축의 길이가 10이므로

$$2b=10 \qquad \therefore b=5$$

또한 중심에서 초점까지의 거리를 $c\,(c>0)$라고 하면 $c=3$이므로

$$a=\sqrt{b^2-c^2}$$
$$=\sqrt{5^2-3^2}=4$$

따라서 구하는 타원의 방정식은

$$\frac{(x-1)^2}{16}+\frac{(y-2)^2}{25}=1$$

(2) 타원의 두 초점 $F(2+\sqrt{7}, 2)$, $F'(2-\sqrt{7}, 2)$에 대하여 선분 FF'의 중점 $(2, 2)$는 타원의 중심이고, 두 초점 F, F'을 지나는 직선은 x축에 평행하므로 타원의 장축은 x축에 평행합니다.

즉, 구하는 타원의 방정식을

$$\frac{(x-2)^2}{a^2}+\frac{(y-2)^2}{b^2}=1 \ (a>b>0)$$

이라고 하면 장축의 길이가 6이므로

$$2a=6 \qquad \therefore a=3$$

또한 중심에서 초점까지의 거리를 $c\,(c>0)$라고 하면 $c=\sqrt{7}$이므로

$$b=\sqrt{a^2-c^2}$$
$$=\sqrt{3^2-(\sqrt{7})^2}=\sqrt{2}$$

따라서 구하는 타원의 방정식은

$$\frac{(x-2)^2}{9}+\frac{(y-2)^2}{2}=1$$

보충 설명 (1)에서 조건을 만족시키는 점의 좌표를 $P(x, y)$라고 하면 $\overline{PF}+\overline{PF'}=10$이므로

$$\sqrt{(x-1)^2+(y-5)^2}+\sqrt{(x-1)^2+(y+1)^2}=10$$
$$\sqrt{(x-1)^2+(y-5)^2}=10-\sqrt{(x-1)^2+(y+1)^2}$$

이 등식의 양변을 제곱하여 정리하여도 같은 결과를 얻을 수 있습니다.

정답 (1) $\dfrac{(x-1)^2}{16}+\dfrac{(y-2)^2}{25}=1$

　　　(2) $\dfrac{(x-2)^2}{9}+\dfrac{(y-2)^2}{2}=1$

01-**3**

장축의 길이, 두 초점 사이의 거리를 각각 $2a$, $2c$ $(a>0, c>0)$라고 하면 장축인 선분을 $4:1$로 내분하는 위치에 한 초점이 있으므로

$$2a:2c=5:3$$
$$\therefore 3a=5c \qquad \cdots\cdots \ \bigcirc$$

이때, 단축의 길이가 8이므로

$$a^2-c^2=4^2=16 \qquad \cdots\cdots \ \bigcirc$$

$\bigcirc$, $\bigcirc$을 연립하여 풀면

$$a=5, c=3$$

따라서 두 초점 사이의 거리는 6입니다.

정답 6

예제 02 　타원의 방정식의 일반형　　　p.49

02-**1**

$4x^2+9y^2+16x-54y+61=0$에서

$$4(x^2+4x+4)+9(y^2-6y+9)=36$$
$$4(x+2)^2+9(y-3)^2=36$$
$$\therefore \frac{(x+2)^2}{9}+\frac{(y-3)^2}{4}=1 \qquad \cdots\cdots \ \bigcirc$$

즉, 타원 $\bigcirc$은 다음 그림과 같이 타원 $\dfrac{x^2}{9}+\dfrac{y^2}{4}=1$

을 x축의 방향으로 -2만큼, y축의 방향으로 3만큼 평행이동한 것입니다.

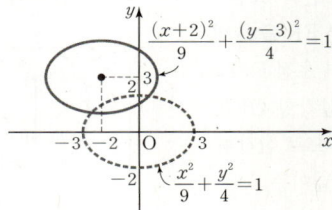

따라서 타원 $\dfrac{x^2}{9}+\dfrac{y^2}{4}=1$에서

장축의 길이는 $2 \times 3 = 6$

단축의 길이는 $2 \times 2 = 4$

중심의 좌표는 $(0, 0)$

꼭짓점의 좌표는 $(3, 0)$, $(-3, 0)$, $(0, 2)$, $(0, -2)$

초점의 좌표는 $(\sqrt{5}, 0)$, $(-\sqrt{5}, 0)$

이므로 주어진 타원 ㉠에서

(1) 장축의 길이 : 6

(2) 단축의 길이 : 4

(3) 중심의 좌표 : $(-2, 3)$

(4) 꼭짓점의 좌표 : $(1, 3)$, $(-5, 3)$, $(-2, 5)$, $(-2, 1)$

(5) 초점의 좌표 : $(\sqrt{5}-2, 3)$, $(-\sqrt{5}-2, 3)$

정답 (1) 6 (2) 4 (3) $(-2, 3)$

(4) $(1, 3)$, $(-5, 3)$, $(-2, 5)$, $(-2, 1)$

(5) $(\sqrt{5}-2, 3)$, $(-\sqrt{5}-2, 3)$

02-2

$4x^2 + 3y^2 - 24x + 12y + 36 = 0$에서

$\qquad 4(x^2 - 6x + 9) + 3(y^2 + 4y + 4) = 12$

$\qquad 4(x-3)^2 + 3(y+2)^2 = 12$

$\qquad \therefore \dfrac{(x-3)^2}{3} + \dfrac{(y+2)^2}{4} = 1 \qquad \cdots\cdots ㉠$

즉, ㉠은 타원 $\dfrac{x^2}{3} + \dfrac{y^2}{4} = 1$을 x축의 방향으로 3만큼, y축의 방향으로 -2만큼 평행이동한 것입니다.

이때, 타원 $\dfrac{x^2}{3} + \dfrac{y^2}{4} = 1$에서 초점의 좌표는

$\qquad (0, 1)$, $(0, -1)$

이므로 타원 ㉠의 초점의 좌표는

$\qquad \mathrm{F}(3, -1)$, $\mathrm{F}'(3, -3)$

따라서 오른쪽 그림과 같이 선분 FF'을 밑변으로 하면 초점 F의 x좌표가 삼각형 OFF'의 높이이므로 삼각형 OFF'의 넓이는

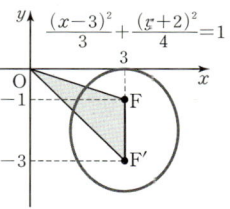

$\qquad \dfrac{1}{2} \times 2 \times 3 = 3$

정답 ③

02-3

두 점 B, C의 x좌표가 같으므로 선분 BC는 타원의 장축 또는 단축입니다.

선분 BC의 중점을 M이라고 하면 $\mathrm{M}(-1, 1)$이므로

$\qquad \overline{\mathrm{AM}} = 2$, $\overline{\mathrm{BM}} = 4$

즉, 단축의 길이가 4이고, 장축의 길이가 8이므로 구하는 타원은 타원 $\dfrac{x^2}{4} + \dfrac{y^2}{16} = 1$을 x축의 방향으로 -1만큼, y축의 방향으로 1만큼 평행이동한 것과 같습니다.

$$\dfrac{(x+1)^2}{4} + \dfrac{(y-1)^2}{16} = 1$$

따라서 $a = -1$, $b = 4$, $c = 1$, $d = 16$이므로

$\qquad a + b + c + d = -1 + 4 + 1 + 16 = 20$

정답 20

예제 03 타원을 나타내는 도형의 방정식 p.51

03-1

원 $(x+2)^2 + y^2 = 64$의 중심을 $\mathrm{C}(-2, 0)$이라 하고, 이 원과 중심이 점 P인 원이 만나는 접점을 D라고 하면

$\qquad \overline{\mathrm{CD}} = 8$, $\overline{\mathrm{PD}} = \overline{\mathrm{PA}}$

이므로

$\qquad \overline{\mathrm{CD}} = \overline{\mathrm{CP}} + \overline{\mathrm{PD}} = \overline{\mathrm{CP}} + \overline{\mathrm{PA}} = 8$

따라서 점 P가 나타내는 도형은 두 점 A, C를 초점으로 하고 장축의 길이가 8인 타원입니다.

즉, 타원의 방정식을 $\dfrac{x^2}{a^2} + \dfrac{y^2}{b^2} = 1 \ (a > b = 0)$이라고 하면 $2a = 8$에서 $a = 4$

두 초점 사이의 거리가 $\overline{\mathrm{AC}} = |2 - (-2)| = 4$이므로

$\qquad 4^2 - b^2 = 2^2 \qquad \therefore b^2 = 12$

따라서 구하는 도형의 방정식은

$\qquad \dfrac{x^2}{16} + \dfrac{y^2}{12} = 1$

정답 $\dfrac{x^2}{16} + \dfrac{y^2}{12} = 1$

03-2

오른쪽 그림과 같이 중심
이 점 P인 원이 작은 원
과 큰 원에 접하는 점을
각각 A, B라고 하면

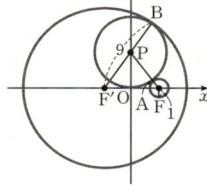

$$\overline{F'B}=9, \overline{PB}=\overline{PA}$$

이므로

$$\overline{F'B}=\overline{F'P}+\overline{PB}=\overline{F'P}+\overline{PA}=9$$

이때, $\overline{FA}=1$이므로

$$\overline{F'P}+\overline{FP}=\overline{F'P}+\overline{PA}+\overline{FA}=10$$

따라서 점 P가 나타내는 도형은 두 점 F, F'을 초점
으로 하고 장축의 길이가 10인 타원입니다.

즉, 타원의 방정식을 $\dfrac{x^2}{a^2}+\dfrac{y^2}{b^2}=1\,(a>b>0)$이라

고 하면 $2a=10$에서 $a=5$

두 초점 사이의 거리가 $\overline{FF'}=|3-(-3)|=6$이므로

$$5^2-b^2=3^2$$
$$\therefore b^2=16$$

따라서 구하는 도형의 방정식은

$$\dfrac{x^2}{25}+\dfrac{y^2}{16}=1$$

정답 $\dfrac{x^2}{25}+\dfrac{y^2}{16}=1$

03-3

다음 그림과 같이 ∠OQA의 이등분선과 x축의 교점
을 B라고 하면

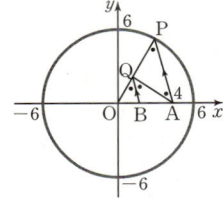

조건 (나)에서 $\overline{AP}/\!/\overline{BQ}$이므로

$$\angle AQB=\angle QAP \text{ (엇각)}$$
$$\angle OQB=\angle QPA \text{ (동위각)}$$
$$\therefore \angle QAP=\angle QPA$$

이때, 삼각형 PQA는 $\overline{QP}=\overline{QA}$인 이등변삼각형이
므로

$$\overline{OQ}+\overline{QA}=\overline{OQ}+\overline{QP}=\overline{OP}=6 \quad\cdots\cdots ㉠$$

따라서 점 Q가 나타내는 도형은 두 점 O, A를 초점
으로 하고 장축의 길이가 6인 타원입니다.

즉, 타원의 방정식을

$$\dfrac{(x-k)^2}{a^2}+\dfrac{y^2}{b^2}=1\,(a>b>0)$$이라고 하면

$2a=6$에서 $a=3$

두 초점 사이의 거리가 $\overline{OA}=4$이므로

$$3^2-b^2=2^2 \qquad \therefore b^2=5$$

또한 타원의 중심이 점 $(2, 0)$이므로 $k=2$

따라서 구하는 도형의 방정식은

$$\dfrac{(x-2)^2}{9}+\dfrac{y^2}{5}=1 \,(단, y\neq 0)$$

다른 풀이 점 Q의 좌표를 (x, y)라고 하면 ㉠에서

$$\overline{OQ}+\overline{QA}=\sqrt{x^2+y^2}+\sqrt{(x-4)^2+y^2}=6$$
$$\sqrt{(x-4)^2+y^2}=6-\sqrt{x^2+y^2}$$

양변을 제곱하여 정리하면

$$2x+5=3\sqrt{x^2+y^2}$$

다시 양변을 제곱하여 정리하면

$$5(x-2)^2+9y^2=45$$

따라서 점 Q가 나타내는 도형의 방정식은

$$\dfrac{(x-2)^2}{9}+\dfrac{y^2}{5}=1 \,(y\neq 0)$$

보충 설명 만약 점 P의 y좌표가 0이 되어 x축 위의
점이 되면 점 Q도 x축 위의 점이 되어 조건을 만족
시키는 점 Q를 찾을 수 없습니다. 따라서 타원의 방
정식에서 $y\neq 0$이라는 조건이 필요합니다.

정답 $\dfrac{(x-2)^2}{9}+\dfrac{y^2}{5}=1 \,(단, y\neq 0)$

예제 04 타원의 정의의 응용   p.53

04-1

타원 $3x^2+4y^2=12$, 즉 $\dfrac{x^2}{3}+\dfrac{y^2}{4}=1$에서

$\sqrt{4-3}=1$이므로 초점의 좌표는

$$(1, 0), \ (-1, 0)$$

즉, 오른쪽 그림과 같이 두 점 F$(1, 0)$, C$(-1, 0)$은 이 타원의 초점이 됩니다.

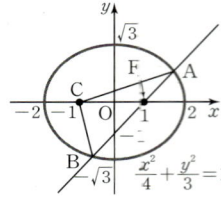

한편, 주어진 타원의 장축의 길이는

$$2 \times 2 = 4$$

이므로 타원의 정의에 의하여

$$\overline{AF} + \overline{AC} = 4, \ \overline{BF} + \overline{BC} = 4$$

따라서 구하는 삼각형 ABC의 둘레의 길이는

$$\begin{aligned}
\overline{AB} + \overline{BC} + \overline{CA} &= (\overline{AF} + \overline{BF}) + \overline{BC} + \overline{AC} \\
&= (\overline{AF} + \overline{AC}) + (\overline{BF} + \overline{BC}) \\
&= 4 + 4 \\
&= 8
\end{aligned}$$

정답 8

04-2

타원의 장축의 길이를 $2a$, 단축의 길이를 $2b \ (a>0, b>0)$라고 하면 타원의 정의에 의하여

$$\overline{PF} + \overline{PF'} = 2a, \ \overline{QF} + \overline{QF'} = 2a$$

삼각형 FPQ의 둘레의 길이가 $16\sqrt{2}$이므로

$$\begin{aligned}
\overline{PQ} + \overline{QF} + \overline{PF} &= \overline{PF'} + \overline{F'Q} + \overline{QF} + \overline{PF} \\
&= (\overline{PF} + \overline{PF'}) + (\overline{QF} + \overline{QF'}) \\
&= 2a + 2a = 4a \\
&= 16\sqrt{2}
\end{aligned}$$

$$\therefore a = 4\sqrt{2}$$

이때, $\overline{FF'} = 2\sqrt{7}$이므로

$$b^2 = (4\sqrt{2})^2 - (\sqrt{7})^2 = 25$$

$$\therefore b = 5$$

따라서 이 타원의 단축의 길이는 10입니다.

정답 10

04-3

타원 $\dfrac{x^2}{100} + \dfrac{y^2}{36} = 1$에서 $\sqrt{100-36} = 8$이므로 초점의 좌표는

$$F(8, 0), \ F'(-8, 0)$$

한편, 주어진 타원의 장축의 길이는

$$2 \times 10 = 20$$

이므로 F$(8, 0)$은 점 P_1과 이어진 첫 번째 등분점이고, F$'(-8, 0)$은 점 P_9와 이어진 마지막 등분점입니다.

주어진 타원은 y축에 대하여 대칭이므로

$$\overline{P_1F'} = \overline{P_9F}, \ \overline{P_2F'} = \overline{P_8F}$$
$$\overline{P_3F'} = \overline{P_7F}, \ \overline{P_4F'} = \overline{P_6F}$$

따라서 타원의 정의에 의하여

$$\begin{aligned}
&\overline{P_1F} + \overline{P_2F} + \overline{P_3F} + \cdots + \overline{P_9F} \\
&= (\overline{P_1F} + \overline{P_9F}) + (\overline{P_2F} + \overline{P_8F}) \\
&\quad + (\overline{P_3F} + \overline{P_7F}) + (\overline{P_4F} + \overline{P_6F}) + \overline{P_5F} \\
&= (\overline{P_1F} + \overline{P_1F'}) + (\overline{P_2F} + \overline{P_2F'}) \\
&\quad + (\overline{P_3F} + \overline{P_3F'}) + (\overline{P_4F} + \overline{P_4F'}) + \overline{P_5F} \\
&= 20 \times 4 + \overline{P_5F} \\
&= 80 + 10 = 90
\end{aligned}$$

보충 설명 이 타원은 y축에 대하여 대칭이므로 초점의 좌표를 F$(-8, 0)$, F$'(8, 0)$이라고 하여도 같은 결과가 나옵니다.

한편, 점 P_5는 y축 위의 점이므로 두 초점에 이르는 거리가 같습니다. 따라서 $\overline{P_5F} = \dfrac{1}{2} \times 20 = 10$이 됩니다.

정답 90

예제 05 타원과 도형의 성질 p.55

05-1

타원 $\dfrac{x^2}{24} + \dfrac{y^2}{36} = 1$에서 $\sqrt{36-24} = 2\sqrt{3}$이므로 두 초점 F, F'의 좌표는 각각 F$(0, 2\sqrt{3})$, F$'(0, -2\sqrt{3})$입니다.

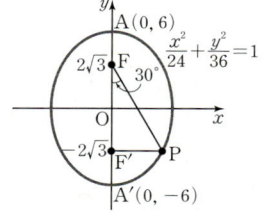

$\overline{PF}=t$로 놓으면 타원의 정의에 의하여
$\overline{PF'}=12-t$이므로 삼각형 PFF'에서 코사인법칙에
의하여

$$(12-t)^2=t^2+(4\sqrt{3})^2-2\times 4\sqrt{3}\times t\times \cos 30°$$
$$t^2-24t+144=t^2+48-12t$$
$$12t=96 \quad \therefore t=8$$

이므로 $\overline{PF}=8$, $\overline{PF'}=4$입니다.
한편, 삼각형 PFF'에서 $\overline{PF}^2=\overline{PF'}^2+\overline{FF'}^2$이므로
피타고라스 정리에 의하여 $\angle PF'F=90°$입니다. 따
라서 점 P에서 y축에 내린 수선의 발이 점 F'이므로
삼각형 $OA'P$의 넓이는

$$\frac{1}{2}\times \overline{OA'}\times \overline{PF'}=\frac{1}{2}\times 6\times 4=12$$

정답 12

05-2

타원 $\dfrac{x^2}{a^2}+\dfrac{y^2}{b^2}=1$에서 $\overline{OB}=b$, $\overline{OF}=c$이고,

$\angle AFB=45°$이므로

$$b=c \qquad\qquad \cdots\cdots\; \textcircled{\small ㄱ}$$

삼각형 OFB의 넓이는 8이므로

$$\frac{c^2}{2}=8 \quad \therefore c=4$$

이때, 타원의 정의에 의하여

$$c^2=a^2-b^2,\; 즉\; c^2=a^2-c^2에서\; a=\sqrt{2}c \qquad \cdots\cdots\; \textcircled{\small ㄴ}$$

$\textcircled{\small ㄱ}$, $\textcircled{\small ㄴ}$에 의하여

$$a=4\sqrt{2},\, b=4$$
$$\therefore \overline{AB}=\sqrt{(4\sqrt{2})^2+4^2}=4\sqrt{3}$$

정답 ⑤

05-3

타원 $\dfrac{x^2}{25}+\dfrac{y^2}{9}=1$에서 $\sqrt{25-9}=4$이므로 두 초점

F, F'의 좌표는 각각 $F(4,0)$, $F'(-4,0)$입니다.

$$\therefore \overline{FF'}=8$$

오른쪽 그림과 같이
$\overline{FP}=k$로 놓으면

$$\overline{F'P}=10-k$$

직각삼각형 $PF'F$에서
피타고라스 정리에 의하여

$$k^2+(10-k)^2=8^2$$
$$k^2-10k+18=0$$
$$\therefore k=5-\sqrt{7}\; 또는\; k=5+\sqrt{7}$$

이때, 점 P가 제1사분면 위의 점이므로 $\overline{PF}<\overline{PF'}$,
즉 $k=5-\sqrt{7}$

$$\therefore \overline{PF'}=10-(5-\sqrt{7})=5+\sqrt{7}$$

또한 $\overline{FQ}=10$이므로

$$\overline{PQ}=10-(5-\sqrt{7})=5+\sqrt{7}$$

따라서 삼각형 PQF'의 넓이는

$$\frac{1}{2}\times \overline{PQ}\times \overline{PF'}=\frac{1}{2}\times (5+\sqrt{7})^2=16+5\sqrt{7}$$

이므로 $m=16$, $n=5$

$$\therefore m+n=21$$

정답 21

예제 06 타원과 포물선   p.57

06-1

장축의 길이가 12이고 두 초점의 좌표가 $(0,-4)$,
$(0,4)$인 타원의 방정식은 $\dfrac{x^2}{20}+\dfrac{y^2}{36}=1$입니다. 또
한 원점을 꼭짓점으로 하고 초점의 좌표가 $(0,4)$인
포물선의 방정식은 $x^2=16y$입니다.

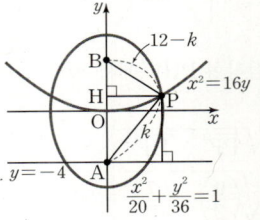

위의 그림과 같이 $\overline{PA}=k$로 놓으면 타원의 정의에 의하여 $\overline{PA}+\overline{PB}=12$이므로

$\overline{PB}=12-k$

이때, 점 P에서 y축에 내린 수선의 발을 H라고 하면 포물선의 정의에 의하여 $\overline{PB}=\overline{AH}$이므로

$\overline{AH}=12-k$, $\overline{BH}=k-4$

한편, 두 직각삼각형 PHA, PBH에서 피타고라스 정리에 의하여

$\overline{PH}^2=k^2-(12-k)^2$ ...... ㉠

$\overline{PH}^2=(12-k)^2-(k-4)^2$ ...... ㉡

㉠, ㉡에 의하여

$k^2-(12-k)^2=(12-k)^2-(k-4)^2$, $40k=272$

$\therefore k=\dfrac{34}{5}$

따라서 구하는 선분 AP의 길이는 $\dfrac{34}{5}$입니다.

정답 $\dfrac{34}{5}$

06-2

점 P는 포물선 $y^2=4px$ $(p>0)$ 위의 점이고 포물선 $y^2=4px$의 초점이 점 F이므로 타원 $\dfrac{x^2}{16}+\dfrac{y^2}{b^2}=1$의 초점 F'을 지나면서 x축에 수직인 직선은 포물선 $y^2=4px$의 준선입니다.

포물선의 정의에 의하여 $\overline{HP}=\overline{PF}=\dfrac{7}{2}$

타원의 장축의 길이가 8이므로

$\overline{PF}+\overline{PF'}=8$, $\overline{PF'}=8-\dfrac{7}{2}=\dfrac{9}{2}$

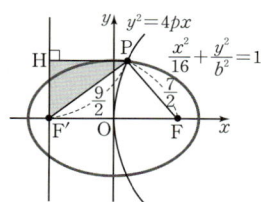

한편, 직각삼각형 PHF'에서 피타고라스 정리에 의하여

$\overline{HF'}=\sqrt{\overline{PF'}^2-\overline{HP}^2}$

$=\sqrt{\left(\dfrac{9}{2}\right)^2-\left(\dfrac{7}{2}\right)^2}=2\sqrt{2}$

따라서 삼각형 PHF'의 넓이는

$\dfrac{1}{2}\times\overline{PH}\times\overline{HF'}=\dfrac{1}{2}\times\dfrac{7}{2}\times2\sqrt{2}=\dfrac{7\sqrt{2}}{2}$

정답 $\dfrac{7\sqrt{2}}{2}$

06-3

다음 그림과 같이 포물선의 준선을 l이라 하고 점 P에서 직선 l에 내린 수선의 발을 H라고 하면 포물선의 정의에 의하여 $\overline{PF}=\overline{PH}$

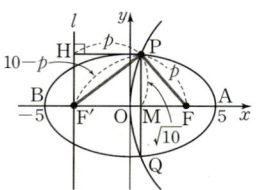

$\overline{PF}=p$로 놓으면 타원의 장축의 길이가 10이므로 타원의 정의에 의하여

$\overline{PF'}=10-p$

선분 PQ와 x축이 만나는 점을 M이라고 하면

$\overline{PQ}=2\sqrt{10}$이므로

$\overline{PM}=\overline{QM}=\sqrt{10}$

$\therefore \overline{HF'}=\overline{PM}=\sqrt{10}$

직각삼각형 PHF'에서 피타고라스 정리에 의하여

$(10-p)^2=p^2+(\sqrt{10})^2$, $100-20p=10$

$\therefore p=\dfrac{9}{2}$

따라서 $\overline{PF}=p=\dfrac{9}{2}$, $\overline{PF'}=10-p=\dfrac{11}{2}$이므로

$\overline{PF}\times\overline{PF'}=\dfrac{9}{2}\times\dfrac{11}{2}=\dfrac{99}{4}$

정답 $\dfrac{99}{4}$

02-1 ⑤   **2** $\sqrt{6}$ **3** 4   **4** ④   **5** 8

6 ③   **7** 105   **8** 3   **9** 14   **10** ②

02-1

접근 방법 주어진 타원의 방정식의 일반형을 완전제곱식을 이용하여 표준형으로 바꾸어야 합니다.

상세 풀이 $x^2+ky^2-2kx+2ky+2k^2-6=0$ 을 완전제곱식 꼴로 변형하면

$x^2-2kx+k(y^2+2y)+2k^2-6=0$

$(x-k)^2-k^2+k(y+1)^2-k+2k^2-6=0$

$(x-k)^2+k(y+1)^2=-k^2+k+6$

$\cdots\cdots$ ㉠

㉠이 타원의 방정식이 되기 위해서는 y^2의 계수와 우변의 상수가 모두 양수이어야 하므로

$k>0$ $\cdots\cdots$ ㉡

$-k^2+k+6>0$에서 $(k+2)(k-3)<0$

$\therefore -2<k<3$ $\cdots\cdots$ ㉢

㉡, ㉢의 공통 범위를 구하면

$0<k<3$

이때, $k=1$이면 주어진 방정식은 원이 되므로

$0<k<1$ 또는 $1<k<3$

따라서 주어진 방정식이 타원이 되도록 하는 정수 k의 값은 2입니다.

보충 설명 방정식 $ax^2+by^2+cx+dy+e=0$ $(a>0,\ b>0,\ a\neq b)$이 타원이 되려면

$$\frac{c^2}{4a}+\frac{d^2}{4b}-e>0$$

이 성립해야 합니다.

정답 ⑤

02-2

접근 방법 중심이 원점이므로 타원의 방정식을 $\dfrac{x^2}{a^2}+\dfrac{y^2}{b^2}=1$이라 하고, 주어진 조건들을 이용하여 상수 a, b의 값을 구합니다.

상세 풀이 중심이 원점이고 장축이 x축 위에 있으므로 주어진 타원의 방정식을

$$\frac{x^2}{a^2}+\frac{y^2}{b^2}=1\ (a>b>0) \qquad \cdots\cdots ㉠$$

이라고 하면 장축의 길이가 단축의 길이의 두 배이므로

$$2a=2\times 2b \qquad \therefore a=2b \qquad \cdots\cdots ㉡$$

㉡을 ㉠에 대입하면 $\dfrac{x^2}{4b^2}+\dfrac{y^2}{b^2}=1$

이 타원이 점 $(2,1)$을 지나므로

$\dfrac{4}{4b^2}+\dfrac{1}{b^2}=1$

$\therefore b=\sqrt{2}\ (\because b>0)$

$b=\sqrt{2}$를 ㉡에 대입하면 $a=2\sqrt{2}$

$a=2\sqrt{2},\ b=\sqrt{2}$를 ㉠에 대입하면

$$\frac{x^2}{8}+\frac{y^2}{2}=1$$

이 타원이 점 $\left(k,\ \dfrac{\sqrt{2}}{2}\right)$를 지나므로

$\dfrac{k^2}{8}+\dfrac{\frac{1}{2}}{2}=1$

$\therefore k=\sqrt{6}\ (\because k>0)$

정답 $\sqrt{6}$

02-3

접근 방법 정삼각형 ABC에서 $\angle BAC=60°$이므로 $\angle FAO=30°$임을 이용합니다.

상세 풀이 삼각형 ABC가 정삼각형이므로 $\angle FAO=30°$이고 $\overline{OA}=\overline{FA}\cos 30°$입니다.

$\therefore \overline{FA}=\dfrac{\overline{OA}}{\cos 30°}=\dfrac{\sqrt{3}}{\frac{\sqrt{3}}{2}}=2$

마찬가지 방법으로 $\overline{F'A}=2$입니다.

이때, 타원의 장축의 길이는 점 A에서 두 초점 F, F'까지의 거리의 합과 같으므로

$2\sqrt{k}=\overline{FA}+\overline{F'A}=2+2=4$

$\sqrt{k}=2 \qquad \therefore k=4$

보충 설명 두 초점 $F(0, c)$, $F'(0, -c)$로부터의 거리의 합이 $2b$인 타원의 방정식은

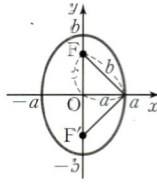

$$\frac{x^2}{a^2} + \frac{y^2}{b^2} = 1$$

$$(b > c > 0, \ a^2 = b^2 - c^2)$$

이고 장축의 길이는 $2b$입니다.

정답 4

02-4

접근 방법 마름모의 두 대각선을 각각 x축, y축으로 놓고, 두 대각선의 교점을 원점으로 놓은 후 타원의 방정식을 구합니다.

상세 풀이 다음 그림과 같이 두 선분 AC, BD의 교점을 원점, 직선 BD를 x축, 직선 AC를 y축, 두 초점을 F, F'으로 놓습니다.

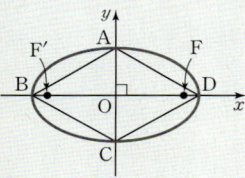

한편, 타원의 방정식을 $\dfrac{x^2}{a^2} + \dfrac{y^2}{b^2} = 1 \ (a > b > 0)$
이라고 하면 타원의 두 초점 사이의 거리가 $10\sqrt{2}$이므로 두 초점의 좌표는

$$F(5\sqrt{2}, 0), \ F'(-5\sqrt{2}, 0)$$

입니다.

$$\therefore a^2 - b^2 = (5\sqrt{2})^2 = 50 \qquad \cdots\cdots \text{㉠}$$

또한 타원의 방정식 $\dfrac{x^2}{a^2} + \dfrac{y^2}{b^2} = 1 \ (a > b > 0)$에서 장축의 길이는 $2a$이고, 단축의 길이는 $2b$이므로

$$\overline{\text{OD}} = \frac{1}{2} \times 2a = a, \ \overline{\text{OA}} = \frac{1}{2} \times 2b = b$$

직각삼각형 AOD에서 피타고라스 정리를 이용하면

$$a^2 + b^2 = 100 \qquad \cdots\cdots \text{㉡}$$

㉠, ㉡을 연립하여 풀면

$$a^2 = 75, \ b^2 = 25$$

$$\therefore a = 5\sqrt{3}, \ b = 5 \ (\because a > b > 0)$$

따라서 마름모 ABCD의 넓이는

$$\frac{1}{2} \times 2a \times 2b = \frac{1}{2} \times 10\sqrt{3} \times 10 = 50\sqrt{3}$$

보충 설명 여러 가지 사각형의 성질
(1) 직사각형의 두 대각선은 길이가 같고, 서로 다른 것을 이등분합니다.
(2) 마름모의 두 대각선은 서로 다른 것을 수직이등분합니다.
(3) 정사각형의 두 대각선은 길이가 같고, 서로 다른 것을 수직이등분합니다.

정답 ④

02-5

접근 방법 두 점 P, Q의 좌표를 각각 (a, b), (x, y)라 하고, 두 점 P, Q에서 x축에 내린 수선의 발을 각각 H_1, H_2라고 할 때, 삼각형의 한 변의 중점을 지나고 다른 한 변에 평행한 직선은 나머지 변의 중점을 지나는 성질을 이용하여 a, b를 각각 x, y에 대하여 나타낸 후, 점 Q가 나타내는 타원의 방정식을 구합니다.

상세 풀이 타원 $\dfrac{x^2}{25} + \dfrac{y^2}{9} = 1$의 한 초점이 점 $F(-c, 0)$이므로

$$c^2 = 25 - 9 = 16 \qquad \therefore c = 4 \ (\because c > 0)$$

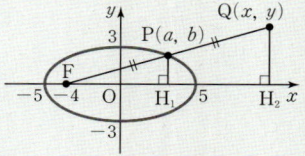

위의 그림과 같이 타원 $\dfrac{x^2}{25} + \dfrac{y^2}{9} = 1$ 위의 점 P의 좌표를 (a, b), 점 Q의 좌표를 (x, y), 두 점 P, Q에서 x축에 내린 수선의 발을 각각 H_1, H_2라고 하면

$$\overline{PH_1} /\!/ \overline{QH_2}$$

즉, $\overline{FH_1}=\overline{H_1H_2},\ 2\overline{PH_1}=\overline{QH_2}$이므로

$$a+4=x-a,\ 2b=y$$

$$\therefore a=\frac{1}{2}x-2,\ b=\frac{1}{2}y \qquad \cdots\cdots \text{㉠}$$

그런데 점 $P(a,b)$가 타원 $\dfrac{x^2}{25}+\dfrac{y^2}{9}=1$ 위의 점

이므로

$$\frac{a^2}{25}+\frac{b^2}{9}=1 \qquad \cdots\cdots \text{㉡}$$

㉠을 ㉡에 대입하여 정리하면

$$\frac{(x-4)^2}{100}+\frac{y^2}{36}=1 \qquad \cdots\cdots \text{㉢}$$

즉, ㉢은 타원 $\dfrac{x^2}{100}+\dfrac{y^2}{36}=1$을 x축의 방향으

로 4만큼 평행이동한 것입니다.

이때, 타원 $\dfrac{x^2}{100}+\dfrac{y^2}{36}=1$의 초점의 좌표는

$$(8,0),\ (-8,0)$$

이므로 타원 $\dfrac{(x-4)^2}{100}+\dfrac{y^2}{36}=1$의 초점의 좌표는

$$(12,0),\ (-4,0)$$

따라서 $m=12,\ n=-4$이므로

$$m+n=12+(-4)=8$$

보충 설명 (1) 삼각형의 두 변의

중점을 연결한 선분은 나머

지 변과 평행하고, 그 길이는

나머지 변의 길이의 $\dfrac{1}{2}$입니다.

즉,

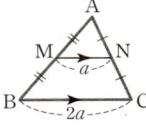

$\overline{AM}=\overline{MB},\ \overline{AN}=\overline{NC}$이면

$$\overline{MN}/\!/\overline{BC},\ \overline{MN}=\frac{1}{2}\overline{BC}$$

(2) 삼각형의 한 변의 중점을 지

나고 다른 한 변에 평행한 직

선은 나머지 한 변의 중점을

지납니다. 즉,

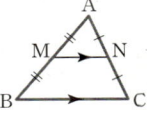

$\overline{AM}=\overline{MB},\ \overline{MN}/\!/\overline{BC}$이면

$$\overline{AN}=\overline{NC}$$

정답 8

02-6

접근 방법 두 초점까지의 거리의 합이 장축의 길이로

일정하다는 것을 이용하여 선분 PB의 길이를 선분

PA의 길이를 이용하여 나타낸 후, $\overline{PA}\times\overline{PB}$를 $\overline{PA}$

에 대한 이차식으로 나타냅니다.

상세 풀이 타원 $\dfrac{x^2}{36}+\dfrac{y^2}{16}=1$에서 $\sqrt{36-16}=2\sqrt{5}$

이므로 초점의 좌표는

$$(2\sqrt{5},0),\ (-2\sqrt{5},0)$$

즉, 오른쪽 그림과

같이 두 점

$A(-2\sqrt{5},0)$,

$B(2\sqrt{5},0)$은 타원

의 초점이 됩니다.

한편, 주어진 타원

의 장축의 길이가 $2\times6=12$이므로 타원의 정의

에 의하여

$$\overline{PA}+\overline{PB}=12\ (6-2\sqrt{5}\le\overline{PA}\le6+2\sqrt{5})\text{에서}$$

$$\overline{PB}=12-\overline{PA}$$

$$\therefore \overline{PA}\times\overline{PB}=\overline{PA}\times(12-\overline{PA})$$
$$=-\overline{PA}^2+12\overline{PA}$$
$$=-(\overline{PA}-6)^2+36$$

따라서 $\overline{PA}\times\overline{PB}$의 최댓값은 $\overline{PA}=6$일 때, 36입

니다.

다른 풀이 $\overline{PA}+\overline{PB}=12$에서 $\overline{PA}>0,\ \overline{PB}>0$이므

로 산술평균과 기하평균 사이의 관계에 의하여

$$\frac{\overline{PA}+\overline{PB}}{2}\ge\sqrt{\overline{PA}\times\overline{PB}}$$

$$\frac{(\overline{PA}+\overline{PB})^2}{4}\ge\overline{PA}\times\overline{PB}$$

$$\therefore \overline{PA}\times\overline{PB}\le36$$

(단, 등호는 $\overline{PA}=\overline{PB}=6$일 때 성립)

따라서 $\overline{PA}\times\overline{PB}$의 최댓값은 36입니다.

정답 ③

02-7

접근 방법 타원의 정의에 의하여 $\overline{PF}+\overline{PF'}=10$이므

로 이 식을 변형하여 $\overline{AP}-\overline{FP}$를 나타냅니다.

상세 풀이 타원 $\dfrac{x^2}{25}+\dfrac{y^2}{9}=1$의 두 초점이 F, F′

이므로 타원의 정의에 의하여

$$\overline{FP}+\overline{F'P}=2\times5=10$$

$$\therefore \overline{FP}=10-\overline{F'P}$$

$$\overline{AP}-\overline{FP}=\overline{AP}-(10-\overline{F'P})$$
$$=\overline{AP}+\overline{F'P}-10 \quad \cdots\cdots \ ㉠$$

그런데 $\overline{AP}+\overline{F'P}\geq\overline{AF'}$이므로 점 P가 선분 $\overline{AF'}$

위에 있을 때, ㉠은 최솟값을 가집니다.

즉, $\overline{AP}+\overline{F'P}-10\geq\overline{AF'}-10$
$$=1$$

이므로 $\overline{AF'}=11$

한편, 타원 $\dfrac{x^2}{25}+\dfrac{y^2}{9}=1$에서 두 초점의 좌표를

$F(c,0)$, $F'(-c,0)$ $(c>0)$이라고 하면

$c=\sqrt{25-9}=4$이므로

$$F(4,0),\ F'(-4,0)$$

따라서 직각삼각형 $AF'O$에서

$$4^2+a^2=11^2 \quad \therefore a^2=105$$

정답   105

02-8

접근 방법 타원 $\dfrac{x^2}{16}+\dfrac{y^2}{9}=1$에서 두 초점을 F, F′

이라고 하면 타원의 정의에 의하여 $\overline{PF}+\overline{PF'}=8$입

니다. 또한 선분 PF의 중점이 M이므로 $\overline{PM}=\overline{FM}$

이고, 선분 FF′의 중점이 O이므로 $\overline{OF}=\overline{CF'}$임을

이용합니다.

상세 풀이

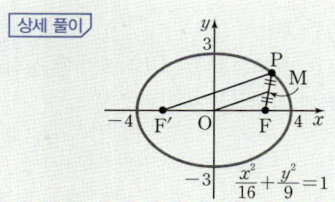

위의 그림과 같이 타원 $\dfrac{x^2}{16}+\dfrac{y^2}{9}=1$의 두 초점

을 F, F′이라 하고, 타원 위의 한 점을 P라고 하

면 타원의 정의에 의하여

$$\overline{PF}+\overline{PF'}=2\times4=8$$

이때, $\overline{PF}=2$이므로

$$\overline{PF'}=8-2=6$$

한편, 점 M은 선분 PF의 중점이고, 원점 O는 선

분 FF′의 중점이므로

$$\overline{PM}=\overline{FM},\ \overline{OF}=\overline{OF'}$$

$$\therefore \overline{OM}=\frac{1}{2}\overline{PF'}=\frac{1}{2}\times6=3$$

정답   3

02-9

접근 방법 원의 반지름의 길이를 r라 하고 타원의 장

축과 단축의 길이를 r에 대하여 나타냅니다.

상세 풀이 원의 반지름의 길이를 r라고 하면 타원

의 장축과 단축의 길이는 각각

$$2(10-r),\ 2(6-r)$$

이므로 타원의 방정식은

$$\frac{x^2}{(10-r)^2}+\frac{y^2}{(6-r)^2}=1$$

이때, 타원의 두 초점 사이의 거리가 $4\sqrt{10}$이므로

$$(10-r)^2-(6-r)^2=(2\sqrt{10})^2$$

$$8r=24 \quad \therefore r=3$$

따라서 타원의 장축의 길이는

$$2(10-3)=2\times7=14$$

보충 설명 타원 $\dfrac{x^2}{a^2}+\dfrac{y^2}{b^2}=1\ (a>b>0)$의 장축의

길이는 $2a$, 단축의 길이는 $2b$입니다.

정답   14

02-10

접근 방법 두 점 A, B의 좌표를 각각 $(a,0)$, $(0,b)$

로 놓고 선분 AB를 $2:1$로 내분하는 점을 P라고 하

여 좌표를 구한 후, $\overline{AB}=3$을 이용하여 점 P가 나타

내는 타원의 방정식을 구합니다.

상세 풀이 A$(a, 0)$, B$(0, b)$라고 하면 $\overline{AB}=3$이므로

$$a^2+b^2=3^2=9 \qquad \cdots\cdots \;\ominus$$

선분 AB를 $2 : 1$로 내분하는 점을 P(x, y)라고 하면

$$x=\frac{2\times 0+1\times a}{2+1}=\frac{a}{3},$$

$$y=\frac{2\times b+1\times 0}{2+1}=\frac{2b}{3}$$

$$\therefore a=3x, \; b=\frac{3y}{2} \qquad \cdots\cdots \;\odot$$

$\odot$을 $\ominus$에 대입하면

$$(3x)^2+\left(\frac{3}{2}y\right)^2=9 \qquad \therefore x^2+\frac{y^2}{4}=1$$

따라서 구하는 타원의 장축의 길이는 4입니다.

보충 설명 좌표평면 위의 두 점 A(x_1, y_1), B(x_2, y_2)에 대하여 선분 AB를 $m : n$으로 내분하는 점을 P, 외분하는 점을 Q라고 하면

$$P\left(\frac{mx_2+nx_1}{m+n}, \; \frac{my_2+ny_1}{m+n}\right)$$

$$Q\left(\frac{mx_2-nx_1}{m-n}, \; \frac{my_2-ny_1}{m-n}\right) (단, \; m\neq n)$$

정답 ②

p.60~61

실력 다지기

02-11 ⑤   **12** ③   **13** 8   **14** 50   **15** 32

16 $\dfrac{(x-2)^2}{16}+\dfrac{y^2}{15}=1$ **17** $10-3\sqrt{2}$

18 32   **19** $\dfrac{21}{5}$ **20** 8

02-**11**

접근 방법 타원 위의 네 점 P$_1$, P$_2$, P$_3$, P$_4$에 대하여 네 선분 P$_1$A, P$_2$A, P$_3$A, P$_4$A를 그래프 위에 나타낸 후 길이의 합을 구합니다.

상세 풀이 타원 $\dfrac{x^2}{25}+\dfrac{y^2}{16}=1$에서 $\sqrt{25-16}=3$이므로 초점의 좌표는

$$(3, 0), \; (-3, 0)$$

즉, 점 A$(3, 0)$은 타원의 초점이고, 나머지 한 초점을 B라고 하면 B$(-3, 0)$입니다.

한편, 두 점 P$_1$, P$_2$는 y축에 대하여 대칭이고 두 초점 A, B도 y축에 대하여 대칭이므로 $\overline{P_2A}=\overline{P_1B}$이고, 두 점 P$_3$, P$_4$도 y축에 대하여 대칭이므로 $\overline{P_3A}=\overline{P_4B}$입니다.

$$\therefore \; \overline{P_1A}+\overline{P_2A}+\overline{P_3A}+\overline{P_4A}$$
$$=\overline{P_1A}+\overline{P_1B}+\overline{P_4B}+\overline{P_4A}$$
$$=10+10=20$$

보충 설명 타원 $\dfrac{x^2}{25}+\dfrac{y^2}{16}=1$에서 장축의 길이는 $2\times 5=10$이므로 타원 위의 점 P$_1$에서 두 초점 A, B까지의 거리의 합은 10으로 일정합니다. 즉,

$$\overline{P_1A}+\overline{P_1B}=10$$

정답 ⑤

02-**12**

접근 방법 타원에 내접하는 직사각형 ABCD의 꼭짓점 중에서 제1사분면 위의 점 D의 좌표를 (a, b)라고 하면 직사각형 ABCD의 넓이는 $4ab$가 됩니다.

즉, $\dfrac{x^2}{25}+\dfrac{y^2}{16}=1$에서 $4ab$의 최댓값을 구합니다.

상세 풀이

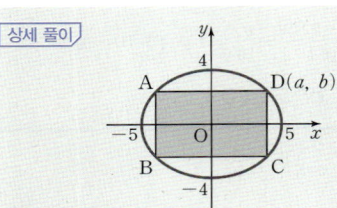

위의 그림과 같이 타원 $\dfrac{x^2}{25}+\dfrac{y^2}{16}=1$에 내접하는 직사각형 ABCD의 꼭짓점 중에서 제1사분면에 있는 점 D의 좌표를 (a, b)라고 하면 직사각형 ABCD의 넓이는 $4ab$입니다.

점 $D(a, b)$가 타원 $\dfrac{x^2}{25}+\dfrac{y^2}{16}=1$ 위의 점이므로

$$\dfrac{a^2}{25}+\dfrac{b^2}{16}=1$$

$$\therefore 16a^2+25b^2=400$$

이때, 산술평균과 기하평균 사이의 관계에 의하여

$$16a^2+25b^2\geq 2\sqrt{16a^2\times 25b^2}$$

$$400\geq 40ab \qquad \therefore ab\leq 10$$

$$\therefore 0<4ab\leq 40$$

따라서 직사각형 ABCD의 넓이의 최댓값은 40입니다.

정답 ③

02-13

접근 방법 점 F를 한 초점으로 공유하고 서로 다른 두 점 P, Q에서 만나는 두 타원을 그려 각각의 타원의 두 초점으로부터의 거리의 합은 타원의 장축의 길이와 같다는 타원의 정의를 이용합니다.

상세 풀이 오른쪽 그림에서 타원의 정의를 이용하면

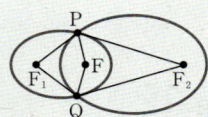

$$\overline{PF}+\overline{PF_1}=16$$

$$\overline{PF}+\overline{PF_2}=20$$

이므로 $|\overline{PF_1}-\overline{PF_2}|=|16-20|=4$

마찬가지 방법으로

$$\overline{QF}+\overline{QF_1}=16$$

$$\overline{QF}+\overline{QF_2}=20$$

이므로 $|\overline{QF_1}-\overline{QF_2}|=|16-20|=4$

$$\therefore \overline{PF_1}-\overline{PF_2}|+|\overline{QF_1}-\overline{QF_2}|$$

$$=4+4=8$$

보충 설명 위의 그림과 같이 두 타원의 장축이 같은 직선 위에 놓일 필요는 없습니다. 두 타원의 장축이 서로 수직이 되더라도 타원의 정의에 의하여 결과는 같아집니다.

정답 8

02-14

접근 방법 타원의 정의에 의하여 $\overline{PA}+\overline{PB}$의 값이 일정하다는 것을 알 수 있고, 산술평균과 기하평균 사이의 관계에 의하여 $\overline{PA}\times\overline{PB}$의 최댓값을 구할 수 있습니다.

상세 풀이 타원 $\dfrac{x^2}{25}+\dfrac{y^2}{24}=1$에서 $\sqrt{25-24}=1$

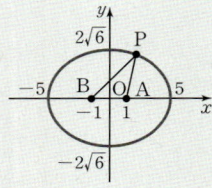

이므로 초점의 좌표는

$$(1, 0), (-1, 0)$$

즉, 두 점 $A(1, 0)$, $B(-1, 0)$은 이 타원의 초점입니다.

또한 타원의 장축의 길이가 $2\times 5=10$이므로

$$\overline{PA}+\overline{PB}=10$$

이때, $\overline{PA}>0$, $\overline{PB}>0$이므로 산술평균과 기하평균 사이의 관계에 의하여

$$\dfrac{\overline{PA}+\overline{PB}}{2}\geq\sqrt{\overline{PA}\times\overline{PB}}$$

$$\dfrac{(\overline{PA}+\overline{PB})^2}{4}\geq\overline{PA}\times\overline{PB}$$

$$\overline{PA}\times\overline{PB}\leq 25$$

(단, 등호는 $\overline{PA}=\overline{PB}=5$일 때 성립)

$$\therefore \overline{PA}^2+\overline{PB}^2$$

$$=(\overline{PA}+\overline{PB})^2-2\,\overline{PA}\times\overline{PB}$$

$$=100-2\,\overline{PA}\times\overline{PB}\geq50$$

따라서 구하는 최솟값은 50 입니다.

보충 설명 합의 형태가 주어져 있을 때 곱의 최댓값을 구하고, 곱의 형태가 주어져 있을 때 합의 최솟값을 구하는 문제는 (산술평균)≥(기하평균)을 이용합니다. 단, 주의해야 할 점은 두 수가 모두 양수일 때만 성립한다는 것입니다.

정답 50

02- 15

접근 방법 $\overline{OF}=\overline{OF'}=\overline{OP}$ 이므로 점 P는 점 O를 중심으로 하고 $\overline{OF}$ 를 반지름으로 하는 원과 주어진 타원의 교점입니다. 원의 지름을 한 변으로 하고 원에 내접하는 삼각형의 성질을 생각해 봅시다.

상세 풀이 타원의 정의에 의하여
$$\overline{PF}+\overline{PF'}=2\times6=12 \quad\cdots\cdots\ \text{㉠}$$
이때, $\overline{OP}=\overline{OF}$ 이고,

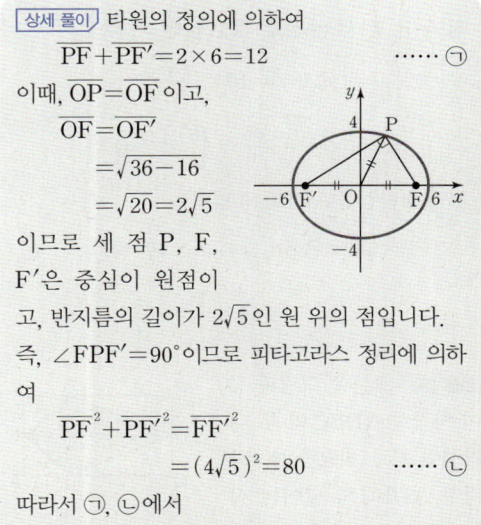

$$\overline{OF}=\overline{OF'}$$
$$=\sqrt{36-16}$$
$$=\sqrt{20}=2\sqrt{5}$$
이므로 세 점 P, F, F'은 중심이 원점이고, 반지름의 길이가 $2\sqrt{5}$ 인 원 위의 점입니다.
즉, $\angle FPF'=90°$ 이므로 피타고라스 정리에 의하여
$$\overline{PF}^2+\overline{PF'}^2=\overline{FF'}^2$$
$$=(4\sqrt{5})^2=80 \quad\cdots\cdots\ \text{㉡}$$
따라서 ㉠, ㉡에서
$$\overline{PF}\times\overline{PF'}=\frac{1}{2}\{(\overline{PF}+\overline{PF'})^2-(\overline{PF}^2+\overline{PF'}^2)\}$$
$$=\frac{1}{2}(12^2-80)=32$$

보충 설명 원주각의 성질
원 O에서 호 AB가 반원일 때, 중심각 $\angle AOB$의 크기는 $180°$ 이므로 반원에 대한 원주각의 크기는 $90°$ 입니다.

즉, 오른쪽 그림에서 반원의 중심각의 크기가 $180°$ 이므로 원주각 $\angle APB$ 의 크기는 $90°$ 입니다.

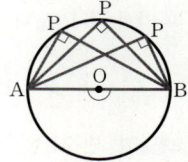

정답 32

02- 16

접근 방법 구하는 도형이 원 C_1에 내접하고, 원 C_2에 외접한다는 성질을 이용합니다.

상세 풀이

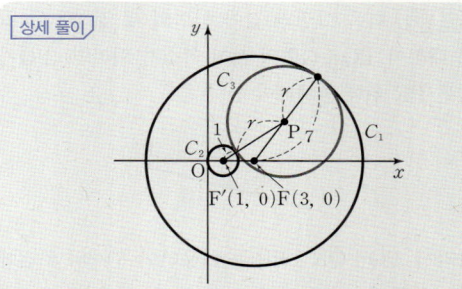

위의 그림과 같이 두 원 C_1, C_2 의 중심을 각각 F, F'이라 하고, 중심이 $P(x, y)$인 원 C_3의 반지름의 길이를 r 라고 하면
$$\overline{PF}=7-r,\ \overline{PF'}=r+1$$
$$\therefore \overline{PF}+\overline{PF'}=8$$
즉, 점 P가 나타내는 도형은 두 점 $F(3, 0)$, $F'(1, 0)$을 초점으로 하고 장축의 길이가 8인 타원입니다.
즉, 구하는 타원의 중심은 선분 FF'의 중점 $(2, 0)$이므로 타원의 방정식을
$$\frac{(x-2)^2}{a^2}+\frac{y^2}{b^2}=1\ (a>b>0)$$
로 놓을 수 있습니다.
이때, 장축의 길이가 8이므로
$$2a=8 \quad\therefore a=4$$
중심 $(2, 0)$과 초점 $F(3, 0)$ 사이의 거리가 1이므로
$$a^2-b^2=4^2-b^2=1^2$$
$$\therefore b^2=15$$

따라서 점 P가 나타내는 도형의 방정식은
$$\frac{(x-2)^2}{16}+\frac{y^2}{15}=1$$

보충 설명 반지름의 길이가 다른 고정된 두 원에 대하여 작은 원이 큰 원의 내부에 있을 때, 작은 원에 외접하면서 큰 원에 내접하는 원의 중심이 나타내는 도형은 타원입니다.

정답 $\dfrac{(x-2)^2}{16}+\dfrac{y^2}{15}=1$

02-17

접근 방법 다음 그림과 같이 임의의 세 점 P, Q, R에 대하여 $\overline{PQ}+\overline{QR}$의 값이 최소가 되려면 점 Q가 선분 PR 위에 존재해야 합니다.

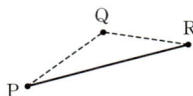

따라서 $\overline{PQ}+\overline{QR}\geq\overline{PR}$를 이용하여 문제의 조건에 맞는 부등식을 세웁니다.

상세 풀이 타원 $\dfrac{x^2}{25}+\dfrac{y^2}{16}=1$에서 $\sqrt{25-16}=3$

이므로 초점의 좌표는
$$(3,\ 0),\ (-3,\ 0)$$
즉, 점 A$(3, 0)$은
한 초점이고 나머
지 한 초점을
F$(-3, 0)$이라고
하면
$$\overline{FB}+\overline{PB}\geq\overline{PF}$$
에서
$$\overline{FB}+\overline{PB}+\overline{PA}\geq\overline{PF}+\overline{PA}$$
이때, 타원의 정의에 의하여
$$\overline{PF}+\overline{PA}=2\times5=10$$
이므로
$$\begin{aligned}\overline{PA}+\overline{PB}&\geq\overline{PF}+\overline{PA}-\overline{FB}\\&=10-3\sqrt{2}\end{aligned}$$
따라서 구하는 최솟값은 $10-3\sqrt{2}$입니다.

보충 설명 $\overline{PA}+\overline{PB}$의 값이 최소가 되려면 오른쪽 그림과 같이 점 B가 선분 FP 위에 있어야 합니다.

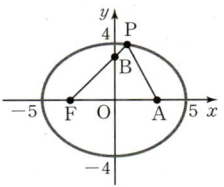

정답 $10-3\sqrt{2}$

02-18

접근 방법 사각형 ADBC의 두 대각선 AB와 CD의 길이를 한 문자에 대하여 정리하고, 사각형 ADBC의 넓이를 구합니다.

상세 풀이 점 F는 타원의 초점이므로
$$c^2=a^2-16 \qquad \therefore a^2-c^2=16 \qquad\cdots\cdots\ \bigcirc$$
점 A$(c,\ k)$(k는 상수)라고 하면
$$\frac{c^2}{a^2}+\frac{k^2}{16}=1$$에서 $k^2=16\times\dfrac{a^2-c^2}{a^2}$
$$\therefore k=4\times\frac{\sqrt{a^2-c^2}}{a}=\frac{16}{a}\ (\because\ \bigcirc)$$
따라서 사각형 ADBC의 넓이는
$$\begin{aligned}\frac{1}{2}\times\overline{CD}\times\overline{AB}&=\frac{1}{2}\times2a\times2k=2ak\\&=2a\times\frac{16}{a}=32\end{aligned}$$

보충 설명 오른쪽 그림과 같이 사각형 ADBC의 두 대각선이 서로 직교할 때, 사각형 ADBC의 넓이는 직

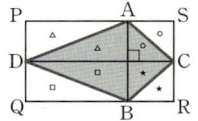

사각형 PQRS의 넓이의 $\dfrac{1}{2}$이므로 사각형 ADBC의 넓이는 $\dfrac{1}{2}\times\overline{AB}\times\overline{CD}$입니다.

일반적으로 오른쪽 그림과 같이 두 대각선의 길이가 각각 a, b이고 두 대각선이 이루는 각의 크기가 θ인 사각형 ABCD의 넓

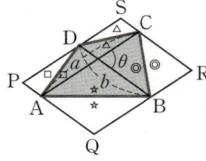

이는 $\frac{1}{2}ab\sin\theta$입니다.

02-19

접근 방법 포물선의 정의와 타원의 정의를 이용하여 직각삼각형 BFA에서 $\angle BFA=\theta$라고 할 때, $\cos\theta$의 값을 구한 후 $\overline{CF'}$의 길이를 구합니다.

상세 풀이 $\overline{OF}=3$이므로 주어진 포물선의 준선의 방정식은 $x=-3$입니다.
점 B에서 준선에 내린 수선의 발을 B'이라고 하면 포물선의 정의에 의하여

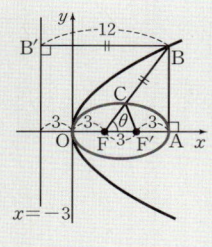

$$\overline{BF}=\overline{BB'}=12$$

이므로 점 B의 x좌표는 9입니다.
즉, 점 A의 좌표가 $(9, 0)$이므로 타원의 장축의 길이는 9이고, 타원의 정의에 의하여

$$\overline{CF}+\overline{CF'}=9 \qquad \cdots\cdots \bigcirc$$

또한 $\overline{OF}=\overline{AF'}=3$이므로

$$\overline{FF'}=9-6=3$$

이때, 삼각형 CFF'에서 $\angle CFF'=\theta$라고 하면 $\angle CFF'=\angle BFA$이므로

$$\cos\theta=\frac{\overline{AF}}{\overline{BF}}=\frac{6}{12}=\frac{1}{2}$$

오른쪽 그림에서 $\overline{CF'}=x$라고 하면 $\bigcirc$에서 $\overline{CF}=9-x$이고, 점 C에서 선분 FF'에 내린 수선의 발을 H라고 하면

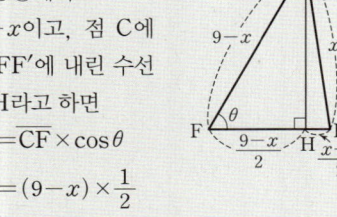

$$\overline{FH}=\overline{CF}\times\cos\theta$$
$$=(9-x)\times\frac{1}{2}$$
$$=\frac{9-x}{2}$$

$$\overline{F'H}=\overline{FF'}-\overline{FH}$$
$$=3-\frac{9-x}{2}=\frac{x-3}{2}$$

이므로

$$(9-x)^2-\left(\frac{9-x}{2}\right)^2=x^2-\left(\frac{x-3}{2}\right)^2$$
$$60x=252 \qquad \therefore x=\frac{21}{5}$$

따라서 선분 CF'의 길이는 $\frac{21}{5}$ 입니다.

02-20

접근 방법 정육각형의 한 내각의 크기는 $120°$입니다. 정육각형의 각 변에 그려진 6개의 타원이 모두 합동이고, 각 꼭짓점에서 초점까지의 길이가 모두 같으므로 색칠한 6개의 삼각형은 모두 합동인 이등변삼각형입니다. 또한 6개의 삼각형의 넓이의 합이 주어졌으므로 꼭짓점에서 초점까지의 거리를 구할 수 있고, 타원의 방정식을 이용하여 단축의 길이도 구할 수 있습니다.

상세 풀이 정육각형의 한 내각의 크기는 $120°$입니다. 오른쪽 그림과 같이 한 내각의 크기가 $120°$인 이

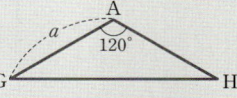

등변삼각형에서 $\overline{AG}=a$ $(a>0)$라고 하면 $\angle AGH=30°$, $\overline{GH}=\sqrt{3}a$이므로

$$\triangle AGH=\frac{1}{2}\times a\times\sqrt{3}a\sin 30°$$입니다.

6개의 삼각형의 넓이의 합이 $6\sqrt{3}$이므로

$$6\times\frac{1}{2}\times a\times\sqrt{3}a\sin 30°=6\sqrt{3}$$
$$\frac{3\sqrt{3}}{2}a^2=6\sqrt{3}, \ a^2=4$$
$$\therefore a=2 \ (\because a>0)$$

또한 한 변의 길이가 10인 정육각형이므로 타원의 장축의 길이는 10이고, 두 초점 사이의 거리는

$$10-2\times 2=6$$

입니다.

이 타원과 합동인 중심이 원점이고 장축이 x축 위에 있는 타원의 방정식은

$$\frac{x^2}{5^2} + \frac{y^2}{b^2} = 1 \ (단, 5 > b > 0)$$

이때, 초점의 좌표가 $(3, 0)$, $(-3, 0)$이므로

$$5^2 - b^2 = 3^2, \ b^2 = 16$$

$$\therefore b = 4 \ (\because b > 0)$$

따라서 구하는 타원의 단축의 길이는

$$2b = 2 \times 4 = 8$$

보충 설명 오른쪽 그림과 같이 오각형의 내각의 크기의 합은 $180° \times (5-2) = 540°$입니다. 같은 원리로 n각형의 내각의 크기의 합은 $180° \times (n-2)$입니다.

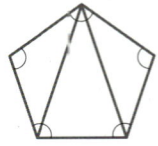

따라서 정n각형의 한 내각의 크기는 $\dfrac{180° \times (n-2)}{n}$입니다.

정답 8

예제 01 쌍곡선의 방정식 p.75

01-1

(1) x축 위의 두 초점 $F(5, 0)$, $F'(-5, 0)$으로부터의 거리의 차가 8인 쌍곡선의 방정식을

$$\frac{x^2}{a^2} - \frac{y^2}{b^2} = 1 \ (a>0, b>0)$$

이라고 하면 주축의 길이가 8이므로

$$2a=8 \qquad \therefore a=4$$

이때, $a^2+b^2=5^2=25$이므로

$$b^2=25-a^2=25-4^2=9$$

따라서 구하는 쌍곡선의 방정식은

$$\frac{x^2}{16} - \frac{y^2}{9} = 1$$

(2) y축 위의 두 초점 $F(0, 13)$, $F'(0, -13)$으로부터의 거리의 차가 24인 쌍곡선의 방정식을

$$\frac{x^2}{a^2} - \frac{y^2}{b^2} = -1 \ (a>0, b>0)$$

이라고 하면 주축의 길이가 24이므로

$$2b=24$$

$$\therefore b=12$$

이때, $a^2+b^2=13^2=169$이므로

$$a^2=169-b^2=169-12^2=25$$

따라서 구하는 쌍곡선의 방정식은

$$\frac{x^2}{25} - \frac{y^2}{144} = -1$$

다른 풀이 (1) 쌍곡선 위의 임의의 한 점의 좌표를 $P(x, y)$라고 하면

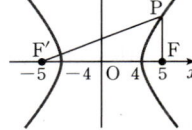

$$|\overline{PF'} - \overline{PF}| = 8$$

이므로

$$|\sqrt{(x+5)^2+y^2} - \sqrt{(x-5)^2+y^2}| = 8$$

$$\therefore \sqrt{(x+5)^2+y^2} = \sqrt{(x-5)^2+y^2} \pm 8$$

등식의 양변을 제곱하여 정리하면

$$5x-16 = \pm 4\sqrt{(x-5)^2+y^2}$$

다시 등식의 양변을 제곱하여 정리하면

$$9x^2-16y^2=144$$

$$\therefore \frac{x^2}{16} - \frac{y^2}{9} = 1$$

(2) 쌍곡선 위의 임의의 한 점의 좌표를 $P(x, y)$라고 하면

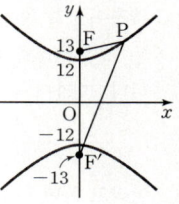

$$|\overline{PF'} - \overline{PF}| = 24$$

이므로

$$|\sqrt{x^2+(y+13)^2} - \sqrt{x^2+(y-13)^2}| = 24$$

$$\therefore \sqrt{x^2+(y+13)^2} = \sqrt{x^2+(y-13)^2} \pm 24$$

등식의 양변을 제곱하여 정리하면

$$13y-144 = \pm 12\sqrt{x^2+(y-13)^2}$$

다시 등식의 양변을 제곱하여 정리하면

$$144x^2-25y^2 = -3600$$

$$\therefore \frac{x^2}{25} - \frac{y^2}{144} = -1$$

보충 설명 쌍곡선의 작도

(1) 자의 한쪽 끝점 T에 실을 매답니다. 이때, 실의 한 끝을 점 F에, 자의 다른 한 끝을 점 F'에 고정시킵니다.

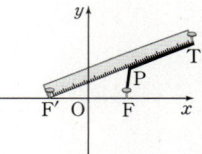

(2) 실이 자에서 떨어지지 않도록 연필을 자에 대고 실을 팽팽하게 유지하면서 자를 점 F'을 중심으로 회전하면서 움직입니다.

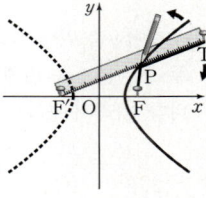

(3) 자의 길이는

$$\overline{PF'} + \overline{PT} \quad \cdots\cdots \ \text{㉠}$$

실의 길이는

$$\overline{PF} + \overline{PT} \quad \cdots\cdots \ \text{㉡}$$

$$\therefore |\text{㉠}-\text{㉡}|$$

$$= |\overline{PF'} - \overline{PF}|$$

$$= (\text{일정})$$

즉, 점 P가 그리는 도형은 쌍곡선입니다.

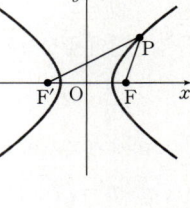

정답 (1) $\dfrac{x^2}{16} - \dfrac{y^2}{9} = 1$

(2) $\dfrac{x^2}{25} - \dfrac{y^2}{144} = -1$

01-2

(1) 주축이 x축 위에 있고, 점근선이 원점을 지나므로 두 초점은 x축 위에 있고 원점에 대하여 대칭입니다. 따라서 구하는 쌍곡선의 방정식을

$$\frac{x^2}{a^2} - \frac{y^2}{b^2} = 1 \ (a > 0, \ b > 0)$$

이라고 하면 주축의 길이가 2이므로

$$2a = 2 \qquad \therefore a = 1$$

점근선의 방정식이 $y = \pm x$이므로

$$\frac{b}{a} = 1 \qquad \therefore b = a = 1$$

따라서 쌍곡선의 두 초점의 좌표는

$$\sqrt{a^2 + b^2} = \sqrt{1+1} = \sqrt{2} \ 에서$$

$$(\sqrt{2}, \ 0), \ (-\sqrt{2}, \ 0)$$

따라서 주어진 쌍곡선의 두 초점 사이의 거리는 $2\sqrt{2}$입니다.

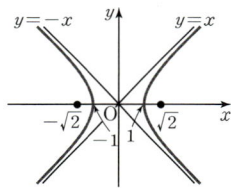

(2) 주축이 y축 위에 있고, 점근선이 원점을 지나므로 두 초점은 y축 위에 있고 원점에 대하여 대칭입니다. 따라서 구하는 쌍곡선의 방정식을

$$\frac{x^2}{a^2} - \frac{y^2}{b^2} = -1 \ (a > 0, \ b > 0)$$

이라고 하면 주축의 길이가 4이므로

$$2b = 4 \qquad \therefore b = 2$$

점근선의 방정식이 $y = \pm 2x$이므로

$$\frac{b}{a} = 2 \qquad \therefore a = \frac{b}{2} = 1$$

따라서 쌍곡선의 두 초점의 좌표는

$$\sqrt{a^2 + b^2} = \sqrt{1+4} = \sqrt{5} \ 에서$$

$$(0, \ \sqrt{5}), \ (0, \ -\sqrt{5})$$

따라서 주어진 쌍곡선의 두 초점 사이의 거리는 $2\sqrt{5}$입니다.

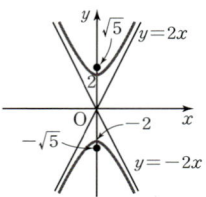

정답 (1) $2\sqrt{2}$ (2) $2\sqrt{5}$

01-3

(1) 두 초점이 $F(4, \ 2)$, $F'(-6, \ 2)$이고, 주축의 길이가 6인 쌍곡선 위의 임의의 한 점을 $P(x, \ y)$라고 하면 쌍곡선의 정의에 의하여

$$|\overline{PF'} - \overline{PF}| = 6$$

$$|\sqrt{(x+6)^2 + (y-2)^2} - \sqrt{(x-4)^2 + (y-2)^2}| = 6$$

$$\sqrt{(x+6)^2 + (y-2)^2} = \sqrt{(x-4)^2 + (y-2)^2} \pm 6$$

양변을 제곱한 후 정리하면

$$16(x+1)^2 - 9(y-2)^2 = 144$$

$$\therefore \frac{(x+1)^2}{9} - \frac{(y-2)^2}{16} = 1$$

(2) 두 초점이 $F(4, \ 9)$, $F'(4, \ -3)$이고, 주축의 길이가 8인 쌍곡선 위의 임의의 한 점을 $P(x, \ y)$라고 하면 쌍곡선의 정의에 의하여

$$|\overline{PF'} - \overline{PF}| = 8$$

$$|\sqrt{(x-4)^2 + (y+3)^2} - \sqrt{(x-4)^2 + (y-9)^2}| = 8$$

$$\sqrt{(x-4)^2 + (y+3)^2} = \sqrt{(x-4)^2 + (y-9)^2} \pm 8$$

양변을 제곱한 후 정리하면

$$4(x-4)^2 - 5(y-3)^2 = -80$$

$$\therefore \frac{(x-4)^2}{20} - \frac{(y-3)^2}{16} = -1$$

다른 풀이 (1) 두 초점 $F(4, \ 2)$, $F'(-6, \ 2)$를 이은 선분 FF'이 x축과 평행한 직선 위에 있으므로 구하는 쌍곡선의 방정식을

$$\frac{(x-m)^2}{a^2} - \frac{(y-n)^2}{b^2} = 1 \ (a > 0, \ b > 0)$$

이라고 하면 쌍곡선의 중심 $(m, \ n)$은 선분 FF'의 중점이므로

$$m = \frac{4 + (-6)}{2} = -1, \ n = \frac{2+2}{2} = 2$$

쌍곡선의 한 초점과 중심 사이의 거리를 c라고 하면
$$c=|4-(-1)|=5$$
쌍곡선의 주축의 길이는 6이므로
$$2a=6 \quad \therefore a=3$$
$c^2=a^2+b^2$이므로
$$5^2=3^2+b^2 \quad \therefore b^2=16$$
$$\therefore \frac{(x+1)^2}{9}-\frac{(y-2)^2}{16}=1$$

(2) 두 초점 $F(4, 9)$, $F'(4, -3)$을 이은 선분 FF'이 y축과 평행한 직선 위에 있으므로 구하는 쌍곡선의 방정식을
$$\frac{(x-m)^2}{a^2}-\frac{(y-n)^2}{b^2}=-1$$
$$(a>0, \ b>0)$$
이라고 하면 쌍곡선의 중심 (m, n)은 선분 FF'의 중점이므로
$$m=\frac{4+4}{2}=4, \ n=\frac{9+(-3)}{2}=3$$
쌍곡선의 한 초점과 중심 사이의 거리를 c라고 하면
$$c=|3-(-3)|=6$$
쌍곡선의 주축의 길이는 8이므로
$$2b=8 \quad \therefore b=4$$
$c^2=a^2+b^2$이므로
$$6^2=a^2+4^2 \quad \therefore a^2=20$$
$$\therefore \frac{(x-4)^2}{20}-\frac{(y-3)^2}{16}=-1$$

정답 (1) $\dfrac{(x+1)^2}{9}-\dfrac{(y-2)^2}{16}=1$

(2) $\dfrac{(x-4)^2}{20}-\dfrac{(y-3)^2}{16}=-1$

$$4(x-4)^2-9(y-2)^2=36$$
$$\therefore \frac{(x-4)^2}{9}-\frac{(y-2)^2}{4}=1 \quad \cdots\cdots \ \bigcirc$$

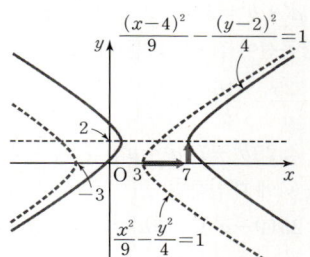

즉, 위의 그림과 같이 쌍곡선 $\bigcirc$은 쌍곡선 $\dfrac{x^2}{9}-\dfrac{y^2}{4}=1$을 x축의 방향으로 4만큼, y축의 방향으로 2만큼 평행이동한 것입니다.

쌍곡선 $\dfrac{x^2}{9}-\dfrac{y^2}{4}=1$에서 주축의 길이는 6

중심의 좌표는 $(0, 0)$

꼭짓점의 좌표는 $(3, 0)$, $(-3, 0)$

초점의 좌표는 $(\sqrt{13}, 0)$, $(-\sqrt{13}, 0)$

점근선의 방정식은 $y=\pm\dfrac{2}{3}x$

이므로 주어진 쌍곡선 $\bigcirc$에서

(1) 주축의 길이 : 6

(2) 중심의 좌표 : $(4, 2)$

(3) 꼭짓점의 좌표 : $(7, 2)$, $(1, 2)$

(4) 초점의 좌표 : $(4+\sqrt{13}, 2)$, $(4-\sqrt{13}, 2)$

(5) 점근선의 방정식 : $y-2=\pm\dfrac{2}{3}(x-4)$에서

$$y=\frac{2}{3}x-\frac{2}{3} \text{ 또는 } y=-\frac{2}{3}x+\frac{14}{3}$$

정답 (1) 6 (2) $(4, 2)$ (3) $(7, 2)$, $(1, 2)$

(4) $(4+\sqrt{13}, 2)$, $(4-\sqrt{13}, 2)$

(5) $y=\dfrac{2}{3}x-\dfrac{2}{3}$ 또는 $y=-\dfrac{2}{3}x+\dfrac{14}{3}$

예제 02 쌍곡선의 방정식의 일반형 　　p.77

02-1

$4x^2-9y^2-32x+36y-8=0$에서
$$4(x^2-8x+16)-9(y^2-4y+4)=36$$

02-2

(1) 두 초점의 좌표가 $(3, 0)$, $(-3, 0)$인 쌍곡선의 방정식을

$$\frac{x^2}{a^2} - \frac{y^2}{b^2} = 1 \ (3 > a > 0)$$

이라고 하면

$$a^2 + b^2 = 3^2 \quad \therefore b^2 = 9 - a^2 \quad \cdots\cdots \ \ominus$$

이 쌍곡선이 점 $(5, 4)$를 지나므로

$$\frac{25}{a^2} - \frac{16}{b^2} = 1$$

$$\therefore 25b^2 - 16a^2 = a^2 b^2 \quad \cdots\cdots \ \bigcirc$$

㉠을 ㉡에 대입하면

$$25(9 - a^2) - 16a^2 = a^2(9 - a^2)$$
$$a^4 - 50a^2 + 225 = 0$$
$$(a^2 - 5)(a^2 - 45) = 0$$
$$\therefore a^2 = 5 \ (\because 3 > a > 0)$$

$a^2 = 5$를 ㉠에 대입하면

$$b^2 = 9 - 5 = 4$$

따라서 구하는 쌍곡선의 방정식은

$$\frac{x^2}{5} - \frac{y^2}{4} = 1$$

(2) 중심의 좌표가 $(2, -2)$이고 두 초점이 직선
$y = -2$ 위에 있으므로 쌍곡선의 방정식을

$$\frac{(x-2)^2}{a^2} - \frac{(y+2)^2}{b^2} = 1$$

이라고 하면 이 쌍곡선이 두 점 $\left(7, \frac{2}{3}\right)$, $(-1, -2)$
를 지나므로

$$\frac{25}{a^2} - \frac{64}{9b^2} = 1 \quad \cdots\cdots \ \ominus$$

$$\frac{9}{a^2} = 1$$

$$\therefore a^2 = 9$$

이를 ㉠에 대입하면

$$\frac{25}{9} - \frac{64}{9b^2} = 1$$

$$\therefore b^2 = 4$$

따라서 구하는 쌍곡선의 방정식은

$$\frac{(x-2)^2}{9} - \frac{(y+2)^2}{4} = 1$$

정답 (1) $\dfrac{x^2}{5} - \dfrac{y^2}{4} = 1$

(2) $\dfrac{(x-2)^2}{9} - \dfrac{(y+2)^2}{4} = 1$

02-3

두 점 $A(\sqrt{2}, 0)$,
$B(-\sqrt{2}, 0)$으로부터의
거리의 차가 2인 점들의
집합은 쌍곡선이므로 이
쌍곡선의 방정식을

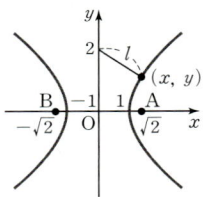

$$\frac{x^2}{a^2} - \frac{y^2}{b^2} = 1 \ (a > 0, b > 0)$$

이라고 하면 주축의 길이가 2이므로

$$2a = 2 \quad \therefore a = 1$$

또한 $a^2 + b^2 = (\sqrt{2})^2 = 2$이므로

$$b^2 = 2 - a^2 = 2 - 1 = 1 \quad \therefore b = 1$$

따라서 구하는 쌍곡선의 방정식은

$$x^2 - y^2 = 1 \quad \cdots\cdots \ \ominus$$

이고, 집합 C에 속하는 점은 쌍곡선 ㉠ 위의 점입니
다.

점 $(0, 2)$에서 쌍곡선 ㉠ 위의 점 (x, y)까지의 거리
를 l이라고 하면

$$\begin{aligned} l^2 &= x^2 + (y-2)^2 \\ &= (y^2 + 1) + (y-2)^2 \ (\because x^2 = y^2 + 1) \\ &= 2y^2 - 4y + 5 \\ &= 2(y-1)^2 + 3 \end{aligned}$$

따라서 $x = \sqrt{2}, y = 1$ 또는 $x = -\sqrt{2}, y = 1$일 때 l^2의
최솟값이 3이므로 구하는 거리의 최솟값은 $\sqrt{3}$입니다.

정답 ③

예제 03 쌍곡선을 나타내는 도형의 방정식   p.79

03-1

점 $A(0, -4)$를 중심
으로 하고 반지름의 길
이가 4인 원 위의 점 P
와 점 $B(0, 4)$에 대하
여 선분 BP의 수직이
등분선과 직선 AP의
교점이 Q이므로

$$\overline{BQ} = \overline{PQ}$$

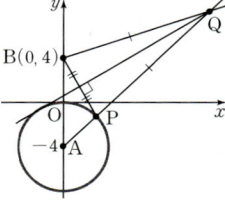

이고, 두 선분 AQ, BQ의 길이의 차가 원의 반지름
으로 일정합니다.

$$|\overline{AQ}-\overline{BQ}|=|\overline{AQ}-\overline{PQ}|$$
$$=\overline{AP}=4 \text{ (일정)}$$

따라서 점 Q는 두 초점 $\mathrm{A}(0,\ -4)$, $\mathrm{B}(0,\ 4)$로부터
의 거리의 차가 4인 쌍곡선 위의 점입니다.

이 쌍곡선의 방정식을 $\dfrac{x^2}{a^2}-\dfrac{y^2}{b^2}=-1$이라고 하면

$$2b=4, \text{ 즉 } b=2$$

두 초점 사이의 거리가 $\overline{AB}=8$이므로 $a^2+2^2=4^2$에
서 $a^2=12$입니다.

따라서 구하는 쌍곡선의 방정식은

$$\dfrac{x^2}{12}-\dfrac{y^2}{4}=-1$$

정답 $\dfrac{x^2}{12}-\dfrac{y^2}{4}=-1$

03-2

구하는 도형 위의 한 점의 좌표를 $\mathrm{P}(x, y)$라 하고 점
P에서 직선 $x=1$에 내린 수선의 발을 H라고 하면

$$\overline{PH}=|x-1|,\ \overline{PF}=\sqrt{(x-4)^2+y^2}$$

이때, $\overline{PF}:\overline{PH}=2:1$이므로

$$\overline{PF}=2\overline{PH}$$
$$\sqrt{(x-4)^2+y^2}=2|x-1|$$
$$(x-4)^2+y^2=4(x-1)^2$$
$$3x^2-y^2=12$$
$$\therefore \dfrac{x^2}{4}-\dfrac{y^2}{12}=1$$

따라서 점 P가 나타내는 도형은 쌍곡선이고, 그 방정
식은

$$\dfrac{x^2}{4}-\dfrac{y^2}{12}=1$$

정답 $\dfrac{x^2}{4}-\dfrac{y^2}{12}=1$

03-3

점 P의 좌표를 (x, y)라고 하면 두 조건 (나), (다)에 의
하여

$$\overline{AP}=x-2$$

이때, 점 A의 좌표는 $\mathrm{A}(2, y)$이므로

$$\overline{OA}=\sqrt{(2-0)^2+(y-0)^2}=\sqrt{y^2+4}$$
$$\therefore \overline{AB}=\overline{OA}-\overline{OB}=\sqrt{y^2+4}-1$$

또한 조건 (가)에서 $\overline{AP}=2\overline{AB}$이므로

$$x-2=2(\sqrt{y^2+4}-1)$$
$$x=2\sqrt{y^2+4}$$
$$x^2=4y^2+16,\ x^2-4y^2=16$$
$$\therefore \dfrac{x^2}{16}-\dfrac{y^2}{4}=1$$

따라서 점 P가 나타내는 도형은 쌍곡선

$\dfrac{x^2}{4^2}-\dfrac{y^2}{2^2}=1$의 일부이므로 쌍곡선의 점근선 중 기

울기가 양수인 점근선의 방정식은

$$y=\dfrac{1}{2}x$$

정답 $y=\dfrac{1}{2}x$

예제 04   쌍곡선의 정의의 응용   p.81

04-1

쌍곡선 $\dfrac{x^2}{4}-y^2=1$에서

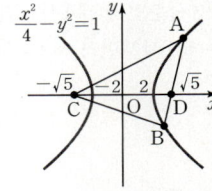

$\sqrt{4+1}=\sqrt{5}$이므로 이 쌍
곡선의 두 초점의 좌표는
$(\sqrt{5}, 0)$, $(-\sqrt{5}, 0)$입니
다.

따라서 두 점 $\mathrm{C}(-\sqrt{5}, 0)$, $\mathrm{D}(\sqrt{5}, 0)$은 이 쌍곡선의
초점입니다.

또한 주어진 쌍곡선의 주축의 길이가 $2\times 2=4$이므
로 쌍곡선의 정의에 의하여

$$\overline{AC}-\overline{AD}=4, \overline{BC}-\overline{BD}=4$$
$$\therefore \overline{AC}=\overline{AD}+4, \overline{BC}=\overline{BD}+4$$

따라서 삼각형 ABC의 둘레의 길이가 12이므로

$$\overline{AC}+\overline{BC}+\overline{AB}=12$$
$$(\overline{AD}+4)+(\overline{BD}+4)+\overline{AB}=12$$
$$\overline{AB}+8+\overline{AB}=12 \ (\because \overline{AD}+\overline{BD}=\overline{AB})$$
$$2\overline{AB}=4 \quad \therefore \overline{AB}=2$$

정답 2

04-2

쌍곡선 $\dfrac{x^2}{16}-\dfrac{y^2}{9}=-1$

에서 $\sqrt{16+9}=5$이므로

이 쌍곡선의 두 초점의 좌

표는

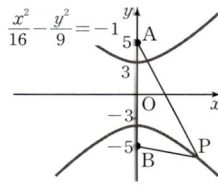

$$A(0, 5),\ B(0, -5)$$
$$\therefore \overline{AB}=10$$

또한 주어진 쌍곡선의 주축의 길이는 $2\times 3=6$이므

로 쌍곡선의 정의에 의하여

$$\overline{PA}-\overline{PB}=6\ (\because \overline{PA}>\overline{PB}) \qquad \cdots\cdots \text{㉠}$$

삼각형 PAB의 둘레의 길이가 22이므로

$$\overline{PA}+\overline{PB}+\overline{AB}=22$$
$$\therefore \overline{PA}+\overline{PB}=12\ (\because \overline{AB}=10) \qquad \cdots\cdots \text{㉡}$$

㉠$\times$㉡을 하면

$$(\overline{PA}-\overline{PB})(\overline{PA}+\overline{PB})=72$$
$$\therefore \overline{PA}^2-\overline{PB}^2=72$$

보충 설명 쌍곡선 $\dfrac{x^2}{16}-\dfrac{y^2}{9}=-1$ 위의 점 P에 대하

여 $A(0, 5)$, $B(0, -5)$일 때, $\overline{PA}>\overline{PB}$인 점 P는

제3사분면과 제4사분면에 있고, $\overline{PA}<\overline{PB}$인 점 P

는 제1사분면과 제2사분면에 있습니다.

정답 ⑤

04-3

쌍곡선 $\dfrac{x^2}{6}-\dfrac{y^2}{3}=1$ 에서 $\sqrt{6+3}=3$이므로 두 초점

의 좌표는

$$F(3, 0),\ F'(-3, 0)$$
$$\therefore \overline{FF'}=6$$

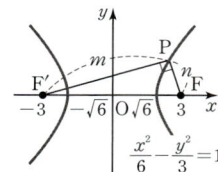

삼각형 FPF′에서 $\angle FPF'=90°$이므로

$\overline{PF'}=m$, $\overline{PF}=n\ (m>n)$라고 하면

$$m^2+n^2=6^2=36 \qquad \cdots\cdots \text{㉠}$$

주축의 길이가 $2\times\sqrt{6}=2\sqrt{6}$이므로 쌍곡선의 정의에

의하여 $m-n=2\sqrt{6}$에서

$$(m-n)^2=m^2-2mn+n^2$$
$$=36-2mn\ (\because \text{㉠})$$
$$=24$$
$$\therefore mn=6$$

따라서

$$(m+n)^2=(m-n)^2+4mn$$
$$=24+4\times 6=48$$

에서

$$m+n=4\sqrt{3}\ (\because m+n>0)$$

이므로 삼각형 FPF′의 둘레의 길이는

$$\overline{PF'}+\overline{PF}+\overline{FF'}=m+n+6=6+4\sqrt{3}$$

즉, $a=6$, $b=4$이므로

$$a+b=6+4=10$$

정답 10

예제 05 쌍곡선과 도형의 성질   p.83

05-1

쌍곡선 $\dfrac{x^2}{7}-\dfrac{y^2}{9}=-1$

에서 $\sqrt{7+9}=4$이므로 이

쌍곡선의 두 초점의 좌표

는 $F(0, 4)$, $F'(0, -4)$

입니다.

또한 쌍곡선의 정의에 의

하여

$$\overline{PF'}-\overline{PF}=6 \qquad \cdots\cdots \text{㉠}$$

이때, 직선 PA는 점 $(0, 2)$를 지나고 $\angle F'PF$의 이

등분선이므로

$$\overline{PF'}:\overline{PF}=\overline{F'A}:\overline{AF}=6:2=3:1$$
$$\therefore \overline{PF'}=3\overline{PF} \qquad \cdots\cdots \text{㉡}$$

㉠, ㉡을 연립하여 풀면 $\overline{PF}=3$, $\overline{PF'}=9$이므로 삼

각형 PFF′에서 코사인법칙에 의하여

$$\overline{PF}^2 = \overline{PF'}^2 + \overline{FF'}^2$$
$$-2 \times \overline{PF'} \times \overline{FF'} \cos(\angle PF'F)$$
$$\therefore \cos(\angle PF'F) = \frac{9^2 + 8^2 - 3^2}{2 \times 9 \times 8} = \frac{17}{18}$$

따라서 삼각형 PAF'에서 코사인법칙에 의하여
$$\overline{PA}^2 = \overline{PF'}^2 + \overline{F'A}^2$$
$$-2 \times \overline{PF'} \times \overline{F'A} \cos(\angle PF'F)$$
$$= 9^2 + 6^2 - 2 \times 9 \times 6 \times \frac{17}{18} = 15$$
$$\therefore \overline{PA} = \sqrt{15}$$

정답 $\sqrt{15}$

05-2

쌍곡선 $\dfrac{x^2}{16} - \dfrac{y^2}{9} = 1$에서 $\sqrt{16+9} = 5$이므로 이 쌍곡선의 두 초점은 $F(5, 0)$, $F'(-5, 0)$입니다.

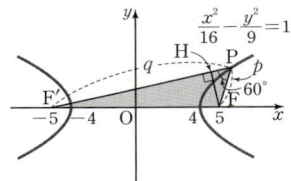

이때, 위의 그림과 같이 $\overline{PF} = p$, $\overline{PF'} = q$라고 하면 쌍곡선의 정의에 의하여
$$|p - q| = 8$$
양변을 제곱하면 $p^2 - 2pq + q^2 = 64$ $\cdots\cdots$ ㉠
이때, 삼각형 PF'F에서 코사인법칙에 의하여
$$10^2 = p^2 + q^2 - 2pq \cos 60°$$
$$\therefore p^2 - pq + q^2 = 100$$ $\cdots\cdots$ ㉡
㉡−㉠을 하면 $pq = 36$
따라서 점 F에서 선분 PF'에 내린 수선의 발을 H라고 하면 삼각형 PF'F의 넓이는
$$\frac{1}{2} \times \overline{PF'} \times \overline{FH} = \frac{1}{2} \times q \times \frac{\sqrt{3}}{2} p$$
$$= \frac{\sqrt{3}}{4} pq$$
$$= \frac{\sqrt{3}}{4} \times 36 = 9\sqrt{3}$$

정답 $9\sqrt{3}$

05-3

쌍곡선 $x^2 - \dfrac{y^2}{3} = 1$에서 $\sqrt{1+3} = 2$이므로 이 쌍곡선의 두 초점은 $F(2, 0)$, $F'(-2, 0)$이고 $\overline{FF'} = 4$입니다.

이때, 점 P는 제1사분면에 있으므로 $\overline{PF'} > \overline{PF}$
따라서 이 삼각형이 이등변삼각형이 될 수 있는 경우는 $\overline{FF'} = \overline{PF'}$인 경우와 $\overline{PF} = \overline{FF'}$인 경우입니다.

(i) $\overline{FF'} = \overline{PF'}$인 경우

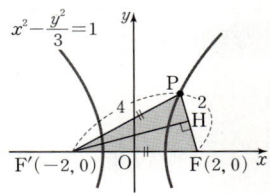

쌍곡선의 정의에 의하여 $\overline{PF'} - \overline{PF} = 2$이고 $\overline{FF'} = 4$이므로
$$\overline{PF} = \overline{PF'} - 2 = \overline{FF'} - 2 = 2$$
이때, 점 F'에서 선분 PF에 내린 수선의 발을 H라고 하면
$$\overline{F'H} = \sqrt{\overline{F'F}^2 - \overline{FH}^2} = \sqrt{4^2 - 1^2} = \sqrt{15}$$
즉, 삼각형 PF'F의 넓이 a는
$$a = \frac{1}{2} \times \overline{PF} \times \overline{F'H} = \frac{1}{2} \times 2 \times \sqrt{15} = \sqrt{15}$$

(ii) $\overline{PF} = \overline{FF'}$인 경우

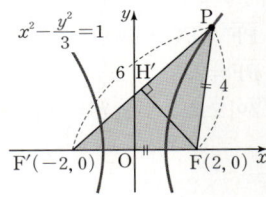

쌍곡선의 정의에 의하여 $\overline{PF'} - \overline{PF} = 2$이고 $\overline{FF'} = 4$이므로
$$\overline{PF'} = \overline{PF} + 2 = \overline{FF'} + 2 = 6$$
이때, 점 F에서 선분 PF'에 내린 수선의 발을 H'이라고 하면
$$\overline{FH'} = \sqrt{\overline{FF'}^2 - \overline{F'H'}^2} = \sqrt{4^2 - 3^2} = \sqrt{7}$$
즉, 삼각형 PF'F의 넓이 a는

$$a=\frac{1}{2}\times\overline{PF'}\times\overline{FH'}=\frac{1}{2}\times6\times\sqrt{7}=3\sqrt{7}$$

(i), (ii)에서 모든 a의 값의 곱은

$$\sqrt{15}\times3\sqrt{7}=3\sqrt{105}$$

정답 $3\sqrt{105}$

예제 O6 쌍곡선과 타원   p.85

06-1

타원 $\dfrac{x^2}{7}+\dfrac{y^2}{16}=1$에서 $\sqrt{16-7}=3$이므로 이 타원의

두 초점은 $F(0,3)$, $F'(0,-3)$입니다.

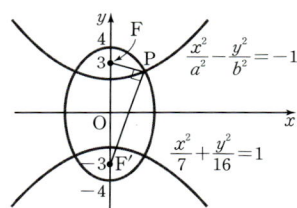

타원의 정의에 의하여

$$\overline{PF'}+\overline{PF}=8 \qquad\cdots\cdots\ \bigcirc$$

이때, $\angle FPF'=90°$이므로

$$\overline{PF'}^2+\overline{PF}^2=\overline{FF'}^2=36 \qquad\cdots\cdots\ \bigcirc$$

$\bigcirc$, $\bigcirc$에서 $\overline{PF'}\times\overline{PF}=14$이므로

$$\overline{PF'}-\overline{PF}=2\sqrt{2}$$

즉, $2b=2\sqrt{2}$이므로 $b=\sqrt{2}$, $b^2=2$이고, $a^2+b^2=9$에

서 $a^2=7$

$$\therefore a^2b^2=7\times2=14$$

정답 14

06-2

쌍곡선 $\dfrac{x^2}{9}-\dfrac{y^2}{7}=1$에서 $\sqrt{9+7}=4$이므로 이 쌍곡

선의 두 초점은 $F(4,0)$, $F'(-4,0)$입니다.

이때, 타원 $\dfrac{x^2}{k}+\dfrac{y^2}{20}=1$과 쌍곡선 $\dfrac{x^2}{9}-\dfrac{y^2}{7}=1$의

초점이 일치하므로

$$\sqrt{k-20}=4$$

$$\therefore k=36$$

한편, 타원은 두 초점까지의 거리의 합이 장축의 길

이로 일정하므로

$$\overline{PF}+\overline{PF'}=12$$

또한 쌍곡선은 두 초점까지의 거리의 차가 주축의 길

이로 일정하므로

$$|\overline{PF'}-\overline{PF}|=6$$

$$\therefore |\overline{PF}^2-\overline{PF'}^2|$$
$$=|\overline{PF}+\overline{PF'}|\times|\overline{PF}-\overline{PF'}|$$
$$=12\times6=72$$

정답 72

06-3

쌍곡선 $\dfrac{x^2}{16}-\dfrac{y^2}{9}=1$에서 $\sqrt{16+9}=5$이므로 이 쌍

곡선의 두 초점은 $F(5,0)$, $F'(-5,0)$입니다.

$$\therefore \overline{FF'}=10$$

또한 타원 $\dfrac{x^2}{k}+\dfrac{y^2}{9}=1$에서 $\sqrt{k-9}=5$이므로

$$k=34$$

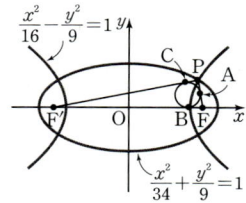

위의 그림과 같이 삼각형 $PF'F$의 내접원이 두 변

$F'F$, PF'에 접하는 점을 각각 B, C라고 하면

$$\overline{F'F}=\overline{F'B}+\overline{FB}=10$$

이때, 내접원의 성질에 의하여 $\overline{FB}=\overline{FA}=\alpha$,

$\overline{PA}=\overline{PC}=\beta$라고 하면

$$\overline{F'B}=\overline{F'C}=10-\alpha$$

한편, 쌍곡선의 정의에 의하여

$$\overline{PF'}-\overline{PF}=(\overline{F'C}+\overline{PC})-(\overline{PA}+\overline{AF})$$
$$=\overline{F'C}-\overline{AF}=8$$

즉, $10-2\alpha=8$이므로 $\alpha=1$

따라서 $\overline{\mathrm{FB}}=\overline{\mathrm{FA}}=1$, $\overline{\mathrm{F'B}}=\overline{\mathrm{F'C}}=9$이므로 타원의 정의에 의하여

$\overline{\mathrm{PF'}}+\overline{\mathrm{PF}}=(9+\beta)+(1+\beta)=2\sqrt{34}$에서

$\beta=\overline{\mathrm{PA}}=\sqrt{34}-5$

$\therefore |\overline{\mathrm{PA}}-\overline{\mathrm{AF}}|=|\beta-\alpha|$
$=|(\sqrt{34}-5)-1|$
$=6-\sqrt{34}$

정답 $6-\sqrt{34}$

p.86~87

기본 다지기

03-1 ⑤   **2** 13   **3** 18   **4** 13   **5** ⑤

6 ⑤   **7** 162   **8** $a<-1$ **9** $2\sqrt{10}$

10 $8\sqrt{5}$

03-1

접근 방법 주어진 쌍곡선의 방정식을 $\dfrac{x^2}{a^2}-\dfrac{y^2}{b^2}=1$ 꼴로 고칩니다.

상세 풀이 쌍곡선 $9x^2-16y^2=144$, 즉

$\dfrac{x^2}{16}-\dfrac{y^2}{9}=1$의 두 초점의 좌표는 $(5,0)$, $(-5,0)$이고, 점근선의 방정식은 $y=\pm\dfrac{3}{4}x$이므로 쌍곡선의 초점을 지나고 이 쌍곡선의 점근선과 평행한 4개의 직선은 각각

$y=\dfrac{3}{4}(x-5)$, $y=-\dfrac{3}{4}(x-5)$,

$y=\dfrac{3}{4}(x+5)$, $y=-\dfrac{3}{4}(x+5)$

로 다음 그림과 같습니다.

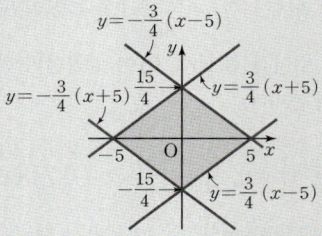

따라서 이 4개의 직선으로 둘러싸인 도형의 넓이는

$\left(\dfrac{1}{2}\times5\times\dfrac{15}{4}\right)\times4=\dfrac{75}{2}$

보충 설명 쌍곡선 $\dfrac{x^2}{16}-\dfrac{y^2}{9}=1$에서 $\sqrt{16+9}=5$이므로 이 쌍곡선의 두 초점의 좌표는 $(5,0)$, $(-5,0)$입니다.

정답 ⑤

03-2

접근 방법 쌍곡선 $\dfrac{x^2}{a^2}-\dfrac{y^2}{b^2}=1$ $(a>0, b>0)$의 두

꼭짓점의 좌표는 $(a, 0)$, $(-a, 0)$이고, 쌍곡선 $\dfrac{x^2}{a^2} - \dfrac{y^2}{b^2} = -1\ (a>0,\ b>0)$의 두 꼭짓점의 좌표는 $(0, b)$, $(0, -b)$입니다.

상세 풀이 쌍곡선 $\dfrac{x^2}{a^2} - \dfrac{y^2}{9} = 1$의 두 꼭짓점의 좌표는 $(a, 0)$, $(-a, 0)\ (a>0)$이므로 타원 $\dfrac{x^2}{13} + \dfrac{y^2}{b^2} = 1$의 두 초점의 좌표는 $(a, 0)$, $(-a, 0)$입니다. 즉,
$$13 - b^2 = a^2 \qquad \therefore a^2 + b^2 = 13$$

보충 설명 타원 $\dfrac{x^2}{a^2} + \dfrac{y^2}{b^2} = 1\ (a>b>0)$의 두 초점 $\mathrm{F}(c, 0)$, $\mathrm{F}'(-c, 0)\ (c>0)$에 대하여
$$c^2 = a^2 - b^2$$

정답 13

03-3

접근 방법 쌍곡선 $\dfrac{x^2}{4} - \dfrac{y^2}{5} = 1$의 주축은 x축 위에 있으므로 주어진 점 $\mathrm{F}(3, 0)$이 쌍곡선의 한 초점인지 확인해 봅니다.

상세 풀이 쌍곡선 $\dfrac{x^2}{4} - \dfrac{y^2}{5} = 1$에서 $\sqrt{4+5} = 3$이이므로 두 점 $\mathrm{F}(3, 0)$, $\mathrm{F}'(-3, 0)$은 쌍곡선의 두 초점이고, 이 쌍곡선의 주축의 길이는 4이므로 쌍곡선의 정의에 의하여

$$\overline{\mathrm{AF'}} - \overline{\mathrm{AF}} = 4,\ \overline{\mathrm{BF'}} - \overline{\mathrm{BF}} = 4$$
$$\therefore \overline{\mathrm{AF'}} + \overline{\mathrm{BF'}} = (\overline{\mathrm{AF}} + 4) + (\overline{\mathrm{BF}} + 4)$$
$$= \overline{\mathrm{AB}} + 8$$
$$= 10 + 8\ (\because \overline{\mathrm{AB}} = 10)$$
$$= 18$$

정답 18

03-4

접근 방법 쌍곡선의 정의를 이용합니다.

상세 풀이 쌍곡선 $\dfrac{x^2}{16} - \dfrac{y^2}{9} = 1$에서 쌍곡선의 정의에 의하여
$$\overline{\mathrm{PF'}} - \overline{\mathrm{PF}} = 8\ (\because \overline{\mathrm{PF'}} > \overline{\mathrm{PF}}) \quad \cdots\cdots\ \text{㉠}$$
$$\overline{\mathrm{QF}} - \overline{\mathrm{QF'}} = 8\ (\because \overline{\mathrm{QF}} > \overline{\mathrm{QF'}}) \quad \cdots\cdots\ \text{㉡}$$
㉠+㉡을 하면
$$\overline{\mathrm{PF'}} - \overline{\mathrm{PF}} + \overline{\mathrm{QF}} - \overline{\mathrm{QF'}} = 16$$
$$(\overline{\mathrm{PF'}} - \overline{\mathrm{QF'}}) + (\overline{\mathrm{QF}} - \overline{\mathrm{PF}}) = 16$$
$$3 + (\overline{\mathrm{QF}} - \overline{\mathrm{PF}}) = 16\ (\because \overline{\mathrm{PF'}} - \overline{\mathrm{QF'}} = 3)$$
$$\therefore \overline{\mathrm{QF}} - \overline{\mathrm{PF}} = 13$$

정답 13

03-5

접근 방법 직선 $y = mx + n$이 x축의 양의 방향과 이루는 각의 크기를 θ라고 하면
$$\tan\theta = m$$

상세 풀이 쌍곡선 $x^2 - 3y^2 = 3$, 즉 $\dfrac{x^2}{(\sqrt{3})^2} - y^2 = 1$의 점근선의 방정식은
$$y = \frac{1}{\sqrt{3}}x,\ y = -\frac{1}{\sqrt{3}}x$$

직선 $y = \dfrac{1}{\sqrt{3}}x$와 x축이 이루는 예각의 크기를 θ라고 하면
$$\tan\theta = \frac{1}{\sqrt{3}} \qquad \therefore \theta = 30°$$
이때, 두 직선 $y = \dfrac{1}{\sqrt{3}}x,\ y = -\dfrac{1}{\sqrt{3}}x$는 x축에

대하여 대칭이므로 직선 $y=-\dfrac{1}{\sqrt{3}}x$와 x축이 이루는 예각의 크기도 θ, 즉 $30°$입니다.

따라서 두 점근선이 이루는 예각의 크기는 $60°$입니다.

정답 ⑤

03- 6

접근 방법 두 초점의 좌표와 점근선의 방정식을 알면 쌍곡선의 방정식을 구할 수 있습니다.

상세 풀이 쌍곡선 $\dfrac{x^2}{4}-\dfrac{y^2}{8}=1$에서

$\sqrt{4+8}=2\sqrt{3}$이므로 이 쌍곡선의 두 초점의 좌표는 $(2\sqrt{3},\,0)$, $(-2\sqrt{3},\,0)$입니다.

이 쌍곡선과 초점을 공유하는 쌍곡선의 방정식을

$$\dfrac{x^2}{a^2}-\dfrac{y^2}{b^2}=1\,(a>0,\,b>0) \qquad \cdots\cdots\ \bigcirc$$

이라고 하면

$$a^2+b^2=(2\sqrt{3})^2=12 \qquad \cdots\cdots\ \bigcirc\!\!\bigcirc$$

또한 $\bigcirc$의 점근선의 방정식이 $y=\pm x$이므로

$$\dfrac{b}{a}=1 \qquad \therefore a=b\,(\because\,a>0,\,b>0)$$

$a=b$를 $\bigcirc\!\!\bigcirc$에 대입하면

$$a^2+b^2=a^2+a^2=2a^2=12$$
$$\therefore a=\sqrt{6},\,b=\sqrt{6}$$

$a=\sqrt{6},\,b=\sqrt{6}$을 $\bigcirc$에 대입하면

$$\dfrac{x^2}{6}-\dfrac{y^2}{6}=1$$

이고, 이 쌍곡선의 주축의 길이는 $2\sqrt{6}$입니다.

보충 설명 주축이 y축 위에 있는 쌍곡선

$\dfrac{x^2}{a^2}-\dfrac{y^2}{b^2}=-1$의 점근선의 방정식은 쌍곡선

$\dfrac{x^2}{a^2}-\dfrac{y^2}{b^2}=1$의 점근선의 방정식과 마찬가지로

$$y=\pm\dfrac{b}{a}x$$

입니다.

정답 ⑤

03- 7

접근 방법 주어진 식을 완전제곱식 꼴로 정리한 후 평행이동을 이용하여 쌍곡선의 점근선의 방정식을 구합니다.

상세 풀이 $x^2-2y^2+12y-20=0$에서

$$x^2-2(y-3)^2=2$$
$$\therefore \dfrac{x^2}{2}-(y-3)^2=1$$

따라서 이 쌍곡선은 쌍곡선 $\dfrac{x^2}{2}-y^2=1$을 y축의 방향으로 3만큼 평행이동한 것입니다.

쌍곡선 $\dfrac{x^2}{2}-y^2=1$의 두 점근선의 방정식은

$$y=\dfrac{1}{\sqrt{2}}x,\ y=-\dfrac{1}{\sqrt{2}}x$$

이므로 쌍곡선 $\dfrac{x^2}{2}-(y-3)^2=1$의 두 점근선의 방정식은

$$y=\dfrac{1}{\sqrt{2}}x+3,\ y=-\dfrac{1}{\sqrt{2}}x+3$$

즉, 이 두 직선과 x축으로 둘러싸인 부분은 다음 그림의 어두운 부분과 같습니다.

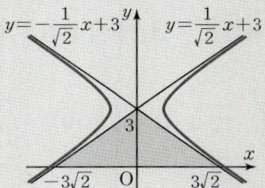

따라서 구하는 넓이 k는

$$k=\dfrac{1}{2}\times 6\sqrt{2}\times 3=9\sqrt{2}$$
$$\therefore k^2=(9\sqrt{2})^2=162$$

보충 설명 쌍곡선 $\dfrac{x^2}{a^2}-\dfrac{y^2}{b^2}=1$을 x축의 방향으로 m만큼, y축의 방향으로 n만큼 평행이동한 쌍곡선 $\dfrac{(x-m)^2}{a^2}-\dfrac{(y-n)^2}{b^2}=1$의 점근선의 방정식은

$$y=\dfrac{b}{a}(x-m)+n,\ y=-\dfrac{b}{a}(x-m)+n$$

정답 162

03-8

접근 방법 주축이 x축에 평행한 쌍곡선의 방정식은

$$\frac{(x-m)^2}{a^2} - \frac{(y-n)^2}{b^2} = 1$$

꼴이므로 주어진 쌍곡선의 방정식을 위와 같이 변형합니다.

상세 풀이 $x^2 - y^2 + 2y + a = 0$에서

$$x^2 - (y-1)^2 = -a-1$$

이 쌍곡선의 주축이 x축에 평행해야 하므로

$$-a-1 > 0 \qquad \therefore a < -1$$

보충 설명 (1) 주축이 y축에 평행한 쌍곡선의 방정식은

$$\frac{(x-m)^2}{a^2} - \frac{(y-n)^2}{b^2} = -1$$

(2) 쌍곡선 $x^2 - (y-1)^2 = -a-1$의 주축이 y축에 평행할 때, 상수 a의 값의 범위는

$$-a-1 < 0 \qquad \therefore a > -1$$

정답 $a < -1$

또한 점 $(3, 2)$가 ㉠ 위의 점이므로

$$\frac{9}{a^2} - \frac{4}{a^2} = 1 \text{ 또는 } \frac{9}{a^2} - \frac{4}{a^2} = -1$$

그런데 $a^2 > 0$이므로 $\dfrac{9}{a^2} - \dfrac{4}{a^2} = \dfrac{5}{a^2} \neq -1$

따라서 $\dfrac{9}{a^2} - \dfrac{4}{a^2} = 1$이므로

$$\frac{5}{a^2} = 1$$

$$\therefore a^2 = 5$$

따라서 구하는 쌍곡선의 방정식은

$$\frac{x^2}{5} - \frac{y^2}{5} = 1$$

이고, $\sqrt{5+5} = \sqrt{10}$이므로 이 쌍곡선의 두 초점의 좌표는

$$(\sqrt{10}, 0), \ (-\sqrt{10}, 0)$$

따라서 구하는 쌍곡선의 두 초점 사이의 거리는

$$2\sqrt{10}$$

정답 $2\sqrt{10}$

03-9

접근 방법 쌍곡선의 두 점근선이 원점을 지나므로 쌍곡선의 방정식을

$$\frac{x^2}{a^2} - \frac{y^2}{b^2} = \pm 1 \ (a>0, \ b>0)$$

이라고 할 수 있습니다.

상세 풀이 쌍곡선의 두 점근선이 원점에서 만나므로 쌍곡선의 방정식을

$$\frac{x^2}{a^2} - \frac{y^2}{b^2} = 1 \text{ 또는 } \frac{x^2}{a^2} - \frac{y^2}{b^2} = -1$$

$$(a>0, \ b>0) \cdots\cdots ㉠$$

이라고 하면 쌍곡선의 두 점근선의 방정식은

$$y = \frac{b}{a}x, \ y = -\frac{b}{a}x$$

이고, 두 점근선이 서로 수직으로 만나므로

$$\frac{b}{a} \times \left(-\frac{b}{a}\right) = -1$$

$$\therefore a = b \ (\because a>0, \ b>0)$$

03-10

접근 방법 원의 방정식과 쌍곡선의 점근선의 방정식을 연립하여 교점의 좌표를 구합니다.

상세 풀이 쌍곡선 $\dfrac{x^2}{4} - \dfrac{y^2}{5} = 1$에서 $\sqrt{4+5} = 3$이므로 이 쌍곡선의 두 초점의 좌표는 $(3, 0)$, $(-3, 0)$입니다.

이때, 이 두 점을 지름의 양끝으로 하는 원의 방정식은

$$x^2 + y^2 = 9 \qquad\qquad \cdots\cdots ㉠$$

또한 쌍곡선 $\dfrac{x^2}{4} - \dfrac{y^2}{5} = 1$의 두 점근선의 방정식은

$$y = \frac{\sqrt{5}}{2}x, \ y = -\frac{\sqrt{5}}{2}x \qquad \cdots\cdots ㉡$$

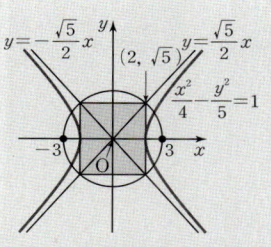

의 네 교점에 대하여 원과 직선 $y=\dfrac{\sqrt{5}}{2}x$의 한 교

점이 $(2,\sqrt{5})$이고, 나머지 세 교점은 점 $(2,\sqrt{5})$

와 각각 x축, y축, 원점에 대하여 대칭이므로 각

좌표는 $(2,-\sqrt{5})$, $(-2,\sqrt{5})$, $(-2,-\sqrt{5})$임

을 쉽게 알 수 있습니다.

정답 $8\sqrt{5}$

원과 쌍곡선의 두 점근선의 교점의 x좌표를 구하

면 먼저 ㉠과 ㉡의 왼쪽 식에서

$$x^2+\frac{5}{4}x^2=9$$

$$\therefore x=-2 \ \text{또는} \ x=2$$

이때, $x=2$, $x=-2$를 ㉡의 왼쪽 식에 각각 대입

하면

$$y=\frac{\sqrt{5}}{2}\times 2=\sqrt{5}, \ y=\frac{\sqrt{5}}{2}\times(-2)=-\sqrt{5}$$

따라서 원 ㉠과 ㉡의 왼쪽 직선은 두 점 $(2,\sqrt{5})$,

$(-2,-\sqrt{5})$에서 만납니다.

마찬가지 방법으로 원 ㉠과 ㉡의 오른쪽 직선은

두 점 $(2,-\sqrt{5})$, $(-2,\sqrt{5})$에서 만납니다.

따라서 네 점 $(2,\sqrt{5})$, $(2,-\sqrt{5})$, $(-2,\sqrt{5})$,

$(-2,-\sqrt{5})$를 꼭짓점으로 하는 사각형의 넓이

는

$$2\sqrt{5}\times 4=8\sqrt{5}$$

보충 설명 (1)

두 점 $\mathrm{F}(c,0)$, $\mathrm{F}'(-c,0)$으로부터의 거리의 차

가 $2a$ $(c>a>0)$인 쌍곡선의 방정식은

$$\frac{x^2}{a^2}-\frac{y^2}{b^2}=1 \ (b^2=c^2-a^2)$$

이고, 쌍곡선의 두 초점을 지름의 양끝으로 하는

원의 반지름의 길이는 $\sqrt{a^2+b^2}$입니다.

(2) 원 $x^2+y^2=9$와 두 직선 $y=\dfrac{\sqrt{5}}{2}x$, $y=-\dfrac{\sqrt{5}}{2}x$

03-11

접근 방법 쌍곡선 $\dfrac{x^2}{a^2}-\dfrac{y^2}{b^2}=1\ (a>0,\ b>0)$의 점

근선의 방정식은

$$y=\dfrac{b}{a}x,\ y=-\dfrac{b}{a}x$$

입니다.

상세 풀이 타원 $\dfrac{x^2}{5^2}+\dfrac{y^2}{4^2}=1$에서 $\sqrt{5^2-4^2}=3$이

므로 두 초점의 좌표는 $(3,\,0),\,(-3,\,0)$입니다.
이 타원과 두 초점을 공유하는 쌍곡선의 방정식을

$$\dfrac{x^2}{a^2}-\dfrac{y^2}{b^2}=1\ (a>0,\ b>0)\qquad \cdots\cdots\ \unicode{x24D8}$$

이라고 하면

$$a^2+b^2=3^2=9 \qquad \cdots\cdots\ \unicode{x24D0}$$

또한 ㉠의 한 점근선의 방정식이 $y=\sqrt{35}x$이므로

$$\dfrac{b}{a}=\sqrt{35}$$

$$\therefore b=\sqrt{35}a \qquad \cdots\cdots\ \unicode{x24D2}$$

㉡, ㉢을 연립하여 풀면

$$a=\dfrac{1}{2},\ b=\dfrac{\sqrt{35}}{2}\ (\because a>0,\ b>0)$$

이를 ㉠에 대입하면

$$\dfrac{x^2}{\left(\dfrac{1}{2}\right)^2}-\dfrac{y^2}{\left(\dfrac{\sqrt{35}}{2}\right)^2}=1$$

이고, 이 쌍곡선의 두 꼭짓점 사이의 거리는

$$2\times\dfrac{1}{2}=1$$

보충 설명 타원 $\dfrac{x^2}{a^2}+\dfrac{y^2}{b^2}=1\ (a>b>0)$의 두 초점

의 좌표는

$$(\sqrt{a^2-b^2},\,0),\,(-\sqrt{a^2-b^2},\,0)$$

쌍곡선 $\dfrac{x^2}{a^2}-\dfrac{y^2}{b^2}=1\ (a>0,\ b>0)$의 두 초점의 좌

표는

$$(\sqrt{a^2+b^2},\,0),\,(-\sqrt{a^2+b^2},\,0)$$

정답 ④

03-12

접근 방법 주어진 쌍곡선의 두 초점이 x축 또는 y축
위에 오도록 그래프를 회전시킵니다.
이때, 점근선이 매우 중요한 역할을 합니다.

상세 풀이 오른쪽 그림과
같이 유리함수 $y=\dfrac{1}{x}$의

그래프를 원점을 중심
으로 시계 방향으로 $45°$

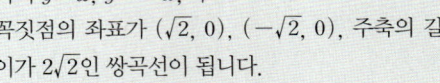

회전하면 점근선의 방정
식이 $y=x,\ y=-x$, 두
꼭짓점의 좌표가 $(\sqrt{2},\,0),\,(-\sqrt{2},\,0)$, 주축의 길
이가 $2\sqrt{2}$인 쌍곡선이 됩니다.
이 쌍곡선의 방정식을

$$\dfrac{x^2}{a^2}-\dfrac{y^2}{b^2}=1\ (a>0,\ b>0)\qquad \cdots\cdots\ \unicode{x24D8}$$

이라고 하면 주축의 길이가 $2\sqrt{2}$이므로

$$2a=2\sqrt{2} \qquad \therefore a=\sqrt{2}$$

쌍곡선의 점근선의 방정식이 $y=x,\ y=-x$이므로

$$\dfrac{b}{a}=1 \qquad \therefore b=a=\sqrt{2}$$

$a=\sqrt{2},\ b=\sqrt{2}$를 ㉠에 대입하면

$$\dfrac{x^2}{2}-\dfrac{y^2}{2}=1$$

이 쌍곡선에서 $\sqrt{2+2}=2$이므로 두 초점의 좌표
는 $(2,\,0),\,(-2,\,0)$입니다.
따라서 두 초점 사이의 거리는 4입니다.

그런데 쌍곡선 $\dfrac{x^2}{2}-\dfrac{y^2}{2}=1$은 유리함수 $y=\dfrac{1}{x}$

의 그래프를 원점을 중심으로 시계 방향으로 $45°$

회전한 것이므로 유리함수 $y=\dfrac{1}{x}$의 그래프의 두

초점 사이의 거리 역시 4입니다.

보충 설명 일반적으로 유리함수 $y=\dfrac{k}{x}$ (k는 상수)
의 그래프는 주축이 직선 $y=x$ 또는 $y=-x$ 위에
있는 쌍곡선입니다. 따라서 $y=\dfrac{k}{x}$ (k는 상수) 꼴의
유리함수의 그래프를 평행이동한 유리함수
$y=\dfrac{cx+d}{ax+b}$ ($ad-bc\ne0,\ a\ne0$)의 그래프 역시 쌍
곡선입니다.

정답 ③

03-13

접근 방법 점 P의 좌표를 $(a,\,b)$라 하고 문제의 의미
를 파악합니다.

상세 풀이 쌍곡선 $\dfrac{x^2}{4}-y^2=1$ 위의 한 점
P$(a,\,b)$에 대하여 a의 값이 한없이 커질수록 점
P는 쌍곡선의 점근선인 $y=\dfrac{1}{2}x$ 또는 $y=-\dfrac{1}{2}x$
에 가까워지므로 직선 OP의 기울기는 점근선의
기울기와 같아집니다.
이때, 점 P는 제1사분면 위의 점이므로 $f(a)$는
쌍곡선의 점근선 $y=\dfrac{1}{2}x$의 기울기와 같아집니다.

$$\therefore \alpha=\frac{1}{2}$$

보충 설명 수학Ⅱ **01 함수의 극한**에서 $\dfrac{\infty}{\infty}$(분자와 분
모가 다항식) 꼴의 극한값은 분모의 최고차항으로 분
자와 분모를 나누어 구한다고 배웠습니다. 이를 이용
하여 다음과 같이 직접 $f(a)$의 극한값을 구할 수도
있습니다.
쌍곡선 $\dfrac{x^2}{4}-y^2=1$ 위의 점 P$(a,\,b)$에 대하여

$$\frac{a^2}{4}-b^2=1$$

이때, 점 P는 제1사분면 위의 점이므로

$$b=\sqrt{\frac{a^2}{4}-1}=\frac{\sqrt{a^2-4}}{2}\ (\because b>0)$$

따라서 직선 OP의 기울기는

$f(a)=\dfrac{b-0}{a-0}=\dfrac{\sqrt{a^2-4}}{2a}$이므로 a의 값이 커질 때,
$f(a)$의 극한값, 즉 $\lim\limits_{a\to\infty}f(a)$의 값은

$$\lim_{a\to\infty}f(a)=\lim_{a\to\infty}\frac{\sqrt{a^2-4}}{2a}$$
$$=\lim_{a\to\infty}\frac{\sqrt{1-\dfrac{4}{a^2}}}{2}$$
$$=\frac{1}{2}$$

정답 $\dfrac{1}{2}$

03-14

접근 방법 점 P의 좌표를 구하여 원의 방정식을 먼저
구합니다.

상세 풀이
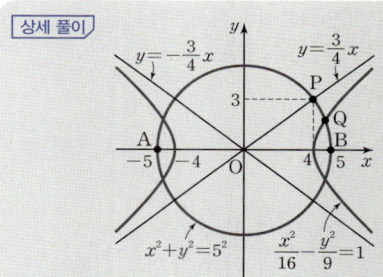

위의 그림과 같이 쌍곡선 $\dfrac{x^2}{16}-\dfrac{y^2}{9}=1$의 두 점
근선의 방정식은 $y=\dfrac{3}{4}x,\ y=-\dfrac{3}{4}x$이므로 점근
선과 직선 $x=4$의 교점 중 제1사분면의 점 P의
좌표는 $(4,\,3)$입니다.
중심이 원점이고 점 P$(4,\,3)$을 지나는 원의 방정
식은 $x^2+y^2=25$이고, 이 원과 x축과의 교점
A$(-5,\,0)$, B$(5,\,0)$은 쌍곡선 $\dfrac{x^2}{16}-\dfrac{y^2}{9}=1$의
두 초점입니다.
원 $x^2+y^2=25$가 쌍곡선 $\dfrac{x^2}{16}-\dfrac{y^2}{9}=1$과 제1사
분면에서 만나는 점이 Q이므로 쌍곡선의 정의에
의하여

$$|\overline{AQ}-\overline{BQ}|=8 \qquad \cdots\cdots \ \textcircled{\scriptsize ㄱ}$$

삼각형 ABQ는 직각삼각형이므로

$$\overline{AQ}^2+\overline{BQ}^2=10^2 \qquad \cdots\cdots \ \textcircled{\scriptsize ㄴ}$$

㉠의 양변을 제곱하면

$$\overline{AQ}^2-2\,\overline{AQ}\times\overline{BQ}+\overline{BQ}^2=64$$

$$100-2\,\overline{AQ}\times\overline{BQ}=64\ (\because \textcircled{\scriptsize ㄴ})$$

$$\therefore \overline{AQ}\times\overline{BQ}=18$$

정답 18

보충 설명 각의 이등분선의 성질

(1) 삼각형 ABC에서 ∠A
의 이등분선이 변 BC와
만나는 점을 D라고 하면

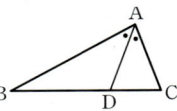

$$\overline{AB}:\overline{AC}=\overline{BD}:\overline{CD}$$

(2) 삼각형 ABC에서 ∠A
의 외각의 이등분선이 선
분 BC의 연장선과 만나
는 점을 D라고 하면

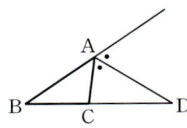

$$\overline{AB}:\overline{AC}=\overline{BD}:\overline{CD}$$

정답 30

03- **15**

접근 방법 각의 이등분선의 성질에서

$$\overline{PF'}:\overline{PF}=\overline{F'A}:\overline{FA}$$

임을 이용합니다.

상세 풀이

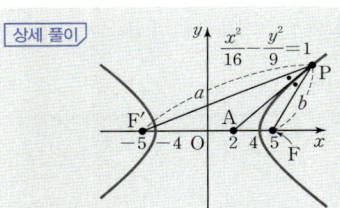

위의 그림과 같이 쌍곡선 $\dfrac{x^2}{16}-\dfrac{y^2}{9}=1$의 두 초점

은 F(5, 0), F′(−5, 0)이고, 주축의 길이는 8이
므로 $\overline{PF'}=a,\ \overline{PF}=b$라고 하면 쌍곡선의 정의에
의하여

$$a-b=8 \qquad \cdots\cdots \ \textcircled{\scriptsize ㄱ}$$

이때, ∠F′PA=∠FPA이므로

$$a:b=\overline{F'A}:\overline{AF}=7:3$$

$$\therefore 3a=7b \qquad \cdots\cdots \ \textcircled{\scriptsize ㄴ}$$

㉠, ㉡을 연립하여 풀면

$$a=14,\ b=6$$

따라서 삼각형 PF′F의 둘레의 길이는

$$14+6+10=30$$

03- **16**

접근 방법 두 초점이 x축 위의 점이므로 쌍곡선의 방

정식을 $\dfrac{x^2}{a^2}-\dfrac{y^2}{b^2}=1\ (a>0,\ b>0)$이라고 하여 조

건에 맞는 a의 값을 구합니다.

상세 풀이 쌍곡선의 방정식을

$$\dfrac{x^2}{a^2}-\dfrac{y^2}{b^2}=1\ (a>0,\ b>0)$$

이라고 하면 점근선의 방정식은 $y=\dfrac{b}{a}x$,

$y=-\dfrac{b}{a}x$이므로

$$\dfrac{b}{a}=\dfrac{4}{3},\ b=\dfrac{4}{3}a$$

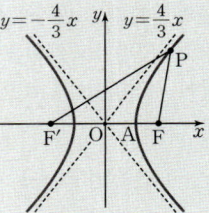

조건 ㈎에서 $\overline{PF'}>\overline{PF}$이고 점 P가 쌍곡선 위의
점이므로 쌍곡선의 정의에 의하여

$$\overline{PF'}-\overline{PF}=2a$$

$$\therefore \overline{PF}=\overline{PF'}-2a=30-2a$$

이때, $16\le\overline{PF}\le20$이므로 $16\le30-2a\le20$

$$\therefore 5 \le a \le 7 \qquad \cdots\cdots \text{㉠}$$

점 A의 좌표는 $(a, 0)$이고 초점의 x좌표는
$$\sqrt{a^2+b^2} = \sqrt{a^2 + \frac{16}{9}a^2} = \frac{5}{3}a$$
이므로 점 F의 좌표는 $\left(\frac{5}{3}a, 0\right)$입니다.
$$\therefore \overline{\mathrm{AF}} = \frac{5}{3}a - a = \frac{2}{3}a$$
조건 ㈏에서 선분 AF의 길이가 자연수이므로
a는 3의 배수이어야 합니다.
그런데 ㉠에서 $5 \le a \le 7$이므로 $a=6$
따라서 구하는 쌍곡선의 주축의 길이는 $2a = 12$
입니다.

정답 12

03-17

접근 방법 쌍곡선의 또 다른 초점을 F'이라 하고, 점
P와 점 F'을 이어 쌍곡선의 정의를 이용합니다.

상세 풀이 오른쪽 그림
과 같은 쌍곡선의 방정
식을
$$\frac{x^2}{a^2} - \frac{y^2}{b^2} = 1$$
$$(a>0, b>0)$$
$$\cdots\cdots \text{㉠}$$

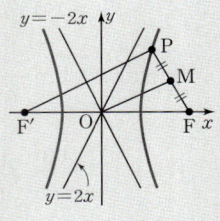

이라고 하면 이 쌍곡선의 두 점근선의 방정식이
$y=2x, y=-2x$이므로
$$\frac{b}{a} = 2 \qquad \therefore b = 2a \qquad \cdots\cdots \text{㉡}$$
쌍곡선의 한 초점 F가 아닌 다른 초점을 F'이라
고 하면 삼각형 $\mathrm{PF}'\mathrm{F}$에서 원점 O는 선분 $\overline{\mathrm{F}'\mathrm{F}}$의
중점이고, 점 M은 선분 PF의 중점이므로
$$\overline{\mathrm{PF}'} = 2\overline{\mathrm{OM}} = 12 \ (\because \overline{\mathrm{OM}} = 6)$$
$$\overline{\mathrm{PF}} = 2\overline{\mathrm{MF}} = 6 \ (\because \overline{\mathrm{MF}} = 3)$$
따라서 $|\overline{\mathrm{PF}'} - \overline{\mathrm{PF}}| = 12 - 6 = 6$이므로
$$2a = 6 \qquad \therefore a = 3$$
㉡에서 $b = 2 \times 3 = 6$

$a=3, b=6$을 ㉠에 대입하면
$$\frac{x^2}{9} - \frac{y^2}{36} = 1$$
즉, $\sqrt{9+36} = 3\sqrt{5}$이므로
$$\mathrm{F}(3\sqrt{5}, 0), \mathrm{F}'(-3\sqrt{5}, 0)$$
$$\therefore \overline{\mathrm{OF}} = 3\sqrt{5}$$

보충 설명 삼각형의 두 변의
중점을 연결한 선분은 나머
지 변과 평행하고, 그 길이는
나머지 변의 길이의 $\frac{1}{2}$입니
다. 즉,
$$\overline{\mathrm{AM}} = \overline{\mathrm{BM}}, \overline{\mathrm{AN}} = \overline{\mathrm{CN}}$$
이면
$$\overline{\mathrm{MN}} /\!/ \overline{\mathrm{BC}}, \overline{\mathrm{MN}} = \frac{1}{2}\overline{\mathrm{BC}}$$

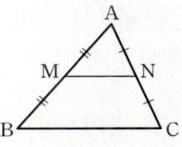

정답 $3\sqrt{5}$

03-18

접근 방법 (사각형 $\mathrm{F}'\mathrm{QFP}$의 넓이)
   $=$(삼각형 $\mathrm{F}'\mathrm{QF}$의 넓이)$+$(삼각형 FPF'의 넓이)
임을 이용합니다.

상세 풀이 점 $\mathrm{P}(a, b)$는 쌍곡선 $\frac{x^2}{5} - \frac{y^2}{4} = 1$ 위
의 점이므로
$$\frac{a^2}{5} - \frac{b^2}{4} = 1 \qquad \cdots\cdots \text{㉠}$$
쌍곡선 $\frac{x^2}{5} - \frac{y^2}{4} = 1$의 두 초점은 $\mathrm{F}(3, 0)$,
$\mathrm{F}'(-3, 0)$이므로 $\overline{\mathrm{FF}'} = 6$
사각형 $\mathrm{F}'\mathrm{QFP}$의 넓이는 합동인 두 삼각형
$\mathrm{F}'\mathrm{QF}, \mathrm{FPF}'$의 넓이의 합과 같으므로
$$\square \mathrm{F}'\mathrm{QFP} = 2\triangle \mathrm{FPF}'$$
$$= 2 \times \frac{1}{2} \times \overline{\mathrm{FF}'} \times |b|$$
$$= 6|b|$$
$$= 24$$
$$\therefore |b| = 4 \qquad \cdots\cdots \text{㉡}$$

03 쌍곡선 049

㉠, ㉡에서 $a^2=25$이므로 $|a|=5$

$\therefore |a|+|b|=5+4=9$

정답 9

03-19

접근 방법 쌍곡선을 그린 후, $\overline{PF}=\overline{PQ}$임을 이용하여 점 Q가 나타내는 도형을 찾습니다.

상세 풀이 쌍곡선 $\dfrac{x^2}{9}-\dfrac{y^2}{3}=1$의 두 초점은

$F(2\sqrt{3},\,0)$, $F'(-2\sqrt{3},\,0)$이고, 쌍곡선의 정의에 의하여

$$\overline{PF'}-\overline{PF}=2\times3=6$$

이때, $\overline{PF}=\overline{PQ}$이므로

$$\overline{PF'}-\overline{PQ}=\overline{F'Q}=6$$

따라서 오른쪽 그림과 같이 점 Q는 점 F'을 중심으로 하고 반지름의 길이가 6인 부채꼴의 호 위의 점입니다.

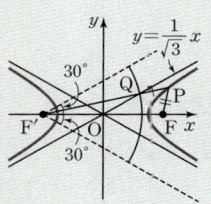

이때, 점 P의 x좌표가 한없이 커지면 점 P는 쌍곡선의 점근선인 직선 $y=\dfrac{1}{\sqrt{3}}x$ 또는 $y=-\dfrac{1}{\sqrt{3}}x$에 가까워지므로 직선 PF'의 기울기 역시 점근선의 기울기 $\dfrac{1}{\sqrt{3}}$ 또는 $-\dfrac{1}{\sqrt{3}}$에 한없이 가까워집니다. 따라서 점 Q가 나타내는 부채꼴의 중심각의 크기는 60°입니다. 따라서 구하는 도형의 길이는

$$2\pi\times6\times\frac{60}{360}=2\pi$$

보충 설명 직선 $y=\dfrac{1}{\sqrt{3}}x$가 x축과 이루는 예각의 크기를 α라고 하면 $\tan\alpha=\dfrac{1}{\sqrt{3}}$이므로 $\alpha=30°$입니다.

또한 직선 $y=-\dfrac{1}{\sqrt{3}}x$는 직선 $y=\dfrac{1}{\sqrt{3}}x$를 x축에

대하여 대칭이동한 것이므로 직선 $y=-\dfrac{1}{\sqrt{3}}x$와 x축이 이루는 예각의 크기도 30°입니다.

다른 풀이 쌍곡선 $\dfrac{x^2}{9}-\dfrac{y^2}{3}=1$의 두 초점은

$F(2\sqrt{3},\,0)$, $F'(-2\sqrt{3},\,0)$이고, 쌍곡선의 정의에 의하여

$$\overline{PF'}-\overline{PF}=2\times3=6$$

이때, $\overline{PF}=\overline{PQ}$이므로

$$\overline{PF'}-\overline{PQ}=\overline{F'Q}=6$$

따라서 오른쪽 그림과 같이 점 Q는 점 F'을 중심으로 하고 반지름의 길이가 6인 부채꼴의 호 위의 점입니다.

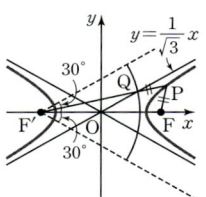

점 $P(a,\,b)$에서 $b>0$일 때, $\angle QF'F=\theta\,(0°\le\theta<90°)$라고 하면

$$\tan\theta=(\text{직선 }PF'\text{의 기울기})=\frac{b}{a+2\sqrt{3}}$$

이고, $\dfrac{a^2}{9}-\dfrac{b^2}{3}=1$에서 $b=\sqrt{\dfrac{a^2-9}{3}}$이므로

$$\lim_{a\to\infty}\tan\theta=\lim_{a\to\infty}\frac{b}{a+2\sqrt{3}}$$

$$=\lim_{a\to\infty}\frac{\sqrt{a^2-9}}{\sqrt{3}\,(a+2\sqrt{3})}$$

$$=\lim_{a\to\infty}\frac{\sqrt{1-\dfrac{9}{a^2}}}{\sqrt{3}\left(1+\dfrac{2\sqrt{3}}{a}\right)}$$

$$=\frac{1}{\sqrt{3}}$$

입니다. 즉, $a\to\infty$일 때 $\theta\to30°$입니다.

마찬가지 방법으로 $b<0$일 때에도 $a\to\infty$일 때 $\theta\to30°$이므로 점 Q는 점 F'을 중심으로 하고 반지름의 길이가 6, 중심각의 크기가 $2\times30°=60°$인 부채꼴의 호 위의 점입니다.

따라서 점 Q가 나타내는 도형의 길이는

$$2\pi\times6\times\frac{60}{360}=2\pi$$

정답 2π

예제 01 이차곡선과 직선의 위치 관계   p.99

01-1

직선 $y=x+k$를 타원 $x^2+2y^2=2$에 대입하면

$$x^2+2(x+k)^2=2$$
$$\therefore 3x^2+4kx+2k^2-2=0 \qquad \cdots\cdots \text{㉠}$$

㉠의 판별식을 D라고 하면

$$\frac{D}{4}=(2k)^2-3(2k^2-2)=-2k^2+6$$

(1) 타원과 직선이 서로 다른 두 점에서 만나기 위해서는 ㉠이 서로 다른 두 실근을 가져야 하므로 $D>0$에서

$$\frac{D}{4}=-2k^2+6>0, \ (k+\sqrt{3})(k-\sqrt{3})<0$$
$$\therefore -\sqrt{3}<k<\sqrt{3}$$

(2) 타원과 직선이 접하기 위해서는 ㉠이 중근을 가져야 하므로 $D=0$에서

$$\frac{D}{4}=-2k^2+6=0, \ (k+\sqrt{3})(k-\sqrt{3})=0$$
$$\therefore k=-\sqrt{3} \ \text{또는} \ k=\sqrt{3}$$

(3) 타원과 직선이 만나지 않기 위해서는 ㉠이 허근을 가져야 하므로 $D<0$에서

$$\frac{D}{4}=-2k^2+6<0, \ (k+\sqrt{3})(k-\sqrt{3})>0$$
$$\therefore k<-\sqrt{3} \ \text{또는} \ k>\sqrt{3}$$

정답 (1) $-\sqrt{3}<k<\sqrt{3}$

(2) $k=-\sqrt{3}$ 또는 $k=\sqrt{3}$

(3) $k<-\sqrt{3}$ 또는 $k>\sqrt{3}$

01-2

(1) 오른쪽 그림과 같이 직선 $y=m(x+1)$은 m의 값에 관계없이 점 $(-1, \ 0)$을 지나므로 직선과 포물선이 한 점에서 만나는 경우는 포물선과 직선이 접할 때와 직선이 포물선의 축과 일치할 때입니다.

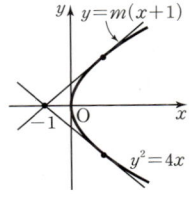

(i) 직선이 포물선의 축(x축)과 일치할 때, 즉 $m=0$일 때 포물선과 직선이 한 점에서 만납니다.

(ii) 직선과 포물선이 접할 때
$y=m(x+1)$을 $y^2=4x$에 대입하면
$$\{m(x+1)\}^2=4x$$
$$\therefore m^2x^2+2(m^2-2)x+m^2=0$$

이 이차방정식의 판별식을 D라고 하면 $D=0$이어야 하므로

$$\frac{D}{4}=(m^2-2)^2-m^4=0$$
$$-4m^2+4=0, \ (m+1)(m-1)=0$$
$$\therefore m=-1 \ \text{또는} \ m=1$$

(i), (ii)에서 구하는 실수 m의 값은

$m=-1$ 또는 $m=0$ 또는 $m=1$

(2) $y=2x+n$을 $x^2-y^2=2$에 대입하면
$$x^2-(2x+n)^2=2$$
$$\therefore 3x^2+4nx+(n^2+2)=0$$

이 이차방정식의 판별식을 D라고 할 때, 주어진 쌍곡선과 직선이 만나지 않으려면 $D<0$이어야 하므로

$$\frac{D}{4}=(2n)^2-3(n^2+2)=n^2-6<0$$
$$(n+\sqrt{6})(n-\sqrt{6})<0$$
$$\therefore -\sqrt{6}<n<\sqrt{6}$$

따라서 구하는 정수 n의 개수는

$-2, -1, 0, 1, 2$의 5이다.

정답 (1) $m=-1$ 또는 $m=0$ 또는 $m=1$ (2) 5

01-3

조건 (가)에서 직선 $y=mx+2$를 타원 $x^2+2y^2=2$에 대입하면
$$x^2+2(mx+2)^2=2$$
$$(2m^2+1)x^2+8mx+6=0$$

이 이차방정식의 판별식을 D라고 하면 타원과 직선이 서로 다른 두 점에서 만나기 위해서는 $D>0$이어야 하므로

$$\frac{D}{4}=16m^2-6(2m^2+1)>0$$

$$4m^2-6>0$$

$$\therefore \ m^2>\frac{3}{2} \qquad \cdots\cdots \ \text{㉠}$$

조건 (나)에서 원 $x^2+y^2=\frac{1}{4}$ 의 중심 $(0,0)$ 에서 직선 $y=mx+2$, 즉 $mx-y+2=0$ 까지의 거리가 원의 반지름의 길이보다 크면 원과 직선이 서로 만나지 않으므로

$$\frac{2}{\sqrt{m^2+1}}>\frac{1}{2}$$

$$\sqrt{m^2+1}<4, \ m^2+1<16$$

$$\therefore \ m^2<15 \qquad \cdots\cdots \ \text{㉡}$$

㉠, ㉡의 공통 범위를 구하면 $\dfrac{3}{2}<m^2<15$

따라서 조건을 만족시키는 자연수 m 은 $2, 3$ 이므로 그 합은 $2+3=5$ 입니다.

정답 5

예제 02　기울기 또는 접점이 주어질 때의 포물선의 접선의 방정식　p.107

02-1

(1) $y^2=4\times4x$ 에서 $p=4$ 이고, 직선

$x-4y-4=0$, 즉 $y=\dfrac{1}{4}x-1$ 에 수직인 직선의

기울기는 -4 이므로 구하는 접선의 방정식은

$$y=-4x+\frac{4}{-4} \qquad \therefore \ y=-4x-1$$

(2) $x^2=4\times1\times y$ 에서 $p=1$ 이고

$x_1=2, y_1=1$ 이므로 구하는 접선의 방정식은

$$2x=2\times1(y+1) \qquad \therefore \ y=x-1$$

다른 풀이 이차방정식의 판별식을 이용하여 다음과 같이 풀 수도 있습니다.

(1) 기울기가 -4 인 접선의 방정식을 $y=-4x+n$ 이라 하고, $y^2=16x$ 에 대입하면

$$(-4x+n)^2=16x$$

$$\therefore \ 16x^2-8(n+2)x+n^2=0$$

이 이차방정식의 판별식을 D 라고 하면 $D=0$ 에서

$$\frac{D}{4}=16(n+2)^2-16n^2=0, \ n+1=0$$

$$\therefore \ n=-1$$

따라서 구하는 접선의 방정식은

$$y=-4x-1$$

(2) 구하는 접선의 방정식을 $y=mx+n$ 이라고 하면 점 $(2,1)$ 을 지나므로

$$1=2m+n \qquad \cdots\cdots \ \text{㉠}$$

또한 $y=mx+n$ 을 포물선 $x^2=4y$ 에 대입하면

$$x^2=4(mx+n)$$

$$\therefore \ x^2-4mx-4n=0$$

이 이차방정식의 판별식을 D 라고 하면 $D=0$ 에서

$$\frac{D}{4}=(-2m)^2-1\times(-4n)=0$$

$$\therefore \ m^2+n=0 \qquad \cdots\cdots \ \text{㉡}$$

㉠, ㉡을 연립하여 풀면

$$m=1, \ n=-1$$

따라서 구하는 접선의 방정식은

$$y=x-1$$

보충 설명 기울기가 주어진 경우에는 이차방정식의 판별식을 이용하여 구해도 크게 복잡하지 않습니다. 또한 앞으로 공부할 기울기가 주어진 타원이나 쌍곡선의 접선의 방정식도 마찬가지입니다.

하지만 접점이 주어진 이차곡선의 접선의 방정식은 공식을 외우기가 간단하므로 꼭 외워두기 바랍니다. 즉, 수학 〈상〉에서 배운 것처럼 원 $x^2+y^2=r^2$ 위의 한 점 (x_1, y_1) 에서의 접선의 방정식이

$$x_1x+y_1y=r^2$$

인 것과 같이 이차곡선에서 접선의 방정식을 구할 때 x^2 대신에 x_1x, y^2 대신에 y_1y,

x 대신에 $\dfrac{x_1+x}{2}$, y 대신에 $\dfrac{y_1+y}{2}$

를 대입한다는 것을 기억해 두기 바랍니다.

정답 (1) $y=-4x-1$ (2) $y=x-1$

02-2

포물선 $y^2=4px$ 의 준선의 방정식은 $x=-p$ 이므로

점 $A(p, 2p)$에서 이 준선까지의 거리는
$$p-(-p)=2p=4 \quad \therefore \ p=2$$
따라서 포물선의 방정식은 $y^2=8x$이고, 이 포물선 위의 점 $A(2, 4)$에서의 접선의 방정식은
$$4y=2\times 2(x+2) \quad \therefore \ y=x+2$$

정답 ②

02-3

준선이 직선 $x=1$이고 초점의 좌표는 $(3, k)$이므로 꼭짓점의 좌표는 $(2, k)$입니다.

따라서 $p=1$이므로 포물선의 방정식은
$$(y-k)^2=4(x-2) \quad \cdots\cdots \ \text{㉠}$$
라고 할 수 있습니다.

직선 $y=2x-3$에서 $2x=y+3 \quad \cdots\cdots \ \text{㉡}$

㉡을 ㉠에 대입하여 정리하면
$$(y-k)^2=2y-2$$
$$\therefore \ y^2-2(k+1)y+k^2+2=0$$

이 이차방정식의 판별식을 D라고 하면 $D=0$에서
$$\frac{D}{4}=(k+1)^2-(k^2+2)=0, \ 2k-1=0$$
$$\therefore \ k=\frac{1}{2}$$

정답 ③

예제 03 포물선 밖의 한 점에서 그은 접선의 방정식 p.109

03-1

(1) 구하는 접선과 포물선이 접하는 접점의 좌표를 (x_1, y_1)이라고 하면 $y^2=4\times 1\times x$에서 $p=1$이므로 접선의 방정식은
$$y_1 y=2(x+x_1) \quad \cdots\cdots \ \text{㉠}$$
이 접선이 점 $(-3, 2)$를 지나므로
$$2y_1=2(-3+x_1)$$
$$\therefore \ y_1=x_1-3 \quad \cdots\cdots \ \text{㉡}$$
또한 접점 (x_1, y_1)은 포물선 $y^2=4x$ 위의 점이

므로
$$y_1{}^2=4x_1 \quad \cdots\cdots \ \text{㉢}$$
㉡을 ㉢에 대입하면
$$(x_1-3)^2=4x_1, \ x_1{}^2-10x_1+9=0$$
$$(x_1-1)(x_1-9)=0$$
$$\therefore \ x_1=1 \ \text{또는} \ x_1=9$$
따라서 접점의 좌표는
$$(1, -2), \ (9, 6)$$
이므로 ㉠에 대입하면 구하는 접선의 방정식은
$$y=-x-1 \ \text{또는}$$
$$y=\frac{1}{3}x+3$$

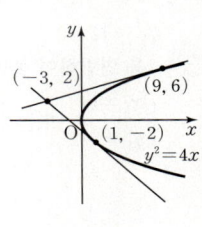

(2) 구하는 접선과 포물선이 접하는 접점의 좌표를 (x_1, y_1)이라고 하면 $y^2=4\times 3x$에서 $p=3$이므로 접선의 방정식은
$$y_1 y=2\times 3(x+x_1)$$
$$\therefore \ y_1 y=6(x+x_1) \quad \cdots\cdots \ \text{㉠}$$
이 접선이 점 $(0, 3)$을 지나므로
$$3y_1=6x_1 \quad \therefore \ y_1=2x_1 \quad \cdots\cdots \ \text{㉡}$$
또한 접점 (x_1, y_1)은 포물선 $y^2=12x$ 위의 점이므로
$$y_1{}^2=12x_1 \quad \cdots\cdots \ \text{㉢}$$
㉡을 ㉢에 대입하면
$$4x_1{}^2=12x_1, \ x_1(x_1-3)=0$$
$$\therefore \ x_1=0 \ \text{또는} \ x_1=3$$
따라서 접점의 좌표는
$$(0, 0), \ (3, 6)$$
이므로 ㉠에 대입하면 구하는 접선의 방정식은
$$x=0 \ \text{또는}$$
$$y=x+3$$

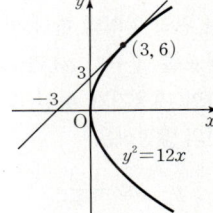

정답 (1) $y=-x-1$ 또는 $y=\dfrac{1}{3}x+3$
(2) $x=0$ 또는 $y=x+3$

03-2

구하는 접선과 포물선이 접하는 접점의 좌표를

$(x_1,\ y_1)$이라고 하면 $y^2=4\times1\times x$에서 $p=1$이므로 접선의 방정식은
$$y_1y=2(x+x_1)$$
이 접선이 점 $\mathrm{P}(-2,\ 1)$을 지나므로
$$y_1=2(-2+x_1) \quad \therefore\ y_1=2x_1-4\ \cdots\cdots\ \bigcirc$$
또한 접점 $(x_1,\ y_1)$은 포물선 $y^2=4x$ 위에 있으므로
$$y_1{}^2=4x_1\ \cdots\cdots\ \bigcirc\!\bigcirc$$
$\bigcirc$, $\bigcirc\!\bigcirc$을 연립하여 풀면
$$\begin{cases}x_1=1\\y_1=-2\end{cases}\text{또는}\begin{cases}x_1=4\\y_1=4\end{cases}$$

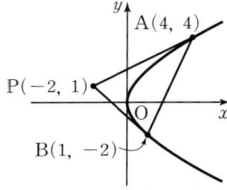

따라서 세 점 $\mathrm{P}(-2,\ 1)$, $\mathrm{A}(4,\ 4)$, $\mathrm{B}(1,\ -2)$로 이루어지는 삼각형 PAB의 무게중심의 좌표는
$$\left(\dfrac{-2+4+1}{3},\ \dfrac{1+4+(-2)}{3}\right),\ \text{즉}\ (1,\ 1)\text{입니다.}$$

정답 $(1,\ 1)$

03-3

포물선 $y^2=4\times3x$에서 $p=3$이므로 준선의 방정식은 $x=-3$이고, 준선 위의 임의의 한 점의 좌표를 $(-3,\ a)$라고 하면 기울기가 m인 접선의 방정식은

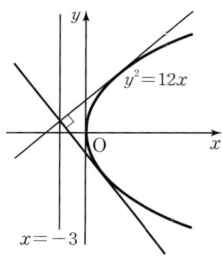

$$y=mx+\dfrac{3}{m}$$
이 접선이 점 $(-3,\ a)$를 지나므로
$$a=-3m+\dfrac{3}{m}$$
$$\therefore\ 3m^2+am-3=0$$
이차방정식의 근과 계수의 관계에 의하여 두 근의 곱은 a의 값에 관계없이 $\dfrac{-3}{3}=-1$이므로 점 $(-3,\ a)$

에서 포물선 $y^2=12x$에 그은 두 접선은 항상 서로 수직입니다.
따라서 두 접선이 이루는 각의 크기는 90°입니다.

보충 설명 위의 문제의 결과는 사실 다음과 같이 일반적으로 정리할 수 있습니다.
'수직으로 만나는 포물선의 두 접선의 교점은 포물선의 준선 위에 있고, 포물선의 준선 위의 점에서 포물선에 그은 두 접선은 항상 수직으로 만난다.'

정답 ⑤

예제 04 | 기울기 또는 접점이 주어질 때의 타원의 접선의 방정식   p.115

04-1

(1) $x^2+2y^2=1$, 즉 $\dfrac{x^2}{1}+\dfrac{y^2}{\frac{1}{2}}=1$에서 $a^2=1,\ b^2=\dfrac{1}{2}$ 이고, 직선 $y=-2x$에 수직인 직선의 기울기는 $\dfrac{1}{2}$이므로 구하는 접선의 방정식은
$$y=\dfrac{1}{2}x\pm\sqrt{1\times\left(\dfrac{1}{2}\right)^2+\dfrac{1}{2}}$$
$$\therefore\ y=\dfrac{1}{2}x\pm\dfrac{\sqrt{3}}{2}$$

(2) $2x^2+y^2=12$에서 $\dfrac{x^2}{6}+\dfrac{y^2}{12}=1$이고 $x_1=2,\ y_1=2$이므로 구하는 접선의 방정식은
$$\dfrac{2x}{6}+\dfrac{2y}{12}=1$$
$$\therefore\ y=-2x+6$$

정답 (1) $y=\dfrac{1}{2}x\pm\dfrac{\sqrt{3}}{2}$ (2) $y=-2x+6$

04-2

타원 $\dfrac{x^2}{2}+\dfrac{y^2}{3}=1$에 접하고 기울기가 1인 접선의 방정식은
$$y=x\pm\sqrt{2\times1+3} \quad \therefore\ y=x\pm\sqrt{5}$$
두 직선 $y=x-\sqrt{5}$, $y=x+\sqrt{5}$는 서로 평행하므로

두 직선 사이의 거리는 직선 $y=x+\sqrt{5}$ 위의 한 점 $(0,\ \sqrt{5})$와 직선 $y=x-\sqrt{5}$ 사이의 거리와 같습니다. 따라서 구하는 두 직선 사이의 거리는

$$\frac{|0-\sqrt{5}-\sqrt{5}|}{\sqrt{1^2+(-1)^2}}=\sqrt{10}$$

정답 ③

04-3

$4x^2+y^2=8$에서 $\dfrac{x^2}{2}+\dfrac{y^2}{8}=1$이고, 타원 위의 점 $P(1,\ 2)$에서 그은 접선의 방정식은

$$\frac{x}{2}+\frac{2y}{8}=1 \qquad \therefore 2x+y=4$$

이 접선과 평행하고 원점을 지나는 직선 l의 방정식은

$$2x+y=0$$

두 식 $4x^2+y^2=8,\ 2x+y=0$을 연립하여 풀면

$$\begin{cases} x=-1 \\ y=2 \end{cases} \text{ 또는 } \begin{cases} x=1 \\ y=-2 \end{cases}$$

즉, $Q(-1,\ 2),\ R(1,\ -2)$이므로

$$\overline{PQ}=1-(-1)=2,\ \overline{PR}=2-(-2)=4$$

이때, 두 선분 PQ, PR가 각각 x축, y축과 평행하므로 삼각형 PQR는 직각삼각형이다.
따라서 삼각형 PQR의 넓이는

$$\frac{1}{2}\times 2\times 4=4$$

정답 ③

예제 05 **타원 밖의 한 점에서 그은 접선의 방정식** p.117

05-1

(1) 구하는 접선과 타원이 접하는 접점의 좌표를 $(x_1,\ y_1)$이라고 하면 접선의 방정식은

$$x_1 x+4y_1 y=4 \qquad \cdots\cdots ㉠$$

이 접선이 점 $(1,\ 1)$을 지나므로

$$x_1+4y_1=4 \qquad \therefore x_1=4-4y_1 \qquad \cdots\cdots ㉡$$

또한 접점 $(x_1,\ y_1)$은 타원 $x^2+4y^2=4$ 위의 점이므로

$$x_1^{\,2}+4y_1^{\,2}=4 \qquad \cdots\cdots ㉢$$

㉡을 ㉢에 대입하면

$$(4-4y_1)^2+4y_1^{\,2}=4,\ 5y_1^{\,2}-8y_1+3=0$$
$$(5y_1-3)(y_1-1)=0$$
$$\therefore y_1=\frac{3}{5} \text{ 또는 } y_1=1$$

따라서 접점의 좌표는 $(0,\ 1),\ \left(\dfrac{8}{5},\ \dfrac{3}{5}\right)$이므로 ㉠에서 구하는 접선의 방정식은

$$y=1 \text{ 또는 } y=-\frac{2}{3}x+\frac{5}{3}$$

(2) 구하는 접선과 타원이 접하는 접점의 좌표를 $(x_1,\ y_1)$이라고 하면 접선의 방정식은

$$4x_1 x+9y_1 y=36 \qquad \cdots\cdots ㉠$$

이 접선이 점 $(3,\ 2)$를 지나므로

$$12x_1+18y_1=36 \qquad \therefore 2x_1=6-3y_1 \qquad \cdots\cdots ㉡$$

또한 접점 $(x_1,\ y_1)$은 타원 $4x^2+9y^2=36$ 위의 점이므로

$$4x_1^{\,2}+9y_1^{\,2}=36 \qquad \cdots\cdots ㉢$$

㉡을 ㉢에 대입하면

$$(6-3y_1)^2+9y_1^{\,2}=36$$
$$y_1^{\,2}-2y_1=0,\ y_1(y_1-2)=0$$
$$\therefore y_1=0 \text{ 또는 } y_1=2$$

따라서 접점의 좌표는 $(3,\ 0),\ (0,\ 2)$이므로 ㉠에서 구하는 접선의 방정식은

$$x=3 \text{ 또는 } y=2$$

정답 (1) $y=1$ 또는 $y=-\dfrac{2}{3}x+\dfrac{5}{3}$
(2) $x=3$ 또는 $y=2$

05-2

다음 그림과 같이 타원 $x^2+2y^2=2$는 y축에 대하여 대칭이므로 y축 위의 점 $P(0,\ 2)$에서 타원에 그은 접선의 두 접점은 y축에 대하여 대칭입니다.

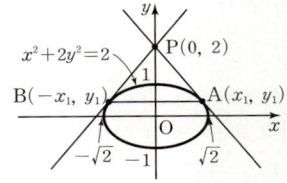

따라서 한 접점을 $A(x_1, y_1)(x_1>0)$이라고 하면 다른 접점은 $B(-x_1, y_1)$이고, 두 접점 사이의 거리는 $2x_1$이 됩니다.

타원 $x^2+2y^2=2$ 위의 점 $A(x_1, y_1)$에서의 접선의 방정식은
$$x_1x+2y_1y=2$$
이 접선이 점 $P(0, 2)$를 지나므로
$$4y_1=2 \qquad \therefore \ y_1=\frac{1}{2} \qquad \cdots\cdots \ \bigcirc$$
한편, 점 $A(x_1, y_1)$은 타원 $x^2+2y^2=2$ 위의 점이므로
$$x_1^2+2y_1^2=2 \qquad \cdots\cdots \ \bigcirc$$
$\bigcirc$을 $\bigcirc$에 대입하여 x_1의 값을 구하면
$$x_1=\frac{\sqrt{6}}{2} \ (\because \ x_1>0)$$
따라서 선분 AB의 길이는
$$2x_1=\sqrt{6}$$

정답 ⑤

05-**3**

접선의 기울기를 m이라고 하면 접선의 방정식은
$$y=m(x+3)$$
이를 타원의 방정식 $3x^2+4y^2=18$에 대입하면
$$3x^2+4\{m(x+3)\}^2=18$$
$$(3+4m^2)x^2+24m^2x+36m^2-18=0$$
이 이차방정식의 판별식을 D라고 하면 접선과 타원이 한 점에서 만나야 하므로 $D=0$에서
$$\frac{D}{4}=(12m^2)^2-(3+4m^2)(36m^2-18)=0$$
$$-36m^2+54=0$$
$$\therefore \ 36m^2-54=0$$
즉, m에 대한 이차방정식의 두 근이 접선의 기울기이므로 이차방정식의 근과 계수의 관계에 의하여 구하는 기울기의 곱은
$$-\frac{54}{36}=-\frac{3}{2}$$

다른 풀이 접선과 타원이 접하는 접점의 좌표를 (x_1, y_1)이라고 하면 구하는 접선의 방정식은
$$3x_1x+4y_1y=18 \qquad \cdots\cdots \ \bigcirc$$

이 접선은 점 $(-3, 0)$을 지나므로
$$-9x_1=18 \qquad \therefore \ x_1=-2 \qquad \cdots\cdots \ \bigcirc$$
또한 접점 (x_1, y_1)은 타원 $3x^2+4y^2=18$ 위의 점이므로
$$3x_1^2+4y_1^2=18 \qquad \cdots\cdots \ \bigcirc$$
$\bigcirc$을 $\bigcirc$에 대입하면
$$2y_1^2-3=0, \ (\sqrt{2}y_1+\sqrt{3})(\sqrt{2}y_1-\sqrt{3})=0$$
$$\therefore \ y_1=-\frac{\sqrt{6}}{2} \ \text{또는} \ y_1=\frac{\sqrt{6}}{2}$$
즉, 접점의 좌표는 $\left(-2, \ -\frac{\sqrt{6}}{2}\right), \left(-2, \ \frac{\sqrt{6}}{2}\right)$이므로 $\bigcirc$에서 구하는 접선의 방정식은
$$-6x-2\sqrt{6}y=18 \ \text{또는} \ -6x+2\sqrt{6}y=18$$
$$\therefore \ y=-\frac{\sqrt{6}}{2}x-\frac{3\sqrt{6}}{2} \ \text{또는}$$
$$y=\frac{\sqrt{6}}{2}x+\frac{3\sqrt{6}}{2}$$
따라서 두 접선의 기울기의 곱은
$$\left(-\frac{\sqrt{6}}{2}\right)\times\frac{\sqrt{6}}{2}=-\frac{3}{2}$$

정답 ②

| 예제 06 | 기울기 또는 접점이 주어질 때의 쌍곡선의 접선의 방정식 | p.125 |

06-**1**

(1) $16x^2-9y^2=144$, 즉 $\dfrac{x^2}{9}-\dfrac{y^2}{16}=1$에서 $a^2=9$, $b^2=16$이고, 직선 $y=2x+3$에 평행한 직선의 기울기는 2이므로 구하는 접선의 방정식은
$$y=2x\pm\sqrt{9\times2^2-16}$$
$$\therefore \ y=2x\pm2\sqrt{5}$$

(2) $x^2-3y^2=6$에서 $\dfrac{x^2}{6}-\dfrac{y^2}{2}=1$이고 $x_1=3, \ y_1=1$ 이므로 구하는 접선의 방정식은
$$\frac{3x}{6}-\frac{y}{2}=1 \qquad \therefore \ y=x-2$$

정답 (1) $y=2x\pm2\sqrt{5}$ (2) $y=x-2$

06-2

점 $(2, 3)$은 쌍곡선 위의 점이므로

$$4a-9b=6 \qquad \cdots\cdots \text{㉠}$$

쌍곡선 위의 점 $(2, 3)$에서의 접선의 방정식은

$$2ax-3by=6, \quad \text{즉} \ y=\frac{2a}{3b}x-\frac{2}{b}$$

이 접선의 기울기가 2이므로

$$\frac{2a}{3b}=2 \qquad \therefore a=3b \qquad \cdots\cdots \text{㉡}$$

㉠, ㉡을 연립하여 풀면

$$a=6, \ b=2 \qquad \therefore ab=12$$

정답   12

06-3

쌍곡선 $x^2-\dfrac{y^2}{p}=1$에 접하고 기울기가 2인 직선의

방정식은

$$y=2x\pm\sqrt{4-p} \ (\text{단}, \ p<4)$$

두 접선은 평행하고 원점에서 두 접선까지의 거리는

같으며 그 거리의 합이 $\dfrac{2\sqrt{5}}{5}$이므로 원점과 한 접선

$2x-y+\sqrt{4-p}=0$ 사이의 거리는 $\dfrac{\sqrt{5}}{5}$입니다.

즉, $\dfrac{\sqrt{4-p}}{\sqrt{2^2+(-1)^2}}=\dfrac{\sqrt{5}}{5}$이므로

$$4-p=1 \qquad \therefore p=3$$

정답   ③

예제 07   쌍곡선 밖의 한 점에서 그은 접선의 방정식   p.127

07-1

(1) 구하는 접선과 쌍곡선이 접하는 접점의 좌표를 $(x_1, \ y_1)$이라고 하면 접선의 방정식은

$$x_1 x-y_1 y=1 \qquad \cdots\cdots \text{㉠}$$

이 접선이 점 $(1, \ 3)$을 지나므로

$$x_1-3y_1=1 \qquad \therefore x_1=3y_1+1 \qquad \cdots\cdots \text{㉡}$$

또한 접점 $(x_1, \ y_1)$은 쌍곡선 $x_1^2-y_1^2=1$ 위의

점이므로

$$x_1^2-y_1^2=1 \qquad \cdots\cdots \text{㉢}$$

㉡을 ㉢에 대입하면

$$(3y_1+1)^2-y_1^2=1, \ y_1(4y_1+3)=0$$

$$\therefore y_1=0 \ \text{또는} \ y_1=-\frac{3}{4}$$

따라서 접점의 좌표는 $(1, 0)$, $\left(-\dfrac{5}{4}, \ -\dfrac{3}{4}\right)$이므

로 ㉠에서 구하는 접선의 방정식은

$$x=1 \ \text{또는} \ y=\frac{5}{3}x+\frac{4}{3}$$

(2) 구하는 접선과 쌍곡선이 접하는 접점의 좌표를 $(x_1, \ y_1)$이라고 하면 접선의 방정식은

$$4x_1 x-y_1 y=-4 \qquad \cdots\cdots \text{㉠}$$

이 접선이 점 $(1, 2)$를 지나므로

$$4x_1-2y_1=-4$$

$$\therefore 2x_1=y_1-2 \qquad \cdots\cdots \text{㉡}$$

또한 점 $(x_1, \ y_1)$은 쌍곡선 $4x^2-y^2=-4$ 위의 점

이므로

$$4x_1^2-y_1^2=-4 \qquad \cdots\cdots \text{㉢}$$

㉡을 ㉢에 대입하면

$$(y_1-2)^2-y_1^2=-4$$

$$4y_1=8 \qquad \therefore y_1=2$$

따라서 접점의 좌표는 $(0, 2)$이므로 ㉠에서 구하

는 접선의 방정식은

$$y=2$$

정답   (1) $x=1$ 또는 $y=\dfrac{5}{3}x+\dfrac{4}{3}$ (2) $y=2$

07-2

쌍곡선 $\dfrac{x^2}{3}-y^2=1$의 기울기가 m인 접선의 방정식은

$$y=mx\pm\sqrt{3m^2-1}$$

이 접선이 점 $(1, \ 0)$을 지나므로

$$0=m\pm\sqrt{3m^2-1}$$

$$-m=\pm\sqrt{3m^2-1}$$

양변을 제곱하면

$$m^2=3m^2-1$$

$$\therefore 2m^2-1=0$$

이 이차방정식의 두 근이 m_1, m_2이므로 m_1m_2의 값은 이차방정식의 근과 계수의 관계에 의하여

$$m_1m_2=-\frac{1}{2}$$

정답 ③

07-**3**

접점의 좌표를 (x_1, y_1)이라고 하면 접선의 방정식은

$$x_1x-y_1y=6$$

이 접선이 점 $(1, 2)$를 지나므로

$$x_1-2y_1=6$$
$$\therefore x_1=2y_1+6 \qquad \cdots\cdots ㉠$$

또한 점 (x_1, y_1)이 쌍곡선 $x^2-y^2=6$ 위의 점이므로

$$x_1{}^2-y_1{}^2=6 \qquad \cdots\cdots ㉡$$

㉠을 ㉡에 대입하면

$$(2y_1+6)^2-y_1{}^2=6$$
$$\therefore y_1{}^2+8y_1+10=0 \qquad \cdots\cdots ㉢$$

두 접점 P, Q의 좌표를 각각 $P(2a+6, a)$, $Q(2b+6, b)$라고 하면 a, b는 이차방정식 ㉢의 두 근이므로 근과 계수의 관계에 의하여

$$a+b=-8, \ ab=10$$
$$\therefore (b-a)^2=(a+b)^2-4ab$$
$$=(-8)^2-4\times10=24$$

따라서 선분 PQ의 길이는

$$\overline{PQ}=\sqrt{(2b+6-2a-6)^2+(b-a)^2}$$
$$=\sqrt{5(b-a)^2}=\sqrt{5\times24}$$
$$=2\sqrt{30}$$

정답 $2\sqrt{30}$

---

p.128~129

기본 다지기

04-1 (1) $y=4x-8$ 또는 $y=4x+4$

(2) $y=2x-1$ 또는 $y=2x+7$

2 $y=3x-7$ **3** 10 **4** ③

5 $y=-2x-1$ **6** ④ **7** 34

8 $-\sqrt{3}\le m\le\sqrt{3}$ **9** 6 **10** $\frac{15}{2}$

04-**1**

접근 방법 주어진 이차곡선은 원점을 기준으로 평행이동한 것이므로 우선 원점을 기준으로 하는 이차곡선에서 조건에 맞는 접선의 방정식을 공식을 이용하여 구합니다. 그다음 이 이차곡선이 평행이동한 만큼 접선의 방정식을 평행이동합니다.

상세 풀이 (1) 직선 $x+4y=0$의 기울기가 $-\frac{1}{4}$이므로 이 직선과 수직인 접선의 기울기는 4입니다.

타원 $\frac{x^2}{2}+\frac{y^2}{4}=1$에 접하고 기울기가 4인 직선의 방정식은

$$y=4x\pm\sqrt{2\times4^2+4} \qquad \therefore y=4x\pm6$$

한편, 타원 $\frac{(x-1)^2}{2}+\frac{(y-2)^2}{4}=1$은 타원 $\frac{x^2}{2}+\frac{y^2}{4}=1$을 x축의 방향으로 1만큼, y축의 방향으로 2만큼 평행이동한 것입니다.

따라서 구하는 접선의 방정식은 직선 $y=4x\pm6$을 x축의 방향으로 1만큼, y축의 방향으로 2만큼 평행이동한 것이므로

$$y-2=4(x-1)\pm6$$
$$\therefore y=4x-8 \text{ 또는 } y=4x+4$$

(2) 직선 $2x-y=0$의 기울기가 2이므로 이 직선과 평행한 접선의 기울기는 2입니다.

쌍곡선 $\frac{x^2}{5}-\frac{y^2}{4}=1$에 접하고 기울기가 2인 직선의 방정식은

$$y=2x\pm\sqrt{5\times2^2-4}$$
$$\therefore y=2x\pm4$$

한편, 쌍곡선 $\dfrac{(x+1)^2}{5}-\dfrac{(y-1)^2}{4}=1$은 쌍

곡선 $\dfrac{x^2}{5}-\dfrac{y^2}{4}=1$을 x축의 방향으로 -1만

큼, y축의 방향으로 1만큼 평행이동한 것입니다.

따라서 구하는 접선의 방정식은 직선

$y=2x\pm4$를 x축의 방향으로 -1만큼, y축의

방향으로 1만큼 평행이동한 것이므로

$$y-1=2(x+1)\pm4$$

$$\therefore\ y=2x-1 \text{ 또는 } y=2x+7$$

정답 (1) $y=4x-8$ 또는 $y=4x+4$

(2) $y=2x-1$ 또는 $y=2x+7$

04-2

접근 방법 접선의 방정식과 포물선의 방정식을 이용하여 만든 이차방정식의 판별식을 D라고 할 때, $D=0$임을 이용합니다.

상세 풀이 직선 $x+3y=0$의 기울기가 $-\dfrac{1}{3}$이므로

이 직선과 수직인 접선의 기울기는 3입니다.

구하는 접선의 방정식을 $y=3x+n$이라 하고

포물선 $x^2+2x-4y-3=0$에 대입하면

$$x^2+2x-4(3x+n)-3=0$$

$$\therefore\ x^2-10x-4n-3=0$$

이 이차방정식의 판별식을 D라고 하면 $D=0$에서

$$\frac{D}{4}=(-5)^2+4n+3=0$$

$$4n=-28 \qquad \therefore\ n=-7$$

따라서 구하는 접선의 방정식은

$$y=3x-7$$

정답 $y=3x-7$

04-3

접근 방법 먼저 포물선 위의 점 P$(4, 4)$에서의 접선의 방정식을 구하고, 그림을 그려서 삼각형 AFP를

확인합니다.

상세 풀이 포물선 $y^2=4\times1\times x$에서 $p=1$

따라서 점 P$(4, 4)$에서의 접선의 방정식은

$$4y=2\times1(x+4),\ \text{즉}\ y=\frac{1}{2}x+2$$

위의 식에 $y=0$을 대입하면 $x=-4$이므로

A$(-4, 0)$입니다.

따라서 오른쪽 그림과 같이 점 P에서 x축에 내린 수선의 발을 H 라고 하면

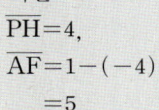

$\overline{\text{PH}}=4$,

$\overline{\text{AF}}=1-(-4)$

$\qquad =5$

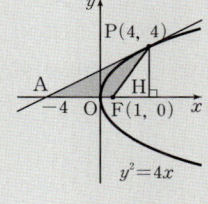

따라서 구하는 삼각형 AFP의 넓이는

$$\frac{1}{2}\times\overline{\text{AF}}\times\overline{\text{PH}}=\frac{1}{2}\times5\times4=10$$

보충 설명 (1) 원점과 두

점 (a, b), (c, d)

로 이루어진 삼각형

의 넓이를 S라고

하면

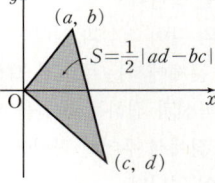

$$S=\frac{1}{2}|ad-bc|$$

가 됩니다.

(2) 오른쪽 그림과 같이

포물선 $y^2=4px$ 위의

한 점 (x_1, y_1)에서

그은 접선의 x절편은

$-x_1$이 됩니다.

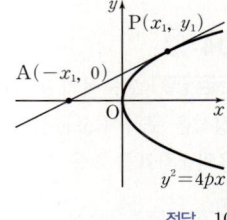

정답 10

04-4

접근 방법 주어진 직선이 포물선과 만나지 않는다면 이 직선과 같은 기울기를 가지면서 포물선에 접하는 직선을 구하고 이 직선과 주어진 직선 사이의 거리가 최솟값이 됩니다.

상세 풀이 $y^2=4\times3x$에서 $p=3$이므로 포물선 $y^2=12x$에 접하고 직선 $y=x+7$에 평행한 직선의 방정식은

$$y=1\times x+\frac{3}{1} \qquad \therefore\ y=x+3$$

직선 $y=x+3$의 y절편은 3이고 오른쪽 그림에서 구하는 거리의 최솟값은 점 $(0,\ 3)$과 직선 $x-y+7=0$ 사이의 거리이므로

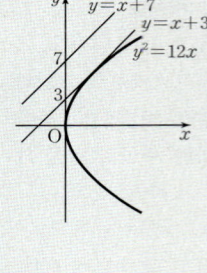

$$\frac{|0-3+7|}{\sqrt{1^2+(-1)^2}}=2\sqrt{2}$$

보충 설명 포물선 위의 한 점에서 포물선과 만나지 않는 직선에 이르는 거리의 최솟값은 주어진 직선과 같은 기울기를 가지면서 포물선에 접하는 접선을 생각하면 됩니다.
이와 같이 직선과 이차곡선 사이의 최소 거리를 구하는 문제에서는 주어진 직선과 기울기가 같으면서 이차곡선과 접하는 접선을 생각하여 이때의 접점 위의 한 점에서 주어진 직선에 이르는 거리가 구하는 최솟값이 됩니다.

정답 ③

04- 5

접근 방법 포물선의 초점과 점 A를 지나는 직선의 방정식을 구하여 포물선의 방정식과 연립하여 풀면 점 B의 x좌표를 찾을 수 있습니다.

상세 풀이 포물선 $y^2=8x$의 초점의 좌표가 $(2,0)$이므로 두 점 $(2,0)$, $(8,8)$을 지나는 직선의 기울기는

$$\frac{8-0}{8-2}=\frac{4}{3}$$

따라서 직선 AB의 방정식은

$$y=\frac{4}{3}(x-2)$$

이 직선과 포물선 $y^2=8x$가 만나는 점의 x좌표를 구하면

$$\frac{16}{9}(x-2)^2=8x,\ 2x^2-17x+8=0$$

$$(2x-1)(x-8)=0$$

$$\therefore\ x=\frac{1}{2}\ \text{또는}\ x=8$$

따라서 점 B의 좌표는 $\left(\frac{1}{2},\ -2\right)$이므로 점 B에서의 접선의 방정식은

$$-2y=2\times2\left(x+\frac{1}{2}\right)$$

$$\therefore\ y=-2x-1$$

정답 $y=-2x-1$

04- 6

접근 방법 타원 $\dfrac{x^2}{a^2}+\dfrac{y^2}{b^2}=1$ 위의 점 $(x_1,\ y_1)$에서의 접선의 방정식은 $\dfrac{x_1x}{a^2}+\dfrac{y_1y}{b^2}=1$임을 이용하여 접선의 방정식을 구하고 삼각형 OAB를 확인합니다.

상세 풀이 타원 $\dfrac{x^2}{8}+\dfrac{y^2}{2}=1$ 위의 점 $(2,\ 1)$에서의 접선의 방정식은

$$\frac{2x}{8}+\frac{y}{2}=1 \qquad \therefore\ y=-\frac{1}{2}x+2$$

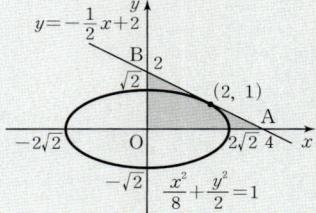

위의 그림과 같이 이 직선이 x축, y축과 만나는 점의 좌표는 각각 A$(4,\ 0)$, B$(0,\ 2)$이므로 구하는 삼각형 OAB의 넓이는

$$\frac{1}{2}\times4\times2=4$$

보충 설명 접점에서의 접선의 방정식을 구하는 공식을 떠올리기 힘들다면 기울기를 m이라 하고 점 $(2, 1)$을 지나는 직선 $y=m(x-2)+1$을 타원의 방정식 $\dfrac{x^2}{8}+\dfrac{y^2}{2}=1$에 대입하여 얻은 이차방정식의 판별식을 D라고 할 때, $D=0$임을 이용하여 m의 값을 구하면 접선의 방정식을 구할 수 있습니다.

정답 ④

이의 거리라고도 할 수 있으므로, 평행한 직선에 수직인 직선을 하나 잡고 이 직선과 평행한 두 직선과의 교점 2개를 구한 뒤 이 두 교점 사이의 거리를 구해도 됩니다. 하지만 수학〈상〉 **11 직선의 방정식**에서 배운 것처럼 어느 한 직선 위의 점(보통은 y절편에서의 계산이 편리합니다)과 다른 직선 사이의 거리를 구하는 것이 훨씬 편리합니다.

정답 34

04-**7**

접근 방법 주어진 직선과 같은 기울기를 가지면서 타원에 접하는 직선 2개를 구할 수 있고, 이 접선의 접점과 직선 사이의 거리가 각각 최댓값, 최솟값이 됩니다.

상세 풀이 타원 $\dfrac{x^2}{7}+\dfrac{y^2}{2}=1$에 접하고 직선

$y=x+5$에 평행한 직선의 방정식은

$$y=x\pm\sqrt{7+2}$$

$$\therefore y=x\pm3$$

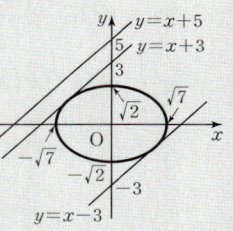

오른쪽 그림과 같이 두 직선 $y=x+5$, $y=x+3$ 사이의 거리가 구하는 거리의 최솟값이고,

두 직선 $y=x+5$, $y=x-3$ 사이의 거리가 구하는 거리의 최댓값입니다.

따라서 직선 $y=x+5$ 위의 점 $(0, 5)$와 직선 $x-y-3=0$ 사이의 거리, 즉 최댓값 m은

$$m=\dfrac{|-5-3|}{\sqrt{1^2+(-1)^2}}=4\sqrt{2}$$

또한 직선 $y=x+5$ 위의 점 $(0, 5)$와 직선 $x-y+3=0$ 사이의 거리, 즉 최솟값 n은

$$n=\dfrac{|-5+3|}{\sqrt{1^2+(-1)^2}}=\sqrt{2}$$

$$\therefore m^2+n^2=(4\sqrt{2})^2+(\sqrt{2})^2=34$$

보충 설명 평행한 두 직선 사이의 거리는 평행한 두 직선에 수직인 직선을 그었을 때 생기는 두 교점 사

04-**8**

접근 방법 쌍곡선을 그림으로 나타내어, 점 $(0, 3)$을 지나고 기울기가 m인 직선이 쌍곡선의 어느 부분을 지나는지 확인합니다.

상세 풀이 쌍곡선 $3x^2-y^2+6y=0$에서

$$\dfrac{x^2}{3}-\dfrac{(y-3)^2}{9}=-1$$

다음 그림과 같이 쌍곡선의 중심의 좌표가 $(0, 3)$이므로 점 $(0, 3)$을 지나고 기울기가 m인 직선은 쌍곡선의 중심을 지납니다.

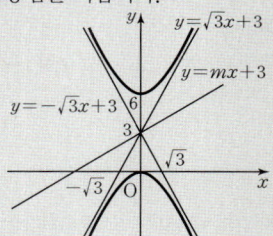

이 쌍곡선의 점근선의 방정식은

$\dfrac{x^2}{3}-\dfrac{(y-3)^2}{9}=-1$에서

$$y=\pm\sqrt{3}x+3$$

따라서 점 $(0, 3)$을 지나고 기울기가 m인 직선이 쌍곡선과 만나지 않기 위해서는 기울기 m이 점근선의 기울기인 $\sqrt{3}$보다는 작거나 같고 $-\sqrt{3}$보다는 크거나 같아야 하므로

$$-\sqrt{3}\leq m\leq\sqrt{3}$$

다른 풀이 점 $(0, 3)$을 지나고 기울기가 m인 직선의 방정식은

$$y=mx+3 \qquad\qquad \cdots\cdots ㉠$$

㉠을 쌍곡선 $3x^2-y^2+6y=0$에 대입하면

$$3x^2-(mx+3)^2+6(mx+3)=0$$
$$3x^2-m^2x^2-6mx-9+6mx+18=0$$
$$(3-m^2)x^2+9=0 \qquad \cdots\cdots ㉡$$

(i) $3-m^2\neq0$일 때, ㉡의 판별식을 D라고 하면 쌍곡선과 직선이 만나지 않기 위해서는 $D<0$이어야 하므로

$$D=0^2-4\times(3-m^2)\times9<0$$
$$m^2-3<0, (m+\sqrt{3})(m-\sqrt{3})<0$$
$$\therefore -\sqrt{3}<m<\sqrt{3}$$

(ii) $3-m^2=0$일 때, x의 값에 관계없이 ㉡은 모순이므로 ㉡을 만족시키는 x의 값은 없습니다.

$$\therefore m=-\sqrt{3} \text{ 또는 } m=\sqrt{3}$$

(i), (ii)에 의하여

$$-\sqrt{3}\leq m\leq\sqrt{3}$$

보충 설명 위의 문제는 주어진 직선이 쌍곡선의 중심을 지나는 직선이기 때문에 점근선을 이용하여 문제를 간단히 해결했습니다. 일반적인 풀이는 직선의 방정식과 쌍곡선의 방정식을 연립하여 다른 풀이 처럼 푸는 것입니다.

정답 $-\sqrt{3}\leq m\leq\sqrt{3}$

04-9

접근 방법 a와 b로 표현한 접선이 점 $(-1, -1)$을 지나고 점 (a, b)는 쌍곡선 위에 있다는 것을 이용하여 a, b의 값을 구할 수 있습니다.

상세 풀이 쌍곡선 $x^2-2y^2=1$ 위의 점 (a, b)에서의 접선의 방정식은

$$ax-2by=1$$

이 접선이 점 $(-1, -1)$을 지나므로

$$-a+2b=1$$
$$\therefore a=2b-1 \qquad \cdots\cdots ㉠$$

또한 점 (a, b)는 쌍곡선 $x^2-2y^2=1$ 위의 점이므로

$$a^2-2b^2=1 \qquad \cdots\cdots ㉡$$

㉠을 ㉡에 대입하면

$$(2b-1)^2-2b^2=1$$
$$2b^2-4b=0, 2b(b-2)=0$$
$$\therefore b=0 \text{ 또는 } b=2$$

$b=0$일 때, $a=-1$

$b=2$일 때, $a=3$

그런데 $a>0$이므로 $a=3$, $b=2$

$$\therefore ab=6$$

보충 설명 위의 문제를 예제 07과 같이 생각하면 결국 쌍곡선 $x^2-2y^2=1$ 밖의 점 $(-1, -1)$에서 그은 접선과 쌍곡선의 접점의 좌표 (a, b)를 구하라는 문제와 같은 형태라고 생각할 수 있습니다.

정답 6

04-10

접근 방법 타원 $\dfrac{x^2}{a^2}+\dfrac{y^2}{b^2}=1$ 위의 점 $P(x_1, y_1)$에서의 접선의 방정식은 $\dfrac{x_1 x}{a^2}+\dfrac{y_1 y}{b^2}=1$이고, 쌍곡선 $\dfrac{x^2}{a^2}-\dfrac{y^2}{b^2}=1$ 위의 점 $P(x_1, y_1)$에서의 접선의 방정식은 $\dfrac{x_1 x}{a^2}-\dfrac{y_1 y}{b^2}=1$입니다.

상세 풀이 쌍곡선 $\dfrac{x^2}{4}-y^2=1$ 위의 점 $P\left(\sqrt{5}, \dfrac{1}{2}\right)$에서의 접선의 방정식은 $\dfrac{\sqrt{5}}{4}x-\dfrac{1}{2}y=1$이고, 접선의 기울기를 m_1이라고 하면 $m_1=\dfrac{\sqrt{5}}{2}$입니다.

타원 $\dfrac{x^2}{a^2}+\dfrac{y^2}{b^2}=1$ 위의 점 $P\left(\sqrt{5}, \dfrac{1}{2}\right)$에서의 접선의 방정식은 $\dfrac{\sqrt{5}}{a^2}x+\dfrac{1}{2b^2}y=1$이고, 접선의 기울기를 m_2라고 하면 $m_2=-\dfrac{2\sqrt{5}b^2}{a^2}$입니다.

이때, 두 접선이 서로 수직이므로

$$m_1 m_2=-1$$에서

$$\dfrac{\sqrt{5}}{2}\times\left(-\dfrac{2\sqrt{5}b^2}{a^2}\right)=-1$$

$$\frac{a^2}{b^2}=5 \qquad \therefore \ a^2=5b^2 \qquad \cdots\cdots \text{ⓐ}$$

또한 점 $\mathrm{P}\left(\sqrt{5},\ \dfrac{1}{2}\right)$은 타원 위의 점이므로

$$\frac{5}{a^2}+\frac{1}{4b^2}=1 \qquad \cdots\cdots \text{ⓑ}$$

ⓐ, ⓑ을 연립하여 풀면

$$a^2=\frac{25}{4},\ b^2=\frac{5}{4}$$

$$\therefore \ a^2+b^2=\frac{15}{2}$$

정답 $\dfrac{15}{2}$

p.130~131

실력 다지기

04-11 ③ **12** ⑤ **13** ④ **14** ⑤ **15** 5

16 $x^2+y^2=a^2-b^2$ **17** 6   **18** 48

19 45   **20** 14

04-11

접근 방법 포물선을 직선 $y=x$에 대하여 대칭이동하였으므로 주어진 포물선의 방정식에 x 대신 y, y 대신 x를 대입합니다. 대칭이동과 평행이동한 포물선이 직선과 접하므로 포물선과 직선의 방정식을 연립한 이차방정식의 판별식을 D라고 하면 $D=0$이 성립합니다.

상세 풀이 포물선 $x^2=4y$를 직선 $y=x$에 대하여 대칭이동한 도형의 방정식은 $y^2=4x$이고, 이를 y축의 방향으로 a만큼 평행이동한 포물선의 방정식은 $(y-a)^2=4x$가 됩니다.

이 포물선이 직선 $y=x+3$과 접하므로 $x=y-3$을 $(y-a)^2=4x$에 대입하면

$$(y-a)^2=4(y-3)$$

$$\therefore \ y^2-2(a+2)y+a^2+12=0$$

이 이차방정식의 판별식을 D라고 하면 $D=0$이어야 하므로

$$\frac{D}{4}=(a+2)^2-(a^2+12)=0$$

$$4a-8=0 \qquad \therefore \ a=2$$

보충 설명 $f(x,\ y)=x^2-4y=0$이라고 하면 직선 $y=x$에 대하여 대칭이동한 다음 y축의 방향으로 a만큼 평행이동한 포물선은

$$f(y-a,\ x)=(y-a)^2-4x=0$$

으로 생각할 수 있습니다.

정답 ③

04-12

접근 방법 직선과 포물선의 방정식을 연립하여 얻은 이차방정식의 근과 계수의 관계를 이용하여 선분 PQ의 길이를 k에 대한 식으로 표현합니다.

상세 풀이 직선 $y=x+k$와 포물선 $y^2=4x$가 만나는 두 점의 좌표를 각각 $P(x_1, y_1)$, $Q(x_2, y_2)$라고 하면, $y=x+k$를 $y^2=4x$에 대입하여 얻은 x에 대한 이차방정식 $x^2+2(k-2)x+k^2=0$의 두 근이 x_1, x_2입니다.

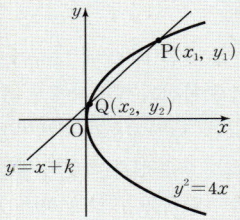

이차방정식의 근과 계수의 관계에 의하여
$$x_1+x_2=-2(k-2), \ x_1x_2=k^2 \quad \cdots\cdots \ \bigcirc$$
한편, $\overline{PQ}=4$이므로
$$\sqrt{(x_1-x_2)^2+(y_1-y_2)^2}=4 \quad \cdots\cdots \ \bigcirc$$
그런데 $y_1=x_1+k, \ y_2=x_2+k$이므로
$$y_1-y_2=x_1-x_2$$
이를 $\bigcirc$에 대입하면
$$\sqrt{2(x_1-x_2)^2}=4, \ (x_1-x_2)^2=8$$
$$(x_1+x_2)^2-4x_1x_2=8$$
$$(-2k+4)^2-4k^2=8 \ (\because \ \bigcirc)$$
$$-16k+16=8$$
$$\therefore \ k=\frac{1}{2}$$

정답 ⑤

04-13

접근 방법 접선의 기울기를 m이라 하고 접선의 방정식을 구한 후, 이 접선이 점 $(k, 0)$을 지남을 이용하면 m을 k로 표현할 수 있습니다.

상세 풀이 $4x^2+y^2=4$에서 $x^2+\dfrac{y^2}{4}=1$이므로
$$a^2=1, \ b^2=4$$
따라서 접선의 기울기를 m이라고 하면 접선의 방정식은

$$y=mx\pm\sqrt{m^2+4}$$
이 접선이 점 $(k, 0)$을 지나므로
$$0=mk\pm\sqrt{m^2+4}, \ -mk=\pm\sqrt{m^2+4}$$
양변을 제곱하면
$$m^2k^2=m^2+4, \ (k^2-1)m^2=4$$
$$\therefore \ m=\pm\frac{2}{\sqrt{k^2-1}}$$
이때, 두 접선이 수직이므로 기울기의 곱이 -1이어야 합니다.

즉, $\dfrac{2}{\sqrt{k^2-1}}\times\dfrac{-2}{\sqrt{k^2-1}}=-1$이므로
$$\frac{-4}{k^2-1}=-1, \ k^2-1=4$$
$$\therefore \ k^2=5$$

다른 풀이 기울기가 m이고 점 $(k, 0)$을 지나는 직선 $y=m(x-k)$를 $4x^2+y^2=4$에 대입하면
$$4x^2+m^2(x-k)^2=4$$
$$(m^2+4)x^2-2m^2kx+m^2k^2-4=0$$
이 이차방정식의 판별식을 D라고 하면 $D=0$에서
$$\frac{D}{4}=(m^2k)^2-(m^2+4)(m^2k^2-4)=0$$
$$\therefore \ (1-k^2)m^2+4=0$$
이때, 두 접선의 기울기의 곱이 -1이므로 이차방정식의 근과 계수의 관계에 의하여
$$\frac{4}{1-k^2}=-1 \quad \therefore \ k^2=5$$

정답 ④

04-14

접근 방법 점 P를 지나고 이 점에서의 접선과 수직인 직선이 점 A를 지나야 합니다.

상세 풀이 직선 AP는 쌍곡선 위의 점 P에서의 접선에 수직이고, 접점 P를 지납니다.
$x>0$에서 쌍곡선 위의 점 $P(x_1, \ y_1)$에서의 접선의 방정식은
$$\frac{x_1x}{4}-y_1y=1$$

즉, 점 P에서의 접선의 기울기가 $\dfrac{x_1}{4y_1}$이므로

직선 AP의 기울기는 $-\dfrac{4y_1}{x_1}$이고, 이 직선의 방정식은

$$y-y_1=-\dfrac{4y_1}{x_1}(x-x_1)$$

이 직선이 점 A$(3,\ 0)$을 지나므로

$$0-y_1=-\dfrac{4y_1}{x_1}(3-x_1)$$

$$x_1y_1=12y_1-4x_1y_1$$

$$y_1(5x_1-12)=0$$

$$\therefore\ y_1=0\ \text{또는}\ x_1=\dfrac{12}{5}$$

따라서 점 P는 x축 위의 점이 아니므로 구하는 점 P의 x좌표는 $\dfrac{12}{5}$입니다.

보충 설명 점 P가 x축 위의 점이 아니라는 가정이 없었다면 직선 AP는 x축이 될 수도 있습니다.

정답 ⑤

04-15

접근 방법 두 접선의 접점의 좌표를 각각 Q$(x_1,\ y_1)$, R$(x_2,\ y_2)$라 하고 이 접점을 지나는 직선의 방정식을 구한 후, 두 접선의 방정식이 점 P$(-2,\ 3)$을 지난다는 것을 이용하면 두 접점 Q, R를 지나는 직선l의 방정식을 구할 수 있습니다.

상세 풀이 접점의 좌표를 Q$(x_1,\ y_1)$, R$(x_2,\ y_2)$라고 하면 포물선 $y^2=8x$ 위의 두 점 Q, R에서의 접선의 방정식은 각각

$$y_1y=4(x+x_1),\ y_2y=4(x+x_2)$$

이 두 접선이 모두 점 P$(-2,3)$을 지나므로

$$3y_1=4(-2+x_1),\ 3y_2=4(-2+x_2)$$

이는 직선의 방정식 $3y=4(-2+x)$에

$$\begin{cases}x=x_1\\y=y_1\end{cases},\ \begin{cases}x=x_2\\y=y_2\end{cases}$$

를 대입한 것과 같으므로 두 점 Q$(x_1,\ y_1)$, R$(x_2,\ y_2)$를 지나는 직선 l의 방정식은

$$l:4x-3y-8=0$$

따라서 점 P$(-2,3)$과 직선 $l:4x-3y-8=0$ 사이의 거리는

$$\dfrac{|4\times(-2)-3\times3-8|}{\sqrt{4^2+(-3)^2}}=5$$

보충 설명 좌표평면 위의 두 점의 좌표가 결정되면 직선의 방정식을 구할 수 있습니다.

위의 문제에서는 두 점 Q(x_1,y_1), R(x_2,y_2)에서

$$3y_1=4(-2+x_1),\ 3y_2=4(-2+x_2)$$

로 같은 형태의 식이 나타났기 때문에 두 점 Q, R를 지나는 직선의 방정식이 $4x-3y-8=0$이 되는 것입니다.

정답 5

04-16

접근 방법 점 P에서 쌍곡선에 그은 한 접선의 기울기를 m이라고 하면 다른 한 접선의 기울기는 $-\dfrac{1}{m}$입니다. 기울기를 알면 공식을 이용하여 접선의 방정식을 구하고 적절히 연립하여 점 P가 나타내는 도형의 방정식을 구할 수 있습니다.

상세 풀이 점 P에서 쌍곡선 $\dfrac{x^2}{a^2}-\dfrac{y^2}{b^2}=1$에 그은 두 접선 중 하나의 기울기를 m이라고 하면 접선의 방정식은

$$y=mx\pm\sqrt{a^2m^2-b^2}$$

$$\therefore\ (y-mx)^2=a^2m^2-b^2 \qquad \cdots\cdots ㉠$$

다른 한 접선이 ㉠과 수직이므로 기울기가 $-\dfrac{1}{m}$인 접선의 방정식은

$$y=-\dfrac{1}{m}x\pm\sqrt{a^2\times\dfrac{1}{m^2}-b^2}$$

$$\therefore\ (my+x)^2=a^2-b^2m^2 \qquad \cdots\cdots ㉡$$

㉠, ㉡을 변끼리 더하면

$$x^2(m^2+1)+y^2(m^2+1)$$
$$=a^2(m^2+1)-b^2(m^2+1)$$

$$\therefore \ (x^2+y^2)(m^2+1)=(a^2-b^2)(m^2+1)$$

따라서 구하는 도형의 방정식은

$$x^2+y^2=a^2-b^2 \ (단, \ a>b>0)$$

정답 $x^2+y^2=a^2-b^2$

04- 17

접근 방법 타원 $\dfrac{x^2}{16}+\dfrac{y^2}{4}=1$ 위의 점 $P(x_1, \ y_1)$에서

의 접선의 방정식은 $\dfrac{x_1 x}{16}+\dfrac{y_1 y}{4}=1$이지만 미지수

를 하나로 줄이기 위하여 접선의 기울기를 m이라

하고, 접선의 방정식을 구합니다. 접선이 x축, y축과

만나는 점을 각각 구하여 산술평균과 기하평균 사이

의 관계를 적용하여 최솟값을 구할 수 있습니다.

상세 풀이 접선의 기울기를 m이라고 하면 접선의

방정식은

$$y=mx\pm\sqrt{16m^2+4}$$

$$\therefore \ A\!\left(\dfrac{\mp\sqrt{16m^2+4}}{m}, \ 0\right), B(0, \ \pm\sqrt{16m^2+4})$$

(복부호동순)

이때, 선분 AB의 길이의 제곱의 값은

$$\overline{AB}^2=\dfrac{16m^2+4}{m^2}+16m^2+4$$

$$=16m^2+\dfrac{4}{m^2}+20$$

$$\geq 2\sqrt{16m^2\times\dfrac{4}{m^2}}+20$$

$$=16+20=36$$

$$\left(단, \ 등호는 \ 16m^2=\dfrac{4}{m^2}일 \ 때 \ 성립\right)$$

따라서 선분 AB의 길이의 최솟값은 6입니다.

보충 설명 타원 $\dfrac{x^2}{-6}+\dfrac{y^2}{4}=1$ 위의 점 $P(x_1, \ y_1)$에서

서의 접선의 방정식 $\dfrac{x_1 x}{16}+\dfrac{y_1 y}{4}=1$에서도 산술평

균과 기하평균 사이의 관계를 이용하여 선분 AB의

길이의 최솟값을 구할 수 있지만 위의 풀이와 같이

기울기를 m이라 하고 하나의 미지수를 이용하여 식

을 전개하는 것이 더 간단합니다.

정답 6

04- 18

접근 방법 주어진 그림을 통하여 타원 안의 네 꼭짓점

을 이어 만든 마름모의 변이 외접하는 마름모의 변과

서로 평행함을 이용하여 외접하는 마름모의 한 변으

직선의 방정식을 구하여 봅니다.

상세 풀이 다음 그림과 같이 내접하는 마름모를

PQRS, 외접하는 마름모를 ABCD라고 합시다.

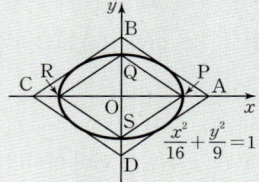

타원 $\dfrac{x^2}{16}+\dfrac{y^2}{9}=1$의 네 꼭짓점은

$$P(4, 0), Q(0, 3), R(-4, 0), S(0, -3)$$

이므로 직선 PQ의 기울기는 $-\dfrac{3}{4}$입니다.

마름모 ABCD와 마름모 PQRS는 닮음이므로

$$\overline{AB} /\!/ \overline{PQ}$$

따라서 직선 AB의 기울기도 $-\dfrac{3}{4}$입니다.

타원 $\dfrac{x^2}{16}+\dfrac{y^2}{9}=1$에 접하고, 기울기가 $-\dfrac{3}{4}$인 직

선의 방정식은

$$y=-\dfrac{3}{4}x\pm\sqrt{16\times\dfrac{9}{16}+9}$$

$$\therefore \ y=-\dfrac{3}{4}x\pm3\sqrt{2}$$

따라서 직선 AB의 방정식은

$$y=-\dfrac{3}{4}x+3\sqrt{2}$$

이 직선이 x축, y축과 만나는 점을 각각 구하면

$$A(4\sqrt{2}, 0), B(0, 3\sqrt{2})$$

따라서 삼각형 OAB의 넓이는

$$\dfrac{1}{2}\times4\sqrt{2}\times3\sqrt{2}=12$$

∴ (마름모 ABCD의 넓이)

$$=4 \times \triangle OAB$$

$$=4 \times 12$$

$$=48$$

보충 설명 마름모 ABCD
의 넓이는 오른쪽 그림과
같이 서로 직교하는 대각
선의 길이 a, b를 이용하
여

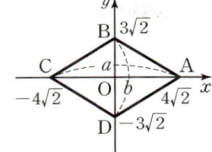

$$\frac{1}{2}ab = \frac{1}{2} \times 8\sqrt{2} \times 6\sqrt{2}$$

$$=48$$

로 계산할 수도 있습니다.

정답 48

04-**19**

접근 방법 포물선 위의 접점 P의 좌표를 (x_1, y_1)이
라 하고 접선의 방정식, 직선 PS의 방정식, 직선
QR의 방정식을 구한 후 $\overline{RS}=10$임을 이용하여 각
각의 좌표를 구할 수 있습니다.

상세 풀이 오른쪽 그
림과 같이 점 P의
좌표를 (x_1, y_1)이
라 하고, 점 P에서
의 접선이 x축과
만나는 점을 T라고

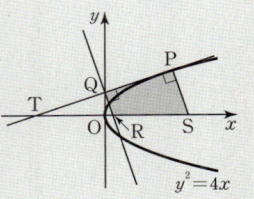

하면 포물선 $y^2=4x$ 위의 점 $P(x_1, y_1)$에서의 접
선 PT의 방정식은

$$y_1 y = 2(x+x_1) \qquad \therefore y=\frac{2}{y_1}x+\frac{2x_1}{y_1}$$

이때, 이 직선 PT와 수직인 직선 QR, 직선 PS
의 방정식은 각각

$$y=-\frac{y_1}{2}x+\frac{2x_1}{y_1}$$

$$y=-\frac{y_1}{2}(x-x_1)+y_1$$

입니다.

세 직선의 x축과의 교점은 각각

$$T(-x_1, 0), R(1, 0), S(2+x_1, 0)$$

이때, $\overline{RS}=10$이므로

$2+x_1-1=x_1+1=10$에서

$$x_1=9, y_1=6$$

따라서 삼각형 TSP에서 두 점 Q, R는 각 변의
중점이므로 구하는 사각형 PQRS의 넓이는

$$\frac{3}{4} \times \triangle TSP = \frac{3}{4} \times \frac{1}{2} \times \overline{TS} \times y_1$$

$$=\frac{3}{4} \times 60 = 45$$

보충 설명 삼각형 TSP와 삼각형 TRQ는 닮음비가
2 : 1입니다. 따라서 삼각형 TSP와 삼각형 TRQ의
넓이의 비는 4 : 1이므로 사각형 PQRS의 넓이는 삼
각형 TSP의 넓이의 $\frac{3}{4}$입니다.

정답 45

04-**20**

접근 방법 쌍곡선과 직선의 위치 관계에서는 점근선
의 기울기에 항상 주의해야 합니다.

따라서 직선 $y=\frac{k}{4}x+\sqrt{3}$과 쌍곡선 $x^2-y^2=1$의

교점의 개수는 직선의 기울기 $\frac{k}{4}$와 점근선의 기울기

1의 크기를 비교하면서 구합니다.

상세 풀이 직선 $y=\frac{k}{4}x+\sqrt{3}$은 k의 값에 관계없

이 점 $(0, \sqrt{3})$을 지나는 직선이고, 쌍곡선

$x^2-y^2=1$의 점근선의 기울기 중에서 양수는 1입

니다.

(i) $0<\frac{k}{4}<1$일 때

직선 $y=\frac{k}{4}x+\sqrt{3}$과 쌍곡선은 두 점에서 만

나므로

$$f(1)=f(2)=f(3)=2$$

(ii) $\frac{k}{4}=1$일 때

직선 $y=\dfrac{k}{4}x+\sqrt{3}$은 쌍곡선의 점근선인

$y=x$에 평행하므로 쌍곡선과 한 점에서 만납

니다.

$$\therefore f(4)=1$$

(iii) $\dfrac{k}{4}>1$일 때

직선 $y=\dfrac{k}{4}x+\sqrt{3}$을 $x^2-y^2=1$에 대입하면

$$x^2-\left(\dfrac{k}{4}x+\sqrt{3}\right)^2=1$$

$$\therefore \left(1-\dfrac{k^2}{16}\right)x^2-\dfrac{\sqrt{3}k}{2}x-4=0$$

이 이차방정식의 판별식을 D라고 하면

$$D=\left(-\dfrac{\sqrt{3}k}{2}\right)^2+4\times 4\left(1-\dfrac{k^2}{16}\right)$$

$$=16-\dfrac{k^2}{4}$$

이때, $D<0$일 때에는 $16-\dfrac{k^2}{4}<0$에서 $k>8$

이고

$D=0$일 때에는 $16-\dfrac{k^2}{4}=0$에서 $k=8$이고

$D>0$일 때에는 $16-\dfrac{k^2}{4}>0$에서 $k<8$이므로

$f(5)=f(6)=f(7)=2, f(8)=1,$

$f(9)=f(10)=0$입니다.

(i)~(iii)에서

$f(1)+f(2)+f(3)+\cdots+f(10)$

$=2+2+2+1+2+2+2+1+0+0$

$=14$

보충 설명 포물선 $x^2=4py$ $(p\neq 0)$ 위의 점에서 그은

접선의 기울기의 모임은 실수 전체의 집합이 됩니다.

마찬가지로 타원 $\dfrac{x^2}{a^2}+\dfrac{y^2}{b^2}=1$ $(x\neq \pm a)$ 위의 점에

서 그은 접선의 기울기의 모임도 실수 전체의 집합이

됩니다.

하지만 쌍곡선 $\dfrac{x^2}{a^2}-\dfrac{y^2}{b^2}=1$ $(x\neq \pm a)$ 위의 점에서

그은 접선 중에서 기울기가 m인 것은

$$y=mx\pm\sqrt{a^2m^2-b^2}$$

이므로

$$a^2m^2-b^2>0$$

즉, $|m|>\left|\dfrac{b}{a}\right|$이므로

쌍곡선 $\dfrac{x^2}{a^2}-\dfrac{y^2}{b^2}=1$ $(x\neq \pm a)$ 위의 점에서 그은 접선

의 기울기의 모임은 집합 $\left\{m\,\middle|\,|m|>\left|\dfrac{b}{a}\right|\right\}$가 됩니

다.

정답 14

예제 01 벡터의 연산   p.147

01-**1**

오른쪽 그림과 같이 정육각형의
두 대각선 AD, BE가 만나는 점
을 O라고 하면

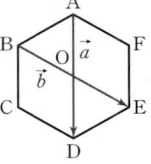

$\overrightarrow{AD}=2\overrightarrow{OD}$, $\overrightarrow{BE}=2\overrightarrow{OE}$이고,
$\overrightarrow{AD}=\vec{a}$, $\overrightarrow{BE}=\vec{b}$이므로

$$\overrightarrow{OA}=-\frac{1}{2}\vec{a}, \overrightarrow{OE}=\frac{1}{2}\vec{b}$$

(1) $\overrightarrow{AE}=\overrightarrow{OE}-\overrightarrow{OA}$

$$=\frac{1}{2}\vec{b}-\left(-\frac{1}{2}\vec{a}\right)$$

$$=\frac{1}{2}\vec{a}+\frac{1}{2}\vec{b}$$

(2) $\overrightarrow{CF}=2\overrightarrow{OF}$이고 $\overrightarrow{OF}=\overrightarrow{OA}+\overrightarrow{OE}$이므로

$$\overrightarrow{CF}=2\overrightarrow{OF}$$

$$=2(\overrightarrow{OA}+\overrightarrow{OE})$$

$$=2\left(-\frac{1}{2}\vec{a}+\frac{1}{2}\vec{b}\right)$$

$$=-\vec{a}+\vec{b}$$

정답 (1) $\frac{1}{2}\vec{a}+\frac{1}{2}\vec{b}$ (2) $-\vec{a}+\vec{b}$

01-**2**

$\overrightarrow{AB}+\overrightarrow{AE}=\overrightarrow{AD}$,
$\overrightarrow{AC}+\overrightarrow{AF}=\overrightarrow{AD}$
이므로

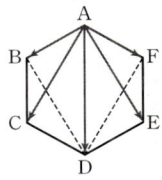

$$\overrightarrow{AB}+\overrightarrow{AC}+\overrightarrow{AD}$$
$$+\overrightarrow{AE}+\overrightarrow{AF}$$
$$=(\overrightarrow{AB}+\overrightarrow{AE})+(\overrightarrow{AC}+\overrightarrow{AF})+\overrightarrow{AD}$$
$$=3\overrightarrow{AD}$$

따라서 구하는 상수 k의 값은 3이다.

다른 풀이 $\overrightarrow{AB}+\overrightarrow{AF}=\frac{1}{2}\overrightarrow{AD}$이고,

$\overrightarrow{AC}+\overrightarrow{AE}$

$$=\left(\overrightarrow{AB}+\frac{1}{2}\overrightarrow{AD}\right)+\left(\overrightarrow{AF}+\frac{1}{2}\overrightarrow{AD}\right)$$

$$=(\overrightarrow{AB}+\overrightarrow{AF})+\overrightarrow{AD}$$

$$=\frac{1}{2}\overrightarrow{AD}+\overrightarrow{AD}=\frac{3}{2}\overrightarrow{AD}$$

$$\therefore \overrightarrow{AB}+\overrightarrow{AC}+\overrightarrow{AD}+\overrightarrow{AE}+\overrightarrow{AF}$$
$$=(\overrightarrow{AB}+\overrightarrow{AF})+(\overrightarrow{AC}+\overrightarrow{AE})+\overrightarrow{AD}$$
$$=\frac{1}{2}\overrightarrow{AD}+\frac{3}{2}\overrightarrow{AD}+\overrightarrow{AD}=3\overrightarrow{AD}$$

따라서 구하는 상수 k의 값은 3이다.

정답 ③

01-**3**

오른쪽 그림과 같이 삼각형
ABC에서 보조선 FD와
ED를 그리면 세 점 F, D, E
는 각각 세 선분 AB, BC,
CA의 중점이므로 사각형
AFDE는 평행사변형임을
알 수 있습니다.

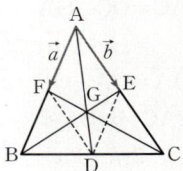

ㄱ. $\overrightarrow{DE}=\overrightarrow{FA}=-\overrightarrow{AF}$

$$=-\vec{a} \text{ (참)}$$

ㄴ. $\overrightarrow{FC}=\overrightarrow{AC}-\overrightarrow{AF}=2\overrightarrow{AE}-\overrightarrow{AF}$

$$=2\vec{b}-\vec{a} \text{ (참)}$$

ㄷ. $\overrightarrow{DG}=\frac{1}{3}\overrightarrow{DA}=\frac{1}{3}(-\overrightarrow{AD})=-\frac{1}{3}\overrightarrow{AD}$

$$=-\frac{1}{3}(\overrightarrow{AF}+\overrightarrow{AE})$$

$$=-\frac{1}{3}(\vec{a}+\vec{b}) \text{ (참)}$$

따라서 옳은 것은 ㄱ, ㄴ, ㄷ입니다.

정답 ㄱ, ㄴ, ㄷ

예제 02 벡터의 평행   p.149

02-**1**

서로 다른 세 점 A, B, C가 한 직선 위에 있으므로
두 벡터 $\overrightarrow{AB}$, $\overrightarrow{AC}$는 서로 평행합니다.
즉, $\overrightarrow{AC}=k\overrightarrow{AB}$ (k는 0이 아닌 실수)이므로

$$\overrightarrow{OC}-\overrightarrow{OA}=k(\overrightarrow{OB}-\overrightarrow{OA})$$
$$(5\vec{a}+t\vec{b})-(\vec{a}+\vec{b})=k\{(2\vec{a}+3\vec{b})-(\vec{a}+\vec{b})\}$$
$$4\vec{a}+(t-1)\vec{b}=k(\vec{a}+2\vec{b})$$
$$(4-k)\vec{a}+(t-1-2k)\vec{b}=\vec{0}$$

두 벡터 $\vec{a}$, $\vec{b}$는 영벡터가 아니고 서로 평행하지 않으므로

$$4-k=0,\ t-1-2k=0$$

따라서 $k=4$이므로

$$t=1+2k=1+2\times4=9$$

정답 9

02-2

$$\overrightarrow{AC}=\overrightarrow{OC}-\overrightarrow{OA}=(k\vec{a}-2\vec{b})-\vec{a}$$
$$=(k-1)\vec{a}-2\vec{b}$$
$$\overrightarrow{BA}=\overrightarrow{OA}-\overrightarrow{OB}=\vec{a}-\vec{b}$$
$$2\overrightarrow{AC}=m\overrightarrow{BA}\text{에서}$$
$$2(k-1)\vec{a}-4\vec{b}=m\vec{a}-m\vec{b}$$

두 벡터 $\vec{a}$, $\vec{b}$는 영벡터가 아니고 서로 평행하지 않으므로

$$2(k-1)=m,\ -4=-m$$

따라서 $m=4$, $k=3$이므로

$$m+k=4+3=7$$

정답 7

02-3

$(2-t)\vec{a}-3\vec{b}+3\vec{x}=\vec{0}$에서

$$\vec{x}=\frac{t-2}{3}\vec{a}+\vec{b} \qquad \cdots\cdots\ \text{㉠}$$

㉠을 $\vec{x}+5\vec{y}+3\vec{a}+\vec{b}=\vec{0}$에 대입하면

$$\frac{t-2}{3}\vec{a}+\vec{b}+5\vec{y}+3\vec{a}+\vec{b}=\vec{0}$$
$$\therefore \vec{y}=\frac{-t-7}{15}\vec{a}-\frac{2}{5}\vec{b}$$

두 벡터 $\vec{x}$, $\vec{y}$가 서로 평행하려면 $\vec{y}=m\vec{x}$를 만족시키는 0이 아닌 실수 m이 존재해야 하므로

$$\frac{-t-7}{15}\vec{a}-\frac{2}{5}\vec{b}=m\left(\frac{t-2}{3}\vec{a}+\vec{b}\right)$$
$$=\frac{m(t-2)}{3}\vec{a}+m\vec{b}$$

두 벡터 $\vec{a}$, $\vec{b}$는 영벡터가 아니고 서로 평행하지 않으므로

$$\frac{-t-7}{15}=\frac{m(t-2)}{3},\ -\frac{2}{5}=m$$
$$\therefore t=11$$

정답 11

예제 03 벡터의 평행과 도형   p.151

03-1

세 점 A, P, N이 한 직선 위에 있고 $\overrightarrow{ON}=\frac{1}{2}\overrightarrow{OB}$이므로 실수 m에 대하여

$$\overrightarrow{OP}=(1-m)\overrightarrow{OA}+m\overrightarrow{ON}$$
$$=(1-m)\overrightarrow{OA}+\frac{m}{2}\overrightarrow{OB} \qquad \cdots\cdots\ \text{㉠}$$

또한 세 점 B, P, M도 한 직선 위에 있고 $\overrightarrow{OM}=\frac{1}{3}\overrightarrow{OA}$이므로 실수 n에 대하여

$$\overrightarrow{OP}=(1-n)\overrightarrow{OB}+n\overrightarrow{OM}$$
$$=\frac{n}{3}\overrightarrow{OA}+(1-n)\overrightarrow{OB} \qquad \cdots\cdots\ \text{㉡}$$

㉠, ㉡에서

$$(1-m)\overrightarrow{OA}+\frac{m}{2}\overrightarrow{OB}=\frac{n}{3}\overrightarrow{OA}+(1-n)\overrightarrow{OB}$$

두 벡터 $\overrightarrow{OA}$, $\overrightarrow{OB}$는 서로 평행하지 않으므로

$$1-m=\frac{n}{3},\ \frac{m}{2}=1-n$$

위의 두 식을 연립하여 풀면 $m=\frac{4}{5}$, $n=\frac{3}{5}$이므로

$$\overrightarrow{OP}=\frac{1}{5}\overrightarrow{OA}+\frac{2}{5}\overrightarrow{OB}$$

정답 $\overrightarrow{OP}=\frac{1}{5}\overrightarrow{OA}+\frac{2}{5}\overrightarrow{OB}$

03-2

$\overrightarrow{AB}=\vec{a}$, $\overrightarrow{AD}=\vec{b}$라고 하면

$$\overrightarrow{AM}=\frac{1}{2}\vec{a},\ \overrightarrow{AC}=\vec{a}+\vec{b}$$

이때, $\overline{AN}:\overline{AC}=1:(1+x)$이고, 두 벡터 $\overrightarrow{AN}$, $\overrightarrow{AC}$는 평행하므로

$$\overrightarrow{AN}=\frac{1}{x+1}\overrightarrow{AC}=\frac{1}{x+1}(\vec{a}+\vec{b})$$

세 점 M, N, D가 한 직선 위에 있기 위해서는 $\overrightarrow{MN}=t\overrightarrow{MD}$를 만족시키는 0이 아닌 실수 t가 존재해야 합니다. 즉,

$$\overrightarrow{AN}-\overrightarrow{AM}=t(\overrightarrow{AD}-\overrightarrow{AM})$$
$$\frac{1}{x+1}(\vec{a}+\vec{b})-\frac{1}{2}\vec{a}=t\left(\vec{b}-\frac{1}{2}\vec{a}\right)$$

$$\therefore \frac{1-x}{2(x+1)}\vec{a}+\frac{1}{x+1}\vec{b}=-\frac{t}{2}\vec{a}+t\vec{b}$$

두 벡터 $\vec{a}, \vec{b}$ 가 서로 평행하지 않으므로

$$\frac{1-x}{2(x+1)}=-\frac{t}{2},\ \frac{1}{x+1}=t$$

위의 두 식을 연립하여 풀면

$$x=2,\ t=\frac{1}{3}$$

정답 2

03-**3**

세 점 D, G, F 가 한 직선 위에 있으므로 $\overrightarrow{DG}=k\overrightarrow{DF}$ 를 만족시키는 0이 아닌 실수 k가 존재합니다.

즉, $\overrightarrow{BG}-\overrightarrow{BD}=k(\overrightarrow{BF}-\overrightarrow{BD})$이므로

$$\begin{aligned}\overrightarrow{BG}&=(1-k)\overrightarrow{BD}+k\overrightarrow{BF}\\&=(1-k)(\overrightarrow{BC}+\overrightarrow{CD})+k\times\frac{1}{2}\overrightarrow{BC}\\&=(1-k)(\vec{a}+\vec{b})+\frac{k}{2}\vec{a}\\&=\left(1-\frac{k}{2}\right)\vec{a}+(1-k)\vec{b}\qquad\cdots\cdots\ \bigcirc\end{aligned}$$

또한 세 점 C, G, E도 한 직선 위에 있으므로 $\overrightarrow{CG}=t\overrightarrow{CE}$를 만족시키는 0이 아닌 실수 t가 존재합니다.

즉, $\overrightarrow{BG}-\overrightarrow{BC}=t(\overrightarrow{BE}-\overrightarrow{BC})$이므로

$$\begin{aligned}\overrightarrow{BG}&=(1-t)\overrightarrow{BC}+t\overrightarrow{BE}\\&=(1-t)\overrightarrow{BC}+t\times\frac{1}{2}\overrightarrow{BA}\\&=(1-t)\vec{a}+\frac{t}{2}\vec{b}\qquad\cdots\cdots\ \bigcirc\!\!\!\bigcirc\end{aligned}$$

$\bigcirc$, $\bigcirc\!\!\!\bigcirc$에서 $\left(1-\frac{k}{2}\right)\vec{a}+(1-k)\vec{b}=(1-t)\vec{a}+\frac{t}{2}\vec{b}$

두 벡터 $\vec{a}, \vec{b}$는 서로 평행하지 않으므로

$$1-\frac{k}{2}=1-t,\ 1-k=\frac{t}{2}$$

위의 두 식을 연립하여 풀면 $k=\frac{4}{5},\ t=\frac{2}{5}$이므로

$$\overrightarrow{BG}=\frac{3}{5}\vec{a}+\frac{1}{5}\vec{b}$$

따라서 $m=\frac{3}{5},\ n=\frac{1}{5}$이므로

$$25(m+n)=25\left(\frac{3}{5}+\frac{1}{5}\right)=20$$

정답 20

예제 **04** 내분점과 외분점의 위치벡터　　p.159

04-**1**

선분 AB를 2 : 3으로 내분하는 점이 P 이므로

$$\overrightarrow{OP}=\frac{2\overrightarrow{OB}+3\overrightarrow{OA}}{2+3}=\frac{3}{5}\overrightarrow{OA}+\frac{2}{5}\overrightarrow{OB}$$

선분 AB를 2 : 3으로 외분하는 점이 Q 이므로

$$\overrightarrow{OQ}=\frac{2\overrightarrow{OB}-3\overrightarrow{OA}}{2-3}=3\overrightarrow{OA}-2\overrightarrow{OB}$$

따라서

$$\begin{aligned}&\overrightarrow{OP}+\overrightarrow{OQ}\\&=\left(\frac{3}{5}\overrightarrow{OA}+\frac{2}{5}\overrightarrow{OB}\right)+(3\overrightarrow{OA}-2\overrightarrow{OB})\\&=\frac{18}{5}\overrightarrow{OA}-\frac{8}{5}\overrightarrow{OB}\end{aligned}$$

이므로

$$m=\frac{18}{5},\ n=-\frac{8}{5}$$

$$\therefore m+n=\frac{18}{5}+\left(-\frac{8}{5}\right)=2$$

정답 2

04-**2**

$\overrightarrow{PB}+\overrightarrow{PC}=\vec{0}$에서 $\overrightarrow{PB}=-\overrightarrow{PC}$

따라서 점 P는 선분 BC의 중점입니다.

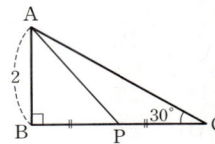

직각삼각형 ABC에서

$$\overline{BC}=\frac{2}{\tan 30\degree}=2\sqrt{3}\qquad\therefore\overline{PB}=\sqrt{3}$$

직각삼각형 ABP에서 피타고라스 정리에 의하여

$$\overline{PA}=\sqrt{2^2+(\sqrt{3})^2}=\sqrt{7}$$

$$\therefore|\overrightarrow{PA}|^2=\overline{PA}^2=7$$

정답 7

04-**3**

점 A_n은 선분 AB를 $n : (10-n)$으로 내분하는 점이므로

$$\overrightarrow{OA_n} = \frac{n}{10}\overrightarrow{OB} + \frac{10-n}{10}\overrightarrow{OA}$$

$$\text{(단, } n=1, 2, 3, \cdots, 9)$$

$$\therefore \overrightarrow{OA_1} + \overrightarrow{OA_2} + \overrightarrow{OA_3} + \cdots + \overrightarrow{OA_9}$$

$$= \left(\frac{1}{10}\overrightarrow{OB} + \frac{9}{10}\overrightarrow{OA}\right) + \left(\frac{2}{10}\overrightarrow{OB} + \frac{8}{10}\overrightarrow{OA}\right)$$

$$+ \cdots + \left(\frac{9}{10}\overrightarrow{OB} + \frac{1}{10}\overrightarrow{OA}\right)$$

$$= \frac{1+2+\cdots+9}{10}(\overrightarrow{OA} + \overrightarrow{OB})$$

$$= \frac{45}{10}(\overrightarrow{OA} + \overrightarrow{OB})$$

$$= \frac{9}{2}(\overrightarrow{OA} + \overrightarrow{OB})$$

$$\therefore k = \frac{9}{2}$$

정답 $\dfrac{9}{2}$

예제 05 삼각형에서의 내분점 p.161

05-1

$2\overrightarrow{PA} + 2\overrightarrow{PB} + 3\overrightarrow{PC} = \vec{0}$에서 $2\overrightarrow{PA} + 2\overrightarrow{PB} = 3\overrightarrow{CP}$
양변을 4로 나누면

$$\frac{\overrightarrow{PA} + \overrightarrow{PB}}{2} = \frac{3}{4}\overrightarrow{CP}$$

선분 AB를 1 : 1로 내분하
는 점, 즉 선분 AB의 중점
을 D라고 하면

$$\frac{\overrightarrow{PA} + \overrightarrow{PB}}{2} = \overrightarrow{PD}$$

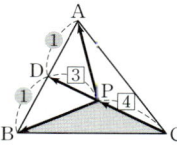

즉, $\overrightarrow{PD} = \frac{3}{4}\overrightarrow{CP}$이므로 점 P는 선분 CD를 4 : 3으
로 내분하는 점입니다.

$$\therefore \triangle BCP = \frac{4}{7}\triangle BCD \quad \leftarrow \overline{CP} : \overline{PD} = 4 : 3$$

$$= \frac{4}{7} \times \frac{1}{2}\triangle ABC \quad \leftarrow \overline{AD} : \overline{DB} = 1 : 1$$

$$= \frac{2}{7}\triangle ABC$$

$$= \frac{2}{7} \times 35 = 10$$

보충 설명 오른쪽 그림과 같
이 삼각형 ABC의 내부의
점 P에 대하여

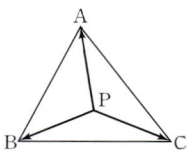

$a\overrightarrow{PA} + b\overrightarrow{PB} + c\overrightarrow{PC} = \vec{0}$
(a, b, c는 양수)이면

$$\triangle BCP : \triangle CAP : \triangle ABP = a : b : c$$

가 성립함을 확인해 봅시다.
$a\overrightarrow{PA} + b\overrightarrow{PB} + c\overrightarrow{PC} = \vec{0}$에서 삼각형 ABC와 같은 평
면 위에 있는 점 O에 대하여

$$a(\overrightarrow{OA} - \overrightarrow{OP}) + b(\overrightarrow{OB} - \overrightarrow{OP})$$
$$+ c(\overrightarrow{OC} - \overrightarrow{OP}) = \vec{0}$$

$$(a+b+c)\overrightarrow{OP} = a\overrightarrow{OA} + b\overrightarrow{OB} + c\overrightarrow{OC}$$

$$\therefore \overrightarrow{OP} = \frac{a\overrightarrow{OA} + b\overrightarrow{OB} + c\overrightarrow{OC}}{a+b+c}$$

$$= \frac{a\overrightarrow{OA} + (b+c)\left(\dfrac{b\overrightarrow{OB} + c\overrightarrow{OC}}{b+c}\right)}{a+b+c}$$

$$\cdots\cdots \ \ominus$$

이때, 점 D를 선분 BC를 $c : b$로 내분하는 점이라고
하면

$$\overrightarrow{OD} = \frac{b\overrightarrow{OB} + c\overrightarrow{OC}}{b+c}$$

㉠에서 $\overrightarrow{OP} = \dfrac{a\overrightarrow{OA} + (b+c)\overrightarrow{OD}}{a+b+c}$ 이므로 점 P는 선
분 AD를 $(b+c) : a$로 내분하는 점입니다.

$$\therefore \triangle ABP = \frac{b+c}{a+b+c}\triangle ABD$$

$$= \frac{b+c}{a+b+c} \times \frac{c}{b+c} \times \triangle ABC$$

$$= \frac{c}{a+b+c}\triangle ABC$$

마찬가지 방법으로

$$\triangle BCP = \frac{a}{a+b+c}\triangle ABC$$

$$\triangle CAP = \frac{b}{a+b+c}\triangle ABC$$

이므로

$$\triangle BCP : \triangle CAP : \triangle ABP = a : b : c$$

정답 10

05-2

$\overrightarrow{PA}+3\overrightarrow{PB}+5\overrightarrow{PC}=\vec{0}$에서 $3\overrightarrow{PB}+5\overrightarrow{PC}=\overrightarrow{AP}$

양변을 8로 나누면

$$\frac{3\overrightarrow{PB}+5\overrightarrow{PC}}{8}=\frac{1}{8}\overrightarrow{AP}$$

선분 BC를 5 : 3으로 내분하는 점을 E라고 하면

$$\frac{5\overrightarrow{PC}+3\overrightarrow{PB}}{8}=\overrightarrow{PE}$$

즉, $\overrightarrow{PE}=\frac{1}{8}\overrightarrow{AP}$이므로 세 점 A, P, E는 한 직선 위에 있고 선분 AP의 연장선과 변 BC의 교점이 D이므로 두 점 D, E는 일치합니다.

따라서 점 D는 선분 BC를 5 : 3으로 내분하는 점이므로

$$\frac{\overline{BD}}{\overline{DC}}=\frac{5}{3}$$

정답 ④

05-3

△PAB : △PCA=1 : 3
이므로 $\overline{BD}:\overline{DC}=1:3$
을 만족시키는 점 D에 대
하여

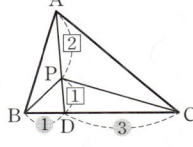

$$\overrightarrow{AD}=\frac{3\overrightarrow{AB}+\overrightarrow{AC}}{4}$$

또한 △ABC : △PBC=3 : 1이므로 공통인 밑변 BC에 대한 높이의 비는 3 : 1입니다.

따라서 $\overrightarrow{AD}:\overrightarrow{AP}=3:2$이므로

$$\overrightarrow{AP}=\frac{2}{3}\overrightarrow{AD}=\frac{2}{3}\times\frac{3\overrightarrow{AB}+\overrightarrow{AC}}{4}$$
$$=\frac{1}{2}\overrightarrow{AB}+\frac{1}{6}\overrightarrow{AC}$$

즉, $x=\frac{1}{2}$, $y=\frac{1}{6}$이므로

$$\frac{x}{y}=\frac{1}{2}\times 6=3$$

다른 풀이 △PAB : △PBC : △PCA=1 : 2 : 3
이므로

$$2\overrightarrow{PA}+3\overrightarrow{PB}+\overrightarrow{PC}=\vec{0}$$
$$-2\overrightarrow{AP}+3\overrightarrow{AB}-3\overrightarrow{AP}+\overrightarrow{AC}-\overrightarrow{AP}=\vec{0}$$

$$6\overrightarrow{AP}=3\overrightarrow{AB}+\overrightarrow{AC},\ \overrightarrow{AP}=\frac{1}{2}\overrightarrow{AB}+\frac{1}{6}\overrightarrow{AC}$$

따라서 $x=\frac{1}{2}$, $y=\frac{1}{6}$이므로

$$\frac{x}{y}=\frac{1}{2}\times 6=3$$

보충 설명 오른쪽 그림과 같
이 $\overline{BD}:\overline{DC}=a:b$라고
하면
△PBD : △PDC=$a:b$,
△ABD : △ADC=$a:b$
이므로
△PAB : △PCA=$a:b$입니다.
따라서 △PAB : △PCA=1 : 3이면
$\overline{BD}:\overline{DC}=1:3$입니다.

정답 3

예제 06 위치벡터의 종점이 나타내는 도형 p.163

06-1

(1) $\overrightarrow{OP}=s\overrightarrow{OA}+t\overrightarrow{OB}=s\overrightarrow{OA}+2t\left(\frac{1}{2}\overrightarrow{OB}\right)$이고,

$s+2t=1$, $s\geq 0$, $2t\geq 0$이므로 점 P는 두 벡터
$\overrightarrow{OA}$, $\frac{1}{2}\overrightarrow{OB}$의 종점을 양 끝점으로 하는 선분 위
에 있습니다.

$\frac{1}{2}\overrightarrow{OB}$의 종점을 C라고 하
면 점 C는 선분 OB의 중
점이므로 오른쪽 그림과
같이 선분 AC의 길이는
정삼각형 AOB의 높이와
같습니다.

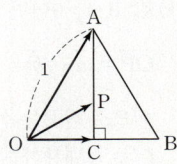

따라서 점 P가 나타내는 도형의 길이는 $\frac{\sqrt{3}}{2}$입
니다.

(2) $\overrightarrow{OP}=s\overrightarrow{OA}+t\overrightarrow{OB}=\frac{s}{2}(2\overrightarrow{OA})+t\overrightarrow{OB}$이고,

$\dfrac{s}{2}+t=1$, $\dfrac{s}{2}\geq0$, $t\geq0$이므로 점 P는 두 벡터 $2\overrightarrow{OA}$, $\overrightarrow{OB}$의 종점을 양 끝점으로 하는 선분 위에 있습니다. $2\overrightarrow{OA}$의 종점을 D라고 하면 오른쪽 그림과 같이 삼각형 DOB는 ∠B가 직각인 직각삼각형이고, $\overline{OD}=2$, $\overline{OB}=1$이므로

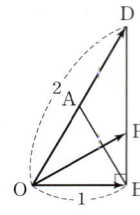

$$\overline{BD}=\sqrt{2^2-1^2}=\sqrt{3}$$

따라서 점 P가 나타내는 도형의 길이는 $\sqrt{3}$입니다.

(3) 앞의 (1), (2)에서 $s\geq0$, $t\geq0$일 때, $s+2t=1$이면 점 P는 선분 AC 위에, $s+2t=2$이면 점 P는 선분 BD 위에 있습니다.

따라서 $1\leq s+2t\leq2$이면 점 P는 오른쪽 그림과 같이 사각형 ACBD의 내부 또는 그 경계에 존재하고, 이 도형의 넓이는

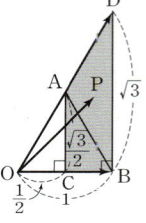

$$\dfrac{1}{2}\times1\times\sqrt{3}-\dfrac{1}{2}\times\dfrac{1}{2}\times\dfrac{\sqrt{3}}{2}=\dfrac{3\sqrt{3}}{8}$$

보충 설명 평면 위의 세 점 A, O, B에 대하여 $s+t=1$인 두 실수 s, t의 부호가 정해져 있지 않을 때, 각각의 부호를 정하여 $\overrightarrow{OP}=s\overrightarrow{OA}+t\overrightarrow{OB}$를 만족시키는 점 P가 나타내는 도형을 구해 보면 다음과 같습니다.

즉, 두 점 A, B의 위치벡터를 각각 $\vec{a}$, $\vec{b}$라고 할 때

(i) $s>0$, $t>0$이면

$$\overrightarrow{OP}=s\vec{a}+t\vec{b}=\dfrac{s\vec{a}+t\vec{b}}{s+t}$$

이므로 점 P는 선분 AB를 $t:s$로 내분하는 점입니다.

(ii) $s>1$, $t<0$이면

$$\overrightarrow{OP}=s\vec{a}+t\vec{b}$$
$$=\dfrac{s\vec{a}-(-t)\vec{b}}{s-(-t)}$$

이므로 점 P는 선분 AB를 $(-t):s$로 외분하는 점입니다.

(iii) $s<0$, $t>1$이면

$$\overrightarrow{OP}=s\vec{a}+t\vec{b}$$
$$=\dfrac{-(-s)\vec{a}+t\vec{b}}{-(-s)+t}$$

이므로 점 P는 선분 AB를 $t:(-s)$로 외분하는 점입니다.

(i)~(iii)에 의하여 다음 그림과 같이 점 P가 나타내는 도형은 두 점 A, B를 지나는 직선입니다.

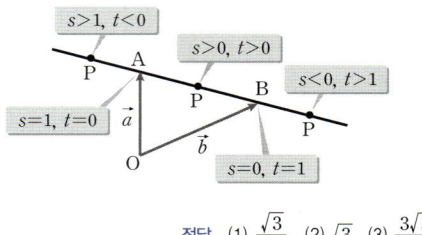

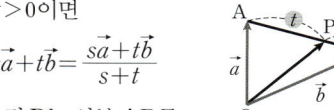
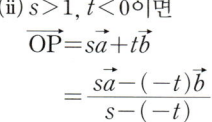
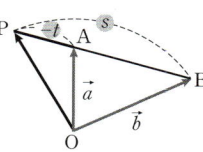

정답 (1) $\dfrac{\sqrt{3}}{2}$ (2) $\sqrt{3}$ (3) $\dfrac{3\sqrt{3}}{8}$

06-2

$0\leq2s+t\leq3$이므로 $0\leq\dfrac{2}{3}s+\dfrac{1}{3}t\leq1$이고

$$\overrightarrow{AP}=s\overrightarrow{AB}+t\overrightarrow{AC}$$
$$=\dfrac{2}{3}s\left(\dfrac{3}{2}\overrightarrow{AB}\right)+\dfrac{t}{3}(3\overrightarrow{AC})$$

이때, $\dfrac{2}{3}s=m$, $\dfrac{t}{3}=n$이라고 하면 $0\leq m+n\leq1$을 만족시키고, $s\geq0$, $t\geq0$이므로 $m\geq0$, $n\geq0$입니다.

따라서 $\overrightarrow{AP}=m\left(\dfrac{3}{2}\overrightarrow{AB}\right)+n(3\overrightarrow{AC})$이므로 두 벡터 $\dfrac{3}{2}\overrightarrow{AB}$, $3\overrightarrow{AC}$의 종점을 각각 D, E라고 하면 점 P가 나타내는 도형은 다음 그림과 같이 삼각형 DAE의 내부와 그 경계입니다.

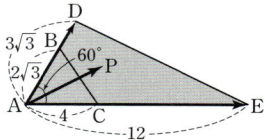

따라서 점 P가 나타내는 도형의 넓이는

$$\dfrac{1}{2}\times3\sqrt{3}\times12\times\sin60°=18\sqrt{3}\times\dfrac{\sqrt{3}}{2}=27$$

정답 27

06-3

$\overrightarrow{PA}+k\overrightarrow{PB}+(1-k)\overrightarrow{PC}=\vec{0}$에서 $\overrightarrow{PA}$, $\overrightarrow{PB}$, $\overrightarrow{PC}$를
시점이 A인 벡터로 모두 바꾸면

$$-\overrightarrow{AP}+k(\overrightarrow{AB}-\overrightarrow{AP})+(1-k)(\overrightarrow{AC}-\overrightarrow{AP})=\vec{0}$$

$$2\overrightarrow{AP}=k\overrightarrow{AB}+(1-k)\overrightarrow{AC}$$

$$\overrightarrow{AP}=k\left(\frac{1}{2}\overrightarrow{AB}\right)+(1-k)\left(\frac{1}{2}\overrightarrow{AC}\right)$$

따라서 오른쪽 그림과 같이
두 벡터 $\frac{1}{2}\overrightarrow{AB}$, $\frac{1}{2}\overrightarrow{AC}$의
종점을 각각 M, N이라고 하
면 $k\geq0$, $1-k\geq0$이므로 점
P는 선분 MN 위에 있습니
다.

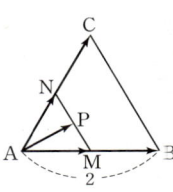

따라서 두 점 M, N은 각각 두 선분 AB, AC의 중
점이므로 점 P가 나타내는 도형의 길이는 1입니다.

정답   1

p.164~165

기본 다지기

05-1 (1) $-\vec{a}+\frac{2}{3}\vec{b}$ (2) $\frac{1}{3}\vec{a}-\vec{b}$

(3) $\frac{2}{3}\vec{a}+\frac{1}{3}\vec{b}$ (4) $-\vec{a}+\vec{b}$

2 $\frac{\sqrt{2}}{2}(\vec{a}+\vec{b})$ **3** 35

4 (1) $m=3$, $n=-1$ (2) $m=-4$, $n=1$

5 -1 **6** $\frac{3}{4}\pi$ **7** 28   **8** ②   **9** 21

10 16

05-1

접근 방법 어떤 벡터를 표현하기 위하여 "A에서 C로
가는 것은 A에서 B를 거쳐 C로 가는 것과 결과적으
로 같다."는 것을 알아야 합니다. 이때, "A에서 C로
가는 것"은 $\overrightarrow{AC}$를 의미합니다.

상세 풀이 (1) $\overrightarrow{AD}=\overrightarrow{AC}+\overrightarrow{CD}$

$$=-\overrightarrow{CA}+\frac{2}{3}\overrightarrow{CB}=-\vec{a}+\frac{2}{3}\vec{b}$$

(2) $\overrightarrow{BE}=\overrightarrow{BC}+\overrightarrow{CE}=-\overrightarrow{CB}+\frac{1}{3}\overrightarrow{CA}$

$$=\frac{1}{3}\vec{a}-\vec{b}$$

(3) $\overrightarrow{CF}=\overrightarrow{CA}+\overrightarrow{AF}=\overrightarrow{CA}+\frac{1}{3}\overrightarrow{AB}$

$$=\vec{a}+\frac{1}{3}(\overrightarrow{CB}-\overrightarrow{CA})=\vec{a}+\frac{1}{3}(\vec{b}-\vec{a})$$

$$=\frac{2}{3}\vec{a}+\frac{1}{3}\vec{b}$$

(4) 앞의 (1), (2), (3)에 의하여

$$\overrightarrow{AD}+\overrightarrow{BE}+\overrightarrow{CF}+\overrightarrow{AB}$$

$$=\left(-\vec{a}+\frac{2}{3}\vec{b}\right)+\left(\frac{1}{3}\vec{a}-\vec{b}\right)+\left(\frac{2}{3}\vec{a}+\frac{1}{3}\vec{b}\right)+\overrightarrow{AB}$$

$$=\overrightarrow{AB}=\overrightarrow{AC}+\overrightarrow{CB}$$

$$=-\vec{a}+\vec{b}$$

다른 풀이 (3)에서 점 F는 선분 AB를 1 : 2로 내분하
는 점이므로 내분점의 위치벡터를 이용하면

$$\overrightarrow{CF}=\frac{1\times\overrightarrow{CB}+2\times\overrightarrow{CA}}{1+2}=\frac{2}{3}\vec{a}+\frac{1}{3}\vec{b}$$

정답 (1) $-\vec{a}+\frac{2}{3}\vec{b}$ (2) $\frac{1}{3}\vec{a}-\vec{b}$ (3) $\frac{2}{3}\vec{a}+\frac{1}{3}\vec{b}$ (4) $-\vec{a}+\vec{b}$

05-2

접근 방법 세 벡터 $\overrightarrow{OA}$, $\overrightarrow{OB}$, $\overrightarrow{OC}$의 크기는 도두 같습니다. 이때, 두 선분 OA, OB를 이웃하는 변으로 하는 정사각형을 그려 $\overrightarrow{OC}$와 $\vec{a}$, $\vec{b}$의 관계를 구해 봅니다.

상세 풀이 두 선분 OA, OB를 이웃하는 변으로 하는 정사각형의 나머지 꼭짓점을 D라고 하면 두 벡터 $\overrightarrow{OC}$, $\overrightarrow{OD}$는 서로 평행하므로

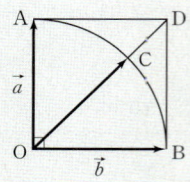

$$\overrightarrow{OC} = t\overrightarrow{OD} \text{ (단, } t\text{는 0이 아닌 실수)}$$

또한 $|\overrightarrow{OD}| : |\overrightarrow{OC}| = \sqrt{2} : 1$이므로

$$|\overrightarrow{OC}| = \frac{1}{\sqrt{2}}|\overrightarrow{OD}|$$

이때, $\overrightarrow{OD} = \vec{a} + \vec{b}$이므로

$$\overrightarrow{OC} = \frac{1}{\sqrt{2}}\overrightarrow{OD} = \frac{\sqrt{2}}{2}(\vec{a} + \vec{b})$$

정답 $\dfrac{\sqrt{2}}{2}(\vec{a}+\vec{b})$

05-3

접근 방법 $\overrightarrow{AM} = \overrightarrow{AD} + \overrightarrow{DM}$이므로 $\overrightarrow{AD}$와 $\overrightarrow{DM}$을 각각 두 벡터 $\vec{a}$, $\vec{b}$로 나타내어 봅니다.

상세 풀이 오른쪽 그림과 같이 세 대각선 AD, BE, CF의 교점을 O라고 하면

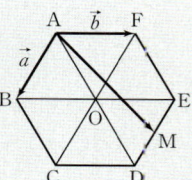

$$\overrightarrow{AM}$$
$$= \overrightarrow{AD} + \overrightarrow{DM}$$
$$= 2\overrightarrow{AO} + \frac{1}{2}\overrightarrow{DE}$$
$$= 2(\overrightarrow{AB} + \overrightarrow{AF}) - \frac{1}{2}\overrightarrow{ED}$$
$$= 2(\vec{a} + \vec{b}) - \frac{1}{2}\vec{a}$$
$$= \frac{3}{2}\vec{a} + 2\vec{b}$$

따라서 $p = \dfrac{3}{2}$, $q = 2$이므로

$$10(p + q) = 10 \times \left(\frac{3}{2} + 2\right) = 35$$

보충 설명 마찬가지 방법으로 점 A를 시점으로 하고 정육각형의 각 변의 중점을 종점으로 하는 벡터를 $\vec{a}$와 $\vec{b}$로 나타낼 수 있습니다.

정답 35

05-4

접근 방법 서로 평행하지 않고 영벡터가 아닌 두 벡터 $\vec{a}$, $\vec{b}$에 대하여 m, n이 실수일 때,

$$m\vec{a} + n\vec{b} = \vec{0} \iff m = n = 0$$

임을 이용합니다.

상세 풀이 (1) 영벡터가 아닌 두 벡터 $\vec{a}$, $\vec{b}$가 서로 평행하지 않으므로

$$m + n - 2 = 0, \ 2m - n - 7 = 0$$

위의 두 식을 연립하여 풀면

$$m = 3, \ n = -1$$

(2) $(m+3)\vec{a} + (2n+3)\vec{b} = (n-2)\vec{a} - (m-1)\vec{b}$ 에서

$$(m - n + 5)\vec{a} + (m + 2n + 2)\vec{b} = \vec{0}$$

영벡터가 아닌 두 벡터 $\vec{a}$, $\vec{b}$가 서로 평행하지 않으므로

$$m - n + 5 = 0, \ m + 2n + 2 = 0$$

위의 두 식을 연립하여 풀면

$$m = -4, \ n = 1$$

정답 (1) $m = 3$, $n = -1$ (2) $m = -4$, $n = 1$

05-5

접근 방법 두 벡터가 서로 평행하다는 것은 하나의 벡터를 다른 벡터의 실수배로 표현할 수 있음을 말합니다.

상세 풀이 $\vec{p} - \vec{r} = (5\vec{a} + 4\vec{b}) - (3\vec{a} + m\vec{b})$
$$= 2\vec{a} + (4 - m)\vec{b}$$
$$\vec{q} + \vec{r} = (3\vec{a} + 16\vec{b}) + (3\vec{a} + m\vec{b})$$
$$= 6\vec{a} + (16 + m)\vec{b}$$

이때, 두 벡터 $\vec{p}-\vec{r}$, $\vec{q}+\vec{r}$가 서로 평행하기 위한 조건은 $\vec{q}+\vec{r}=k(\vec{p}-\vec{r})$인 0이 아닌 실수 k가 존재하는 것입니다. 즉,

$$6\vec{a}+(16+m)\vec{b}=k\{2\vec{a}+(4-m)\vec{b}\}$$
$$=2k\vec{a}+k(4-m)\vec{b}$$

이고 영벡터가 아닌 두 벡터 $\vec{a}$, $\vec{b}$가 서로 평행하지 않으므로

$$6=2k,\ 16+m=k(4-m)$$

따라서 $k=3$이므로

$$m=-1$$

정답 -1

05- **6**

접근 방법 $\overrightarrow{OB}=\dfrac{\overrightarrow{OA}}{|\overrightarrow{OA}|}$ 에서 $\overrightarrow{OA}$의 크기는 $|\overrightarrow{OA}|$이므로 $|\overrightarrow{OB}|=1$로 항상 일정합니다. 따라서 주어진 그래프에 의하여 $\overrightarrow{OB}$의 크기는 일정하고 방향만 바뀌므로 벡터의 종점 B가 나타내는 도형은 원의 일부임을 알 수 있습니다.

상세 풀이 $\overrightarrow{OB}=\dfrac{\overrightarrow{OA}}{|\overrightarrow{OA}|}$ 에서

$$|\overrightarrow{OB}|=\left|\dfrac{\overrightarrow{OA}}{|\overrightarrow{OA}|}\right|=\dfrac{|\overrightarrow{OA}|}{|\overrightarrow{OA}|}=1$$

이므로 $\overrightarrow{OB}$는 크기는 1이고 방향은 $\overrightarrow{OA}$의 방향과 같습니다.

따라서 $\overrightarrow{OB}$의 종점 B는 단위원 위의 점 중에서 직선 OA와 만나는 점입니다.

오른쪽 그림과 같이 $\overrightarrow{OB}$가 x축의 양의 방향과 이루는 각의 크기를 θ라고 하면 반직선 $y=-x+1$ $(x<1)$이 x축의 양의 방향과 이루는 각의 크기는 $135°$이므로 $0°<\theta<135°$입니다.

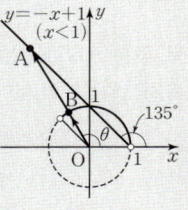

따라서 종점 B가 나타내는 도형은 반지름의 길이가 1이고 중심각의 크기가 $135°$인 부채꼴의 호이

므로 구하는 도형의 길이는

$$2\pi\times1\times\dfrac{135}{360}=\dfrac{3}{4}\pi$$

정답 $\dfrac{3}{4}\pi$

05- **7**

접근 방법 두 점 A, B의 위치벡터를 각각 $\vec{a}$, $\vec{b}$라고 할 때, 선분 AB를 $m:n$으로 내분하는 점 P의 위치벡터 $\vec{p}$는 $\vec{p}=\dfrac{m\vec{b}+n\vec{a}}{m+n}$ $(m>0,\ n>0)$입니다. 이를 이용하여 두 벡터 $\overrightarrow{AD}$, $\overrightarrow{AE}$ 사이의 관계를 구합니다.

상세 풀이 삼각형 ABC에서 $\overrightarrow{AB}=\vec{a}$, $\overrightarrow{AC}=\vec{b}$라고 하면

$$\overrightarrow{AE}=\dfrac{1}{4}\vec{a}+\dfrac{1}{3}\vec{b}$$

두 벡터 $\overrightarrow{AD}$, $\overrightarrow{AE}$는 서로 평행하므로

$$\overrightarrow{AD}=t\overrightarrow{AE}=t\left(\dfrac{1}{4}\vec{a}+\dfrac{1}{3}\vec{b}\right)$$
$$=\dfrac{3t\vec{a}+4t\vec{b}}{12}\ \text{(단, } t\text{는 0이 아닌 실수)}$$

한편, 점 D는 선분 BC를 내분하는 점이므로

$$3t+4t=12 \qquad \therefore t=\dfrac{12}{7}$$

따라서 $\overrightarrow{AD}=\dfrac{12}{7}\overrightarrow{AE}$이므로

$$\overrightarrow{AE}=|\overrightarrow{AE}|=\dfrac{7}{12}|\overrightarrow{AD}|$$
$$=\dfrac{7}{12}\times48=28$$

보충 설명 벡터의 평행 조건에 의하여 세 점 A, B, C가 한 직선 위에 있을 조건은 다음과 같습니다.

$$\overrightarrow{OA}=m\overrightarrow{OB}+n\overrightarrow{OC}$$

(단, $m+n=1$이고 O는 임의의 점)

이때, 점 A가 선분 BC의 내분점이거나 외분점이라는 의미이므로 이 조건을 적절하게 이용합니다.

정답 28

05-8

접근 방법 내분점의 위치벡터를 구하는 공식을 이용

하여 $\dfrac{3\overrightarrow{P_nA}+\overrightarrow{P_nB}}{4}$ 가 어느 벡터를 의미하는지 생각

해 보고, 그 크기가 최소가 되도록 하는 점 P_n의 위

치를 그림에서 생각해 봅니다.

상세 풀이 $\dfrac{3\overrightarrow{P_nA}+\overrightarrow{P_nB}}{4} = \dfrac{3\times\overrightarrow{P_nA}+1\times\overrightarrow{P_nB}}{3+1}$

이므로 이 벡터는 점 P_n을 시점으로 하고 선분

AB를 1 : 3으로 내분하는 점을 종점으로 하는

벡터입니다.

선분 AB를 1 : 3으로 내분하는 점이 X이므로

$$\overrightarrow{P_nX} = \dfrac{3\overrightarrow{P_nA}+\overrightarrow{P_nB}}{4}$$

따라서 점 P_n이 점 X에서 직선 l에 내린 수선의

발 P_2일 때, $|\overrightarrow{P_nX}|$의 값이 최소가 됩니다.

$$\therefore n=2$$

보충 설명 점 P_n이 어디에 위치하든 관계없이 정의에

의하여 $\dfrac{3\times\overrightarrow{P_nA}+1\times\overrightarrow{P_nB}}{3+1}$ 는 점 P_n을 시점으로 하

고 선분 AB를 1 : 3으로 내분하는 점을 종점으로 하

는 벡터라는 사실을 기억합니다.

정답 ②

05-9

접근 방법 $\overrightarrow{p_k}=\left(1-\dfrac{1}{4^k}\right)\vec{a}+\dfrac{1}{4^k}\vec{b}$ 에서

$\overrightarrow{p_k}-\vec{a}=\dfrac{1}{4^k}(\vec{b}-\vec{a})$ 이므로 $\overrightarrow{AP_k}=\overrightarrow{p_k}-\vec{a}$,

$\overrightarrow{AB}=\vec{b}-\vec{a}$ 임을 이용합니다.

상세 풀이 $\overrightarrow{p_k}=\left(1-\dfrac{1}{4^k}\right)\vec{a}+\dfrac{1}{4^k}\vec{b}$ 에서

$$\overrightarrow{p_k}-\vec{a}=\dfrac{1}{4^k}(\vec{b}-\vec{a})$$

즉, $\overrightarrow{AP_k}=\dfrac{1}{4^k}\overrightarrow{AB}$ 이므로

$$|\overrightarrow{AP_1}|+|\overrightarrow{AP_2}|+|\overrightarrow{AP_3}|$$
$$=\dfrac{1}{4}|\overrightarrow{AB}|+\dfrac{1}{16}|\overrightarrow{AB}|+\dfrac{1}{64}|\overrightarrow{AB}|$$
$$=\dfrac{21}{64}|\overrightarrow{AB}|$$
$$=\dfrac{21}{64}\times64=21$$

정답 21

05-10

접근 방법 삼각형 ABC를 그리고, 주어진 조건에서

평행사변형을 이용하여 $\overrightarrow{AP}$를 삼각형 위에 표현해

봅니다. 이때, 삼각형의 모양은 다르지만 밑변은 공

통이면서 높이가 서로 같으면 삼각형의 넓이가 같다

는 것을 이용합니다.

상세 풀이 $9\overrightarrow{AP}=3\overrightarrow{AB}+4\overrightarrow{AC}$의 양변을 9로 나

누면

$$\overrightarrow{AP}=\dfrac{1}{3}\overrightarrow{AB}+\dfrac{4}{9}\overrightarrow{AC}$$

다음 그림과 같이 $\dfrac{1}{3}\overrightarrow{AB}=\overrightarrow{AD}$, $\dfrac{4}{9}\overrightarrow{AC}=\overrightarrow{AE}$ 라

고 하면

$$\overrightarrow{AP}=\overrightarrow{AD}+\overrightarrow{AE}$$

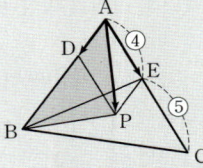

두 선분 AB, EP는 서로 평행하므로 두 삼각형

ABP, ABE의 넓이는 같습니다.

$$\therefore \triangle ABP=\triangle ABE=\dfrac{4}{9}\triangle ABC$$
$$=\dfrac{4}{9}\times36=16$$

다른 풀이 $9\overrightarrow{AP}=3\overrightarrow{AB}+4\overrightarrow{AC}$의 양변을 7로 나누면

$$\dfrac{9}{7}\overrightarrow{AP}=\dfrac{3\overrightarrow{AB}+4\overrightarrow{AC}}{7}$$

이때, 선분 BC를 4 : 3으로
내분하는 점을 D라고 하면
내분점의 위치벡터를 구하는
공식에 의하여

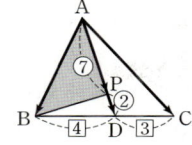

$$\overrightarrow{AD}=\frac{3\overrightarrow{AB}+4\overrightarrow{AC}}{7}$$

$$\therefore \frac{9}{7}\overrightarrow{AP}=\overrightarrow{AD},\ \overrightarrow{AP}=\frac{7}{9}\overrightarrow{AD}$$

따라서 점 P는 선분 AD를 7 : 2로 내분하는 점입니
다.

$$\therefore \triangle ABP=\frac{7}{9}\triangle ABD=\frac{7}{9}\times\frac{4}{7}\triangle ABC$$

$$=\frac{4}{9}\triangle ABC=\frac{4}{9}\times 36=16$$

정답 16

p.166~167

실력 다지기

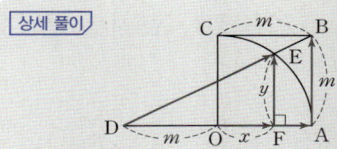

05-11 24   **12** $-\vec{a}+\dfrac{\sqrt{5}-1}{2}\vec{b}$ **13** $-\dfrac{1}{7}$

    14 ①   **15** 7   **16** ㄱ, ㄴ, ㄷ   **17** $-\dfrac{2}{3}$

    18 41   **19** 16   **20** 풀이 참조

05- 11

[접근 방법] 점 E에서 변 OA에 내린 수선의 발을 F라
하고 삼각형의 닮음 관계를 이용하여 문제를 해결해
봅니다.

[상세 풀이]

위의 그림과 같이 정사각형 COAB의 한 변의 길
이를 m이라 하고, 점 E에서 변 OA에 내린 수선
의 발을 F, $\overline{OF}=x$, $\overline{EF}=y$라고 하면
$\overline{OF}^2+\overline{EF}^2=\overline{OE}^2$이므로

$$x^2+y^2=m^2 \qquad\cdots\cdots\ \text{㉠}$$

이때, 두 삼각형 DFE, DAB는 닮음이므로

$$\overline{DF}:\overline{EF}=\overline{DA}:\overline{BA}$$

$$(m+x):y=2m:m$$

$$m+x=2y \quad \therefore x=2y-m \qquad\cdots\cdots\ \text{㉡}$$

㉡을 ㉠에 대입하여 정리하면

$$5y^2-4my=0,\ y(5y-4m)=0$$

$$\therefore y=\frac{4}{5}m\ (\because y>0)$$

이것을 ㉡에 대입하면 $x=\dfrac{3}{5}m$

$$\therefore \overrightarrow{OF}=\frac{3}{5}\vec{a},\ \overrightarrow{FE}=\frac{4}{5}\vec{b}$$

$$\therefore \overrightarrow{DE}=\overrightarrow{DF}+\overrightarrow{FE}$$

$$=(\overrightarrow{DO}+\overrightarrow{OF})+\overrightarrow{FE}$$

$$=\left(\vec{a}+\frac{3}{5}\vec{a}\right)+\frac{4}{5}\vec{b}$$

$$=\frac{8}{5}\vec{a}+\frac{4}{5}\vec{b}$$

따라서 $p=\dfrac{8}{5}$, $q=\dfrac{4}{5}$이므로

$$10(p+q)=10 \times \left(\frac{8}{5}+\frac{4}{5}\right)=24$$

보충 설명 **06 평면벡터의 성분과 내적**에서 좌표평면 위에 있는 벡터를 성분으로 나타내는 방법을 배우고 나면 위의 문제를 좌표평면 위에 놓고 더 간단하게 해결할 수 있으므로 벡터의 성분을 배운 다음 이 문제를 다시 풀어 봅시다.

정답 24

05- **12**

접근 방법 주어진 두 벡터 $\overrightarrow{AB}$, $\overrightarrow{BC}$로 $\overrightarrow{AC}$를 나타낼 수 있습니다. 또한 $\overrightarrow{CD}=\overrightarrow{AD}-\overrightarrow{AC}$이므로 $\overrightarrow{AD}$를 $\overrightarrow{AB}$와 $\overrightarrow{BC}$로 표현해 봅니다.

상세 풀이 $\overrightarrow{AC}=\vec{a}+\vec{b}$이고
$$\overrightarrow{AD}=\frac{1+\sqrt{5}}{2}\vec{b}$$이므로
$$\overrightarrow{CD}=\overrightarrow{AD}-\overrightarrow{AC}$$
$$=\frac{1+\sqrt{5}}{2}\vec{b}-(\vec{a}+\vec{b})$$
$$=-\vec{a}+\frac{\sqrt{5}-1}{2}\vec{b}$$

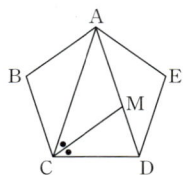

보충 설명 선분 AD의 길이는 다음 그림과 같이 삼각형의 닮음을 이용하여 구할 수 있습니다.

∠ACD의 이등분선이 선분 AD와 만나는 점을 M이라고 하면 두 삼각형 CDM, ADC는 닮음이고, 정오각형의 한 변의 길이를 1, 선분 AD의 길이를 x라고 하면
$$\overline{CD}:\overline{AD}=\overline{MD}:\overline{CD}$$에서
$$1:x=(x-1):1, x^2-x-1=0$$
$$\therefore x=\frac{1+\sqrt{5}}{2} \ (\because x>0)$$

정답 $-\vec{a}+\frac{\sqrt{5}-1}{2}\vec{b}$

05- **13**

접근 방법 중학교 과정에서 배운 삼각형의 내각의 이등분선에 대한 성질에 의하여
$$\overline{AB}:\overline{AC}=\overline{BD}:\overline{DC}=4:3입니다.$$

상세 풀이 점 D가 ∠A의 이등분선과 변 BC의 교점이므로
$$\overline{BD}:\overline{DC}=\overline{AB}:\overline{AC}=4:3$$
즉, 점 D는 선분 BC를 4:3으로 내분하는 점이므로
$$\overrightarrow{AD}=\frac{4\overrightarrow{AC}+3\overrightarrow{AB}}{4+3}=\frac{3}{7}\overrightarrow{AB}+\frac{4}{7}\overrightarrow{AC}$$
따라서 $m=\frac{3}{7}$, $n=\frac{4}{7}$이므로
$$m-n=\frac{3}{7}-\frac{4}{7}=-\frac{1}{7}$$

보충 설명 두 점 A, B의 위치벡터를 각각 $\vec{a}$, $\vec{b}$라고 할 때
(1) 선분 AB를 $m:n$으로 내분하는 점 P의 위치벡터 $\vec{p}$는
$$\vec{p}=\frac{m\vec{b}+n\vec{a}}{m+n} \ (단, m>0, n>0)$$
(2) 선분 AB를 $m:n$으로 외분하는 점 Q의 위치벡터 $\vec{q}$는
$$\vec{q}=\frac{m\vec{b}-n\vec{a}}{m-n} \ (단, m>0, n>0, m\neq n)$$

정답 $-\frac{1}{7}$

05- **14**

접근 방법 삼각형 ABC의 무게중심을 G라고 하면
$$\overrightarrow{OG}=\frac{1}{3}(\overrightarrow{OA}+\overrightarrow{OB}+\overrightarrow{OC})$$가 성립합니다. 주어진 벡터 $\overrightarrow{P_iA}+\overrightarrow{P_iB}+\overrightarrow{P_iC}$가 삼각형의 무게중심의 위치벡터와 비슷한 형태를 가지므로 무게중심 G를 활용하여 주어진 벡터의 크기를 최대로 하는 점 P_i의 위치를 구합니다.

상세 풀이 삼각형 ABC의 무게중심을 G라고 하면
$$\overrightarrow{P_iG}=\frac{1}{3}(\overrightarrow{P_iA}+\overrightarrow{P_iB}+\overrightarrow{P_iC})$$

$$\therefore \overrightarrow{P_iA}+\overrightarrow{P_iB}+\overrightarrow{P_iC}=3\overrightarrow{P_iG}$$

$|3\overrightarrow{P_iG}|$가 최댓값을 가지려면 점 P_i는 무게중심 G에서 가장 멀리 떨어져 있어야 합니다.

이때, $\overline{AO}<2\overline{DO}$이므로 무게중심 G는 선분 OD 위에 있습니다.

따라서 무게중심 G에서 가장 멀리 떨어진 점, 즉 $|\overrightarrow{P_iA}+\overrightarrow{P_iB}+\overrightarrow{P_iC}|$의 값이 최대인 점은 P_1입니다.

보충 설명 만약 점 P_i가 무게중심 G에 위치한다면 $\overrightarrow{GA}+\overrightarrow{GB}+\overrightarrow{GC}=\vec{0}$가 되어 주어진 벡터의 크기는 최솟값을 가지게 됩니다.

정답 ①

05- 15

접근 방법 조건 (가)에서 모든 벡터들의 시점을 점 P로 바꾸면 점 P의 위치를 파악할 수 있습니다. 또한 조건 (나)에서 모든 벡터들의 시점을 Q로 바꾸면 점 Q의 위치를 파악할 수 있습니다.

상세 풀이 $\overrightarrow{AC}=\overrightarrow{PC}-\overrightarrow{PA}$이므로 조건 (가)에서
$$\overrightarrow{PC}-\overrightarrow{PA}=2\overrightarrow{PB}+5\overrightarrow{PA}+\overrightarrow{PC}$$
$$\therefore \overrightarrow{PB}=-3\overrightarrow{PA}$$

즉, 점 P는 선분 AB를 $1:3$으로 내분하는 점입니다.

또한 $\overrightarrow{AC}=\overrightarrow{QC}-\overrightarrow{QA}$이므로 조건 (나)에서
$$\overrightarrow{QC}-\overrightarrow{QA}=2\overrightarrow{QB}-\overrightarrow{QA}$$
$$\therefore \overrightarrow{QC}=2\overrightarrow{QB}$$

즉, 점 Q는 선분 BC를 $1:2$로 외분하는 점입니다.

다음 그림과 같이 삼각형 ABC의 높이를 h, 넓이를 S_1이라고 하면

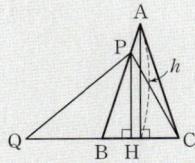

$$S_1=\frac{1}{2}\overline{BC}\times h$$

점 P에서 변 BC에 내린 수선의 발을 H라고 하면 $\overline{PH}=\frac{3}{4}h$이고, $\overline{QC}=2\overline{BC}$이므로 삼각형 PQC의 넓이를 S_2라고 하면
$$S_2=\frac{1}{2}\overline{QC}\times\overline{PH}=\frac{1}{2}\times2\overline{BC}\times\frac{3}{4}h=\frac{3}{2}S_1$$
$$\therefore \triangle ABC : \triangle PQC = S_1 : \frac{3}{2}S_1$$
$$=2:3$$

따라서 $a=2$, $b=3$이므로
$$2a+b=2\times2+3=7$$

보충 설명 선분 AB를 $m:n$ $(m>0,\ n>0,\ m\neq n)$으로 외분하는 점 Q는 $m<n$이면 점 A에 가까운 쪽에 위치하고, $m>n$이면 점 B에 가까운 쪽에 위치합니다.

(i) $m<n$일 때   (ii) $m>n$일 때

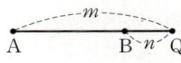

정답 7

05- 16

접근 방법 주어진 조건 $\overrightarrow{PA}+\overrightarrow{PB}+\overrightarrow{PC}+\overrightarrow{PD}=\overrightarrow{AD}$에서 모든 벡터들의 시점을 점 P로 바꾸어 〈보기〉의 ㄱ의 참, 거짓을 파악하고, ㄱ으로부터 ㄴ, ㄷ의 참, 거짓도 파악합니다.

상세 풀이 ㄱ. $\overrightarrow{PA}+\overrightarrow{PB}+\overrightarrow{PC}+\overrightarrow{PD}=\overrightarrow{AD}$에서
$$\overrightarrow{PA}+\overrightarrow{PB}+\overrightarrow{PC}+\overrightarrow{PD}=\overrightarrow{PD}-\overrightarrow{PA}$$
$$\therefore 2\overrightarrow{PA}+\overrightarrow{PB}+\overrightarrow{PC}=\vec{0}\ (참)$$

ㄴ. ㄱ에 의하여
$2\overrightarrow{PA}+\overrightarrow{PB}+\overrightarrow{PC}=\vec{0}$에서
$$2\overrightarrow{AP}=\overrightarrow{AB}-\overrightarrow{AP}+\overrightarrow{AC}-\overrightarrow{AP}$$
$$4\overrightarrow{AP}=\overrightarrow{AB}+(\overrightarrow{AB}+\overrightarrow{BC})$$
$$4\overrightarrow{AP}=2\vec{a}+\vec{b}$$
$$\therefore \overrightarrow{AP}=\frac{1}{2}\vec{a}+\frac{1}{4}\vec{b}\ (참)$$

ㄷ. ㄱ에 의하여
$2\overrightarrow{PA}+\overrightarrow{PB}+\overrightarrow{PC}=\vec{0}$에서

$$\overrightarrow{CP}=2(\overrightarrow{CA}-\overrightarrow{CP})+\overrightarrow{CB}-\overrightarrow{CP}$$
$$4\overrightarrow{CP}=2(\overrightarrow{CB}+\overrightarrow{BA})+\overrightarrow{CB}=-2\vec{a}-3\vec{b}$$
$$4\overrightarrow{CP}=2(-\vec{b}-\vec{a})-\vec{b}$$
$$\therefore \overrightarrow{CP}=-\frac{1}{2}\vec{a}-\frac{3}{4}\vec{b}\ (참)$$

따라서 옳은 것은 ㄱ, ㄴ, ㄷ입니다.

보충 설명 $2\overrightarrow{PA}+\overrightarrow{PB}+\overrightarrow{PC}=\vec{0}$에서

$$-\overrightarrow{PA}=\frac{\overrightarrow{PB}+\overrightarrow{PC}}{2}$$

이때, $\dfrac{\overrightarrow{PB}+\overrightarrow{PC}}{2}$는 점 P를
시점으로 하는 변 BC의 중
점의 위치벡터이므로, 점 P
는 오른쪽 그림과 같이 변

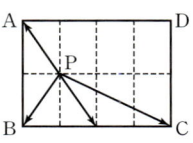

AB의 중점을 지나면서 변 BC에 평행한 선분과 변
BC를 1 : 3으로 내분하면서 변 AB에 평행한 선분
의 교점에 위치합니다.

정답 ㄱ, ㄴ, ㄷ

05-17

접근 방법 $t\vec{q}$는 $\vec{q}$에 평행한 벡터이고, 벡터 $t\vec{q}$를 평
행이동하여 벡터 $\vec{p}$의 종점과 벡터 $t\vec{q}$의 시점을 일치
시켜 벡터 $\vec{p}+t\vec{q}$를 구합니다.

상세 풀이 $\overrightarrow{AR}=\vec{p}+t\vec{q}$로 놓으면 모든 실수 t에
대하여 벡터 $\overrightarrow{AR}$의 종점 R가 나타내는 도형은
직선 BC가 됩니다.
이때, $|\overrightarrow{AR}|$의 값이 최소일 때는 다음 그림과 같
이 $\overrightarrow{AR}\perp\overrightarrow{BC}$일 때입니다.

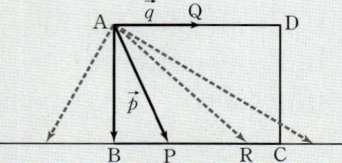

즉, 두 점 R, B가 일치할 때, $|\overrightarrow{AR}|=|\vec{p}+t\vec{q}|$의
값은 최소가 됩니다.

$$\therefore \overrightarrow{AR}=\overrightarrow{AB}=\overrightarrow{AP}+\overrightarrow{PB}=\overrightarrow{AP}+\frac{1}{3}\overrightarrow{CB}$$
$$=\overrightarrow{AP}+\frac{1}{3}(-2\overrightarrow{AQ})=\vec{p}-\frac{2}{3}\vec{q}$$

따라서 구하는 실수 t의 값은 $-\dfrac{2}{3}$입니다.

정답 $-\dfrac{2}{3}$

05-18

접근 방법 점 P가 나타내는 도형을 살펴보기 위하여
주어진 등식의 모든 벡터의 시점을 점 P로 바꾸어 정
리합니다. 이렇게 정리한 식에서 $\overrightarrow{PB}$가 없다면 점 P
는 선분 AC 위에 있고, $\overrightarrow{PA}$가 없다면 점 P는 선분
BC 위에 있다는 사실을 이용하여 k의 값에 따라 점
P가 나타내는 도형을 구합니다.

상세 풀이 주어진 등식의 모든 벡터의 시점을 점
P로 바꾸면
$$\overrightarrow{PA}+3\overrightarrow{PB}+\overrightarrow{PC}=(k+3)(\overrightarrow{PB}-\overrightarrow{PA})$$
$$(k+4)\overrightarrow{PA}-k\overrightarrow{PB}+\overrightarrow{PC}=\vec{0}$$

(i) 점 P가 선분 AC 위에 있으려면 $k\overrightarrow{PB}=\vec{0}$이어
야 합니다. 즉, $k=0$일 때, $4\overrightarrow{PA}+\overrightarrow{PC}=\vec{0}$이므
로 점 D는 선분 AC를 1 : 4로 내분하는 점입
니다.

(ii) 점 P가 선분 BC 위에 있으려면
$(k+4)\overrightarrow{PA}=\vec{0}$이어야 합니다. 즉, $k=-4$일
때, $4\overrightarrow{PB}+\overrightarrow{PC}=\vec{0}$이므로 점 E는 선분 BC를
1 : 4로 내분하는 점입니다.

(i), (ii)에 의하여 오른쪽
그림과 같이 점 P가 나타
내는 도형은 선분 AB에
평행하고 $\overrightarrow{CD}=\dfrac{4}{5}\overrightarrow{CA}$
인 점 D를 지나는 직선
입니다.

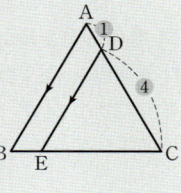

$$\therefore \triangle CDE=\left(\frac{4}{5}\right)^2\triangle ABC=\frac{16}{25}\triangle ABC$$

따라서 $m=25$, $n=16$이므로
$$m+n=25+16=41$$

다른 풀이 $\overrightarrow{CA}=\vec{a}$, $\overrightarrow{CB}=\vec{b}$, $\overrightarrow{CP}=\vec{p}$라고 하면 주어진 등식은

$$(\overrightarrow{CA}-\overrightarrow{CP})+3(\overrightarrow{CB}-\overrightarrow{CP})+(-\overrightarrow{CP})$$
$$=(k+3)(\overrightarrow{CB}-\overrightarrow{CA})$$
$$(\vec{a}-\vec{p})+3(\vec{b}-\vec{p})-\vec{p}=k\overrightarrow{AB}+3(\vec{b}-\vec{a})$$
$$-5\vec{p}=-4\vec{a}+k\overrightarrow{AB}$$
$$\vec{p}=\frac{4}{5}\vec{a}-\frac{k}{5}\overrightarrow{AB}$$

즉, $\overrightarrow{CP}=\frac{4}{5}\overrightarrow{CA}-\frac{k}{5}\overrightarrow{AB}$이므로 위의 그림과 같이 점 P가 나타내는 도형은 선분 AB에 평행하고 $\overrightarrow{CD}=\frac{4}{5}\overrightarrow{CA}$인 점 D를 지나는 직선입니다.

따라서 $\triangle CDE=\frac{16}{25}\triangle ABC$이므로

$$m+n=25+16=41$$

정답 41

05- 19

접근 방법 삼각형의 내심은 세 내각의 이등분선의 교점입니다. 오른쪽 그림과 같이 선분 AI의 연장선과 변 BC의 교점을 D라고 할

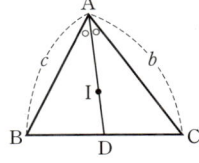

때, 삼각형의 내각의 이등분선의 성질인 $\overline{BD}:\overline{DC}=c:b$를 이용하여 $\overrightarrow{AD}$를 $\overrightarrow{AB}$와 $\overrightarrow{AC}$로 표현할 수 있고, $\angle ABC$의 이등분선은 선분 BI이므로 점 I가 선분 AD를 내분하는 비율을 알 수 있습니다.

상세 풀이

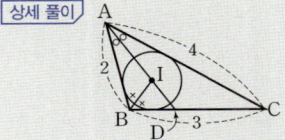

선분 AI의 연장선과 변 BC의 교점을 D라고 할 때, 점 I는 내심이므로

$$\angle BAD=\angle CAD$$

따라서 $\overline{BD}:\overline{DC}=1:2$이므로

$$\overline{BD}=1, \overline{DC}=2$$

$$\therefore \overrightarrow{AD}=\frac{2\overrightarrow{AB}+\overrightarrow{AC}}{3} \quad\cdots\cdots\;\bigcirc$$

또한 삼각형 ABD에서 선분 BI는 $\angle B$의 이등분선이므로

$$\overline{AI}:\overline{DI}=\overline{BA}:\overline{BD}$$
$$=2:1$$
$$\therefore \overrightarrow{AI}=\frac{2}{3}\overrightarrow{AD} \quad\cdots\cdots\;\bigcirc$$

$\bigcirc$, $\bigcirc$에서

$$\overrightarrow{AI}=\frac{2}{3}\left(\frac{2\overrightarrow{AB}+\overrightarrow{AC}}{3}\right)$$
$$=\frac{4}{9}\overrightarrow{AB}+\frac{2}{9}\overrightarrow{AC}$$

따라서 $p=\frac{4}{9}$, $q=\frac{2}{9}$이므로

$$24(p+q)=24\left(\frac{4}{9}+\frac{2}{9}\right)=16$$

보충 설명 삼각형의 내각과 외각의 이등분선에 대한 성질은 다음 그림과 같은 삼각형에서

$$\overline{AB}:\overline{AC}=\overline{BD}:\overline{CD}$$

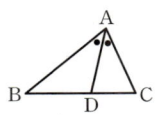 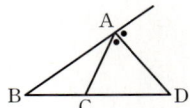

정답 16

05- 20

접근 방법 삼각형의 내심은 세 내각의 이등분선의 교점이므로 점 P가 세 내각의 이등분선의 교점이라는 것을 보입니다.

상세 풀이 삼각형 ABC에서 변 BC를 $c:b$로 내분하는 점을 D라고 하면

$$\overrightarrow{PD}=\frac{b\overrightarrow{PB}+c\overrightarrow{PC}}{b+c}$$

$a\overrightarrow{PA}+b\overrightarrow{PB}+c\overrightarrow{PC}=\vec{0}$에서

$$a\overrightarrow{PA}=-b\overrightarrow{PB}-c\overrightarrow{PC}$$
$$=-(b+c)\frac{b\overrightarrow{PB}+c\overrightarrow{PC}}{b+c}$$
$$=-(b+c)\overrightarrow{PD}$$

따라서 세 점 A, P, D는
한 직선 위에 있습니다.
또한 삼각형 ABC에서
$$\overline{AB} : \overline{AC}$$
$$= \overline{BD} : \overline{DC}$$

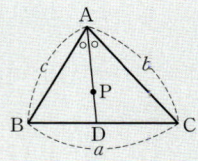

를 만족시키므로 삼각형의 내각의 이등분선에 대
한 성질에 의하여
$$\angle PAB = \angle PAC$$
가 성립합니다. 마찬가지 방법으로
$$\angle PBA = \angle PBC, \ \angle PCA = \angle PCB$$
가 성립하므로 점 P는 삼각형 ABC의 세 내각의
이등분선의 교점입니다.
따라서 점 P는 삼각형 ABC의 내심입니다

정답 풀이 참조

예제 01　평면벡터의 성분과 크기　　　　p.177

01-**1**

점 P의 좌표를 (x, y)라고 하면

$$\overrightarrow{\mathrm{PA}} + 2\overrightarrow{\mathrm{PB}} = (-x, 6-y) + 2(9-x, -y)$$
$$= (18-3x, 6-3y)$$

이때, $|\overrightarrow{\mathrm{PA}} + 2\overrightarrow{\mathrm{PB}}| = 9$에서

$$\sqrt{(18-3x)^2 + (6-3y)^2} = 9$$
$$(18-3x)^2 + (6-3y)^2 = 81$$
$$\therefore (x-6)^2 + (y-2)^2 = 9$$

즉, 점 P가 나타내는 도형은 중심의 좌표가 $(6, 2)$이고 반지름의 길이가 3인 원이므로 구하는 도형의 길이는

$$2\pi \times 3 = 6\pi$$

정답 　6π

01-**2**

점 P는 직선 $y = x+5$ 위의 점이므로 점 P의 좌표를 $(x, x+5)$라고 하면

$$\overrightarrow{\mathrm{AP}} + \overrightarrow{\mathrm{BP}} = (x+1, x+6) + (x-3, x+4)$$
$$= (2x-2, 2x+10)$$
$$\therefore |\overrightarrow{\mathrm{AP}} + \overrightarrow{\mathrm{BP}}| = \sqrt{(2x-2)^2 + (2x+10)^2}$$
$$= 2\sqrt{(x-1)^2 + (x+5)^2}$$
$$= 2\sqrt{2x^2 + 8x + 26}$$
$$= 2\sqrt{2(x+2)^2 + 18}$$

따라서 $|\overrightarrow{\mathrm{AP}} + \overrightarrow{\mathrm{BP}}|$는 $x = -2$일 때, 최솟값 $2\sqrt{18} = 6\sqrt{2}$를 가집니다.

정답 　$6\sqrt{2}$

01-**3**

$$(x-3)\overrightarrow{\mathrm{OA}} + 2\overrightarrow{\mathrm{OB}} = (x-3)(1, -1) + 2(2, 3)$$
$$= (x+1, -x+9)$$

이므로

$$f(x) = \sqrt{(x+1)^2 + (-x+9)^2}$$
$$= \sqrt{2x^2 - 16x + 82}$$
$$= \sqrt{2(x-4)^2 + 50}$$

따라서 $f(x)$는 $x = 4$일 때, 최솟값 $\sqrt{50} = 5\sqrt{2}$를 가집니다.

정답 　$5\sqrt{2}$

예제 02　평면벡터의 성분과 위치벡터의 활용　p.179

02-**1**

$m + 2n = 2$에서 $\dfrac{1}{2}m + n = 1$이고 $m \geq 0$, $n \geq 0$이므로

$$\overrightarrow{\mathrm{OP}} = \frac{1}{2}m(4\overrightarrow{\mathrm{OA}}) + n\overrightarrow{\mathrm{OB}}$$

에서 점 P가 나타내는 도형은 두 벡터 $4\overrightarrow{\mathrm{OA}}$, $\overrightarrow{\mathrm{OB}}$의 종점을 연결한 선분입니다.
이때, $\overrightarrow{\mathrm{OA}} = (1, -1)$, $\overrightarrow{\mathrm{OB}} = (-1, 8)$이므로

$$\overrightarrow{\mathrm{OB}} - 4\overrightarrow{\mathrm{OA}} = (-1, 8) - 4(1, -1)$$
$$= (-1, 8) - (4, -4)$$
$$= (-5, 12)$$

따라서 점 P가 나타내는 도형의 길이는

$$|\overrightarrow{\mathrm{OB}} - 4\overrightarrow{\mathrm{OA}}| = \sqrt{(-5)^2 + 12^2} = 13$$

정답 　13

02-**2**

$4s + 3t = 2$에서 $2s + \dfrac{3}{2}t = 1$이므로

$$\overrightarrow{\mathrm{OP}} = s\overrightarrow{\mathrm{OA}} + t\overrightarrow{\mathrm{OB}}$$
$$= 2s\left(\frac{\overrightarrow{\mathrm{OA}}}{2}\right) + \frac{3}{2}t\left(\frac{2}{3}\overrightarrow{\mathrm{OB}}\right)$$

이때, $\dfrac{\overrightarrow{\mathrm{OA}}}{2} = \overrightarrow{\mathrm{OA}'}$, $\dfrac{2}{3}\overrightarrow{\mathrm{OB}} = \overrightarrow{\mathrm{OB}'}$이라고 하면

$$\overrightarrow{\mathrm{OP}} = 2s\overrightarrow{\mathrm{OA}'} + \frac{3}{2}t\overrightarrow{\mathrm{OB}'}$$

즉, 점 P가 나타내는 도형은 두 점 A′, B′을 지나는 직선입니다.
따라서 $|\overrightarrow{\mathrm{OP}}|$의 최솟값은 두 점 A′$(2, 2)$, B′$(2, 4)$를 지나는 직선 $x = 2$와 원점 사이의 거리이므로 2입니다.

정답 　2

02-**3**

$\vec{p} = r\vec{a} + s\vec{b} - t\vec{c}$에서

$$\vec{p} = (r+s)\frac{r\vec{a} + s\vec{b}}{r+s} - t\vec{c}$$

이고, $\vec{q} = \dfrac{r\vec{a} + s\vec{b}}{r+s}$라고 하면 $r \geq 0$, $s \geq 0$이므로

세 벡터 $\vec{a}$, $\vec{b}$, $\vec{q}$의 종점을 각각 A, B, Q라고 할 때, 점 Q는 선분 AB를 $s:r$로 내분하는 점입니다.

$$\vec{p}=(r+s)\vec{q}+t(-\vec{c})$$
$$=(1-t)\vec{q}+t(-\vec{c}) \ (\because r+s=1-t)$$

이고, $t\geq 0$이므로 $-\vec{c}$의 종점을 C라고 할 때, 점 P 는 선분 QC를 $t:(1-t)$로 내분하는 점입니다.

이때, 점 Q는 선분 AB 위를 움직이는 점이므로 점 P 가 나타내는 도형은 삼각형 ABC의 내부입니다.

따라서 점 P가 나타내는 도형의 넓이는

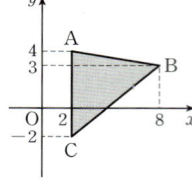

$$\frac{1}{2}\times 6\times 6=18$$

정답 18

예제 03 내적의 정의   p.193

03-1

삼각형 ABC는 빗변 AB의 길이가 $\sqrt{2}$이고 $\angle$B$=45°$인 직각삼각형이므로 $\overline{BC}=\overline{CA}=1$입니다. 즉,

$$|\vec{a}|=|\vec{b}|=1, \ |\vec{c}|=\sqrt{2}$$

한편, 세 벡터 $\vec{a}$, $\vec{b}$, $\vec{c}$의 시점을 일치시키면 오른쪽 그림과 같고, $\vec{a}$와 $\vec{b}$가 이루는 각의 크기는 $90°$, $\vec{b}$와 $\vec{c}$가 이루는 각의 크기는 $135°$, $\vec{c}$와 $\vec{a}$가 이루는 각의 크기는 $135°$이므로

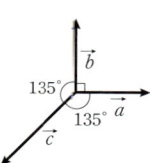

$$\vec{a}\cdot\vec{b}=|\vec{a}||\vec{b}|\cos 90°=0$$
$$\vec{b}\cdot\vec{c}=-|\vec{b}||\vec{c}|\cos(180°-135°)$$
$$=-1\times\sqrt{2}\times\frac{\sqrt{2}}{2}=-1$$
$$\vec{c}\cdot\vec{a}=-|\vec{c}||\vec{a}|\cos(180°-135°)$$
$$=-\sqrt{2}\times 1\times\frac{\sqrt{2}}{2}=-1$$
$$\therefore \vec{a}\cdot\vec{b}+\vec{b}\cdot\vec{c}+\vec{c}\cdot\vec{a}=-2$$

정답 -2

03-2

정삼각형 ABC와 정사각형 ADEB의 한 변의 길이 가 2이므로

$$|\vec{a}|=|\vec{b}|=|\vec{c}|=2$$

이때, $\vec{a}$와 $\vec{b}$가 이루는 각의 크기는 $60°$, $\vec{b}$와 $\vec{c}$가 이루는 각의 크기는 $90°$, $\vec{c}$와 $\vec{a}$가 이루는 각의 크기 는 $150°$이므로

$$\vec{a}\cdot\vec{b}=|\vec{a}||\vec{b}|\cos 60°$$
$$=2\times 2\times\frac{1}{2}=2$$
$$\vec{b}\cdot\vec{c}=|\vec{b}||\vec{c}|\cos 90°=0$$
$$\vec{c}\cdot\vec{a}=-|\vec{c}||\vec{a}|\cos(180°-150°)$$
$$=-2\times 2\times\frac{\sqrt{3}}{2}=-2\sqrt{3}$$
$$\therefore \vec{a}\cdot\vec{b}+\vec{b}\cdot\vec{c}+\vec{c}\cdot\vec{a}=2-2\sqrt{3}$$

정답 $2-2\sqrt{3}$

03-3

오른쪽 그림과 같이 삼각형 ABC의 내각의 크기를 각 각 α, β, γ라 하고, 삼각형 ABC의 꼭짓점 A에서 변 BC에 내린 수선의 발을 H 라고 합시다.

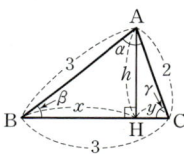

이때, $\overline{BH}=x$, $\overline{CH}=y$, $\overline{AH}=h$라고 하면 $|\vec{a}|=\overline{BC}=3$, $|\vec{b}|=\overline{CA}=2$, $|\vec{c}|=\overline{AB}=3$이므로 피타고라스 정리에 의하여

$$2^2=h^2+y^2$$
$$=h^2+(3-x)^2$$
$$=(3\sin\beta)^2+(3-3\cos\beta)^2$$
$$=3^2(\sin^2\beta+\cos^2\beta)+3^2-2\times 3\times 3\cos\beta$$
$$=3^2+3^2-2\times 3\times 3\cos\beta \quad \leftarrow \sin^2\beta+\cos^2\beta=1$$
$$\therefore \cos\beta=\frac{3^2+3^2-2^2}{2\times 3\times 3}=\frac{14}{18}=\frac{7}{9}$$

마찬가지 방법으로

$$\cos\alpha=\frac{3^2+2^2-3^2}{2\times 3\times 2}=\frac{1}{3}$$
$$\cos\gamma=\frac{2^2+3^2-3^2}{2\times 2\times 3}=\frac{1}{3}$$

한편, 세 벡터 $\vec{a}$, $\vec{b}$, $\vec{c}$의 시점을 일치시키면 오른쪽 그림과 같고, $\vec{a}$와 $\vec{b}$가 이루는 각의 크기는 $180°-\gamma$, $\vec{b}$와 $\vec{c}$가 이루는 각의 크기는 $180°-\alpha$, $\vec{c}$와 $\vec{a}$가 이루는 각의 크기는 $180°-\beta$이 므로

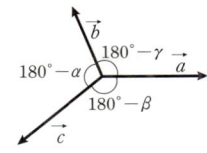

$$\vec{a} \cdot \vec{b} = -|\vec{a}||\vec{b}|\cos\{180°-(180°-\gamma)\}$$
$$= -3 \times 2 \times \frac{1}{3} = -2$$
$$\vec{b} \cdot \vec{c} = -|\vec{b}||\vec{c}|\cos\{180°-(180°-\alpha)\}$$
$$= -2 \times 3 \times \frac{1}{3} = -2$$
$$\vec{c} \cdot \vec{a} = -|\vec{c}||\vec{a}|\cos\{180°-(180°-\beta)\}$$
$$= -3 \times 3 \times \frac{7}{9} = -7$$
$$\therefore \vec{a} \cdot \vec{b} + \vec{b} \cdot \vec{c} + \vec{c} \cdot \vec{a} = -11$$

보충 설명 문제에서 주어진 삼각형 ABC는 예각삼각형이므로
$$0° < \gamma < 90°, \text{ 즉 } 90° < 180°-\gamma < 180°$$
따라서 $\vec{a} \cdot \vec{b} = -|\vec{a}||\vec{b}|\cos\{180°-(180°-\gamma)\}$로 계산하여야 합니다.

정답 -11

예제 04 성분으로 표시된 벡터의 내적 p.195

04-1

두 점 P, Q의 좌표를 각각 $\left(\dfrac{a^2}{4}, a\right)$, $\left(\dfrac{b^2}{4}, b\right)$라고 하면

$$\overrightarrow{OP} = \left(\frac{a^2}{4}, a\right), \overrightarrow{OQ} = \left(\frac{b^2}{4}, b\right)$$이므로

$$\overrightarrow{OP} \cdot \overrightarrow{OQ} = \left(\frac{a^2}{4}, a\right) \cdot \left(\frac{b^2}{4}, b\right)$$
$$= \frac{a^2 b^2}{16} + ab$$
$$= \frac{a^2 b^2 + 16ab}{16}$$

$$= \frac{1}{16}(ab+8)^2 - 4$$
$$\geq -4$$

따라서 내적 $\overrightarrow{OP} \cdot \overrightarrow{OQ}$의 최솟값은 $ab=-8$일 때, -4입니다.

정답 -4

04-2

두 점 P, Q의 좌표를 각각 $\left(x_1, \dfrac{1}{x_1}\right)$, $\left(x_2, \dfrac{1}{x_2}\right)$이라고 하면 $\overrightarrow{OP} = \left(x_1, \dfrac{1}{x_1}\right)$, $\overrightarrow{OQ} = \left(x_2, \dfrac{1}{x_2}\right)$이므로

$$\overrightarrow{OP} \cdot \overrightarrow{OQ} = \left(x_1, \frac{1}{x_1}\right) \cdot \left(x_2, \frac{1}{x_2}\right)$$
$$= x_1 x_2 + \frac{1}{x_1 x_2}$$

이때, $x_1 > 0$, $x_2 > 0$이므로 산술평균과 기하평균의 관계에 의하여

$$x_1 x_2 + \frac{1}{x_1 x_2} \geq 2\sqrt{x_1 x_2 \times \frac{1}{x_1 x_2}} = 2$$
$$\left(\text{단, 등호는 } x_1 x_2 = \frac{1}{x_1 x_2} \text{ 일 때 성립}\right)$$

따라서 구하는 내적 $\overrightarrow{OP} \cdot \overrightarrow{OQ}$의 최솟값은 2입니다.

정답 ④

04-3

타원 $\dfrac{x^2}{16} + \dfrac{y^2}{7} = 1$에서 $\sqrt{16-7}=3$이므로 두 초점의 좌표는 각각
$$F(3, 0), F'(-3, 0)$$
점 P의 좌표를 (x, y)라고 하면
$$\overrightarrow{PF} = (3-x, -y),$$
$$\overrightarrow{PF'} = (-3-x, -y)$$
이므로
$$\overrightarrow{PF} \cdot \overrightarrow{PF'}$$
$$= (3-x)(-3-x) + y^2$$
$$= x^2 + y^2 - 9$$

$$=x^2+7-\frac{7}{16}x^2-9\left(\because y^2=7-\frac{7}{16}x^2\right)$$

$$=\frac{9}{16}x^2-2$$

이때, $-4\le x\le4$이므로

$$0\le x^2\le16$$

즉, $\overrightarrow{PF}\cdot\overrightarrow{PF'}$의 최댓값은 $x^2=16$일 때 7이고, 최솟 값은 $x^2=0$일 때 -2입니다.

따라서 최댓값과 최솟값의 합은

$$7+(-2)=5$$

정답 5

예제 05 내적의 연산법칙의 활용   p.197

05-1

(1) $\overrightarrow{AB}=\vec{a}$, $\overrightarrow{AC}=\vec{b}$라고 하면 $|\vec{a}|=1$, $|\vec{b}|=2$이고 두 벡터 $\vec{a}$, $\vec{b}$가 이루는 각의 크기가 $60°$이므로

$$\vec{a}\cdot\vec{b}=|\vec{a}||\vec{b}|\cos60°=1$$

점 D는 변 BC를 $1:2$로 내분하는 점이므로

$$\overrightarrow{AD}=\frac{1}{3}\vec{b}+\frac{2}{3}\vec{a}$$

이때, $|\overrightarrow{AD}|^2=\overrightarrow{AD}\cdot\overrightarrow{AD}$이므로

$$|\overrightarrow{AD}|^2=\left(\frac{2}{3}\vec{a}+\frac{1}{3}\vec{b}\right)\cdot\left(\frac{2}{3}\vec{a}+\frac{1}{3}\vec{b}\right)$$

$$=\frac{4}{9}|\vec{a}|^2+\frac{4}{9}\vec{a}\cdot\vec{b}+\frac{1}{9}|\vec{b}|^2$$

$$=\frac{4}{3}$$

$$\therefore|\overrightarrow{AD}|=\frac{2\sqrt{3}}{3}$$

또한 점 E는 변 BC를 $2:1$로 내분하는 점이므로

$$\overrightarrow{AE}=\frac{2}{3}\vec{b}+\frac{1}{3}\vec{a}$$

이때, $|\overrightarrow{AE}|^2=\overrightarrow{AE}\cdot\overrightarrow{AE}$이므로

$$|\overrightarrow{AE}|^2=\left(\frac{1}{3}\vec{a}+\frac{2}{3}\vec{b}\right)\cdot\left(\frac{1}{3}\vec{a}+\frac{2}{3}\vec{b}\right)$$

$$=\frac{1}{9}|\vec{a}|^2+\frac{4}{9}\vec{a}\cdot\vec{b}+\frac{4}{9}|\vec{b}|^2$$

$$=\frac{7}{3}$$

$$\therefore|\overrightarrow{AE}|=\frac{\sqrt{21}}{3}$$

$$\therefore|\overrightarrow{AD}|\times|\overrightarrow{AE}|=\frac{2\sqrt{3}}{3}\times\frac{\sqrt{21}}{3}$$

$$=\frac{2\sqrt{7}}{3}$$

(2) $\overrightarrow{AD}\cdot\overrightarrow{AE}=\left(\frac{2}{3}\vec{a}+\frac{1}{3}\vec{b}\right)\cdot\left(\frac{1}{3}\vec{a}+\frac{2}{3}\vec{b}\right)$

$$=\frac{2}{9}|\vec{a}|^2+\frac{5}{9}\vec{a}\cdot\vec{b}+\frac{2}{9}|\vec{b}|^2$$

$$=\frac{2}{9}\times1+\frac{5}{9}\times1+\frac{2}{9}\times4$$

$$=\frac{5}{3}$$

정답 (1) $\frac{2\sqrt{7}}{3}$ (2) $\frac{5}{3}$

05-2

오른쪽 그림에서 $\overrightarrow{AD}=\vec{a}$, $\overrightarrow{AE}=\vec{b}$라고 하면 $\overrightarrow{DF}=\vec{a}+\vec{b}$이므로

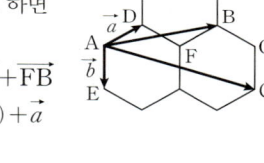

$$\overrightarrow{AB}=\overrightarrow{AD}+\overrightarrow{DF}+\overrightarrow{FB}$$

$$=\vec{a}+(\vec{a}+\vec{b})+\vec{a}$$

$$=3\vec{a}+\vec{b}$$

$$\overrightarrow{AC}=\overrightarrow{AB}+\overrightarrow{BG}+\overrightarrow{GC}$$

$$=\overrightarrow{AB}+\overrightarrow{DF}+\overrightarrow{AE}$$

$$=(3\vec{a}+\vec{b})+(\vec{a}+\vec{b})+\vec{b}$$

$$=4\vec{a}+3\vec{b}$$

$$\therefore\overrightarrow{AB}\cdot\overrightarrow{AC}=(3\vec{a}+\vec{b})\cdot(4\vec{a}+3\vec{b})$$

$$=12|\vec{a}|^2+13\vec{a}\cdot\vec{b}+3|\vec{b}|^2$$

그런데 $|\vec{a}|=|\vec{b}|=1$이고, 두 벡터 $\vec{a}$, $\vec{b}$가 이루는 각의 크기가 $120°$이므로

$$\vec{a}\cdot\vec{b}=-|\vec{a}||\vec{b}|\cos(180°-120°)=-\frac{1}{2}$$

$$\therefore\overrightarrow{AB}\cdot\overrightarrow{AC}=12-\frac{13}{2}+3=\frac{17}{2}$$

정답 ①

05-3

$\overrightarrow{AB}=\vec{a}$, $\overrightarrow{AC}=\vec{b}$라고 하면 정삼각형 ABC의 한 변 의 길이가 12이므로

$$|\vec{a}|=|\vec{b}|=12$$

이고, 두 벡터 $\vec{a}$, $\vec{b}$가 이루는 각의 크기는 $60°$이므로

$$\vec{a}\cdot\vec{b}=|\vec{a}||\vec{b}|\cos60°=72$$

변 BC를 $1:7$과 $6:2$로 내분하는 점이 각각 D_1, D_6이므로

$$\overrightarrow{AD_1}=\frac{7\vec{a}+\vec{b}}{8}, \quad \overrightarrow{AD_6}=\frac{2\vec{a}+6\vec{b}}{8}=\frac{\vec{a}+3\vec{b}}{4}$$

$$\begin{aligned}\therefore \overrightarrow{AD_1}\cdot\overrightarrow{AD_6}&=\frac{1}{32}(7\vec{a}+\vec{b})\cdot(\vec{a}+3\vec{b})\\&=\frac{1}{32}(7|\vec{a}|^2+22\vec{a}\cdot\vec{b}+3|\vec{b}|^2)\\&=\frac{1}{32}(7\times12^2+22\times72+3\times12^2)\\&=\frac{1}{32}(7\times12^2+11\times12^2+3\times12^2)\\&=\frac{1}{32}(21\times12^2)\\&=\frac{9}{2}\times21\\&=\frac{189}{2}\end{aligned}$$

$$\therefore p+q=2+189=191$$

정답   191

예제 06 도형에서의 내적   p.199

06-1

오른쪽 그림과 같이 점 O에서 두 변 AB, AC에 내린 수선의 발을 각각 M, M′이라고 하면 점 O가 삼각형의 외심이므로 두 선분 OM, OM′은 각각 두 변 AB, AC를 수직이등분합니다.

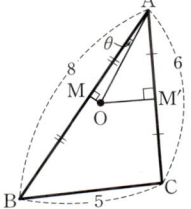

$$\begin{aligned}\therefore \overrightarrow{AO}\cdot\overrightarrow{AB}&=\overrightarrow{AM}\cdot\overrightarrow{AB}\\&=|\overrightarrow{AM}|\times|\overrightarrow{AB}|\\&=4\times8=32\end{aligned}$$

마찬가지 방법으로

$$\begin{aligned}\overrightarrow{AO}\cdot\overrightarrow{AC}&=\overrightarrow{AM'}\cdot\overrightarrow{AC}\\&=|\overrightarrow{AM'}|\times|\overrightarrow{AC}|\\&=3\times6=18\end{aligned}$$

이므로

$$\begin{aligned}\overrightarrow{AO}\cdot\overrightarrow{CB}&=\overrightarrow{AO}\cdot(\overrightarrow{AB}-\overrightarrow{AC})\\&=\overrightarrow{AO}\cdot\overrightarrow{AB}-\overrightarrow{AO}\cdot\overrightarrow{AC}\\&=32-18=14\end{aligned}$$

정답   14

06-2

선분 AC는 지름이므로 $\angle ABC=90°$, $\angle ADC=90°$입니다.

따라서 삼각형 ACB에서 $\cos\theta_1=\dfrac{|\overrightarrow{AB}|}{|\overrightarrow{AC}|}$,

삼각형 ADC에서 $\cos\theta_2=\dfrac{|\overrightarrow{AD}|}{|\overrightarrow{AC}|}$이므로

$$\begin{aligned}\overrightarrow{AB}\cdot\overrightarrow{AC}&=|\overrightarrow{AB}||\overrightarrow{AC}|\cos\theta_1\\&=3|\overrightarrow{AC}|\times\frac{|\overrightarrow{AB}|}{|\overrightarrow{AC}|}\\&=3|\overrightarrow{AB}|\\&=9\end{aligned}$$

$$\begin{aligned}\overrightarrow{AC}\cdot\overrightarrow{AD}&=|\overrightarrow{AC}||\overrightarrow{AD}|\cos\theta_2\\&=4|\overrightarrow{AC}|\times\frac{|\overrightarrow{AD}|}{|\overrightarrow{AC}|}\\&=4|\overrightarrow{AD}|\\&=16\end{aligned}$$

$$\begin{aligned}\therefore \overrightarrow{AB}\cdot\overrightarrow{AC}+\overrightarrow{AC}\cdot\overrightarrow{AD}\\=9+16=25\end{aligned}$$

정답   25

06-3

오른쪽 그림과 같이 점 C에서 직선 AB에 내린 수선의 발을 D라고 하면

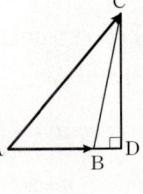

$$\begin{aligned}\overrightarrow{AB}\cdot\overrightarrow{AC}&=\overrightarrow{AB}\cdot\overrightarrow{AD}\\&=|\overrightarrow{AB}|\times|\overrightarrow{AD}|\\&=3|\overrightarrow{AD}|=12\end{aligned}$$

$$\therefore |\overrightarrow{AD}|=4$$

이때, $|\overrightarrow{BC}|=5$, $|\overrightarrow{BD}|=1$이므로 직각삼각형 BDC
에서

$$\cos(\angle CBD)=\frac{1}{5}$$

두 벡터 $\overrightarrow{AB}$, $\overrightarrow{BC}$가 이루는 각의 크기는 $\angle CBD$의
크기와 같으므로

$$\overrightarrow{AB}\cdot\overrightarrow{BC}=|\overrightarrow{AB}||\overrightarrow{BC}|\cos(\angle CBD)$$
$$=3\times5\times\frac{1}{5}=3$$

다른 풀이
$$\overrightarrow{AB}\cdot\overrightarrow{BC}=\overrightarrow{AB}\cdot(\overrightarrow{AC}-\overrightarrow{AB})$$
$$=\overrightarrow{AB}\cdot\overrightarrow{AC}-\overrightarrow{AB}\cdot\overrightarrow{AB}$$
$$=12-|\overrightarrow{AB}|^2$$
$$=12-3^2=3$$

정답 3

예제 07 두 벡터가 이루는 각   p.201

07-**1**

$|\vec{a}+\vec{b}|=\sqrt{13}$과 $|\vec{a}-\vec{b}|=1$의 양변을 각각 제곱하면
$$|\vec{a}+\vec{b}|^2=|\vec{a}|^2+2\vec{a}\cdot\vec{b}+|\vec{b}|^2=13 \quad\cdots\cdots\text{㉠}$$
$$|\vec{a}-\vec{b}|^2=|\vec{a}|^2-2\vec{a}\cdot\vec{b}+|\vec{b}|^2=1 \quad\cdots\cdots\text{㉡}$$
㉠-㉡을 하면
$$4\vec{a}\cdot\vec{b}=12 \quad \therefore \vec{a}\cdot\vec{b}=3$$
㉠+㉡을 하면
$$2(|\vec{a}|^2+|\vec{b}|^2)=14$$
$$\therefore |\vec{a}|^2+|\vec{b}|^2=7 \quad\cdots\cdots\text{㉢}$$
이때, $(\vec{a}+\vec{b})\cdot(\vec{a}-\vec{b})=1$이므로
$$|\vec{a}|^2-|\vec{b}|^2=1 \quad\cdots\cdots\text{㉣}$$
㉢과 ㉣을 연립하여 풀면
$$|\vec{a}|=2, \ |\vec{b}|=\sqrt{3}$$
$\vec{a}\cdot\vec{b}=3\geq0$이고, 두 벡터 $\vec{a}$, $\vec{b}$가 이루는 각의 크기
가 θ이므로
$$\cos\theta=\frac{\vec{a}\cdot\vec{b}}{|\vec{a}||\vec{b}|}=\frac{3}{2\times\sqrt{3}}=\frac{\sqrt{3}}{2}$$
$$\therefore \theta=30°$$

정답 30°

07-**2**

두 벡터 $\vec{a}$, $\vec{b}$가 이루는 각의 크기가 45°이고,
$|\vec{a}|=\sqrt{2}$, $|\vec{b}|=1$이므로
$$\vec{a}\cdot\vec{b}=|\vec{a}||\vec{b}|\cos45°$$
$$=\sqrt{2}\times1\times\frac{\sqrt{2}}{2}=1$$
이때, $|\vec{a}+\vec{b}|^2$, $|\vec{a}-\vec{b}|^2$의 값은
$$|\vec{a}+\vec{b}|^2=|\vec{a}|^2+2\vec{a}\cdot\vec{b}+|\vec{b}|^2=2+2+1=5$$
$$|\vec{a}-\vec{b}|^2=|\vec{a}|^2-2\vec{a}\cdot\vec{b}+|\vec{b}|^2=2-2+1=1$$
$$\therefore |\vec{a}+\vec{b}|=\sqrt{5}, \ |\vec{a}-\vec{b}|=1$$
또한 $(\vec{a}+\vec{b})\cdot(\vec{a}-\vec{b})=|\vec{a}|^2-|\vec{b}|^2=2-1=1$이
므로
$$\cos\theta=\frac{(\vec{a}+\vec{b})\cdot(\vec{a}-\vec{b})}{|\vec{a}+\vec{b}||\vec{a}-\vec{b}|}$$
$$=\frac{1}{\sqrt{5}\times1}=\frac{\sqrt{5}}{5}$$

정답 ⑤

07-**3**

$2\vec{a}+\vec{b}=-\vec{c}$에서 $|2\vec{a}+\vec{b}|^2=|\vec{c}|^2$이므로
$$4|\vec{a}|^2+4\vec{a}\cdot\vec{b}+|\vec{b}|^2=|\vec{c}|^2$$
이때, $4|\vec{a}|^2=|\vec{b}|^2=4|\vec{c}|^2$이므로 위의 식에 대입하면
$$|\vec{b}|^2+4\vec{a}\cdot\vec{b}+|\vec{b}|^2=\frac{1}{4}|\vec{b}|^2$$
$$4\vec{a}\cdot\vec{b}=-\frac{7}{4}|\vec{b}|^2$$
$$\therefore \vec{a}\cdot\vec{b}=-\frac{7}{16}|\vec{b}|^2$$
두 벡터 $\vec{a}$, $\vec{b}$가 이루는 각의 크기가 θ이므로
$$\cos(180°-\theta)=-\frac{\vec{a}\cdot\vec{b}}{|\vec{a}||\vec{b}|}$$
$$=-\frac{-\frac{7}{16}|\vec{b}|^2}{\frac{1}{2}|\vec{b}|^2}$$
$$=\frac{7}{8}$$

정답 $\frac{7}{8}$

08-1

두 벡터 $\vec{a}$, $\vec{b}$가 이루는 각의 크기가 $45°$이고,
$|\vec{a}|=\sqrt{2}$, $|\vec{b}|=1$이므로

$$\vec{a}\cdot\vec{b}=|\vec{a}||\vec{b}|\cos45°=\sqrt{2}\times1\times\frac{\sqrt{2}}{2}=1$$

이때, 두 벡터 $\vec{a}-t\vec{b}$, $\vec{b}$가 서로 수직이므로

$$(\vec{a}-t\vec{b})\cdot\vec{b}=0$$
$$\vec{a}\cdot\vec{b}-t\vec{b}\cdot\vec{b}=0$$
$$\therefore t=\frac{\vec{a}\cdot\vec{b}}{\vec{b}\cdot\vec{b}}=\frac{\vec{a}\cdot\vec{b}}{|\vec{b}|^2}=1$$

정답　1

08-2

조건 (가)에서 $|\vec{a}|=|\vec{b}|$이고, 조건 (나)에서 두 벡터
$3\vec{a}+\vec{b}$, $2\vec{a}-3\vec{b}$는 서로 수직이므로

$$(3\vec{a}+\vec{b})\cdot(2\vec{a}-3\vec{b})=0$$
$$6|\vec{a}|^2-7\vec{a}\cdot\vec{b}-3|\vec{b}|^2=0$$
$$3|\vec{a}|^2-7\vec{a}\cdot\vec{b}=0$$
$$\therefore \vec{a}\cdot\vec{b}=\frac{3}{7}|\vec{a}|^2$$

두 벡터 $\vec{a}$, $\vec{b}$가 이루는 각의 크기가 θ이므로

$$\cos\theta=\frac{\vec{a}\cdot\vec{b}}{|\vec{a}||\vec{b}|}=\frac{\frac{3}{7}|\vec{a}|^2}{|\vec{a}|^2}=\frac{3}{7}$$

정답　$\dfrac{3}{7}$

08-3

$\overrightarrow{OH}\perp\overrightarrow{AB}$이므로 $\overrightarrow{OH}\cdot\overrightarrow{AB}=0$ 입니다.
이때, $\overrightarrow{OH}=x\vec{a}+y\vec{b}$, $\overrightarrow{AB}=\overrightarrow{OB}-\overrightarrow{OA}=\vec{b}-\vec{a}$이므로

$$(x\vec{a}+y\vec{b})\cdot(\vec{b}-\vec{a})=0$$
$$x\vec{a}\cdot\vec{b}-x|\vec{a}|^2+y|\vec{b}|^2-y\vec{b}\cdot\vec{a}=0 \quad\cdots\cdots\text{㉠}$$

이때, $|\vec{a}|=3$, $|\vec{b}|=4$이고, $\angle AOB=60°$이므로

$$\vec{a}\cdot\vec{b}=|\vec{a}||\vec{b}|\cos60°=3\times4\times\frac{1}{2}=6$$

이를 ㉠에 대입하면

$$6x-9x+16y-6y=0$$
$$-3x+10y=0$$
$$\therefore 3x=10y \quad\cdots\cdots\text{㉡}$$

그런데 세 점 A, B, H는 같은 직선 위의 점이므로

$$x+y=1 \quad\cdots\cdots\text{㉢}$$

㉡, ㉢을 연립하여 풀면

$$x=\frac{10}{13},\ y=\frac{3}{13}$$
$$\therefore x-y=\frac{7}{13}$$

정답　$\dfrac{7}{13}$

기본 다지기 p.204~205

06-1 -25 2 $\dfrac{1+\sqrt{7}}{2}$ 3 $-\dfrac{3}{2}$ 4 $\dfrac{11}{16}$

5 8 6 6 7 $\dfrac{1}{3}$ 8 $\dfrac{3}{4}$ 9 ㄴ, ㄷ

10 $\dfrac{1}{2}$

06-1

접근 방법 두 벡터의 크기와 두 벡터가 이루는 각의 크기를 구하면 내적의 정의를 이용하여 벡터의 내적을 계산할 수 있습니다.

상세 풀이 $|\vec{a}|=\overline{BC}=3$,
$|\vec{b}|=\overline{CA}=4$,
$|\vec{c}|=\overline{AB}=5$이고, 오른쪽 그림과 같이 삼각형 ABC의 내각의 크기를 각각 α, β, γ라고 하면

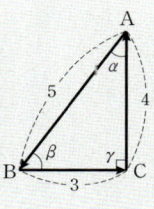

$$\cos\alpha=\frac{4}{5},$$
$$\cos\beta=\frac{3}{5},$$
$$\cos\gamma=0$$

이때, 세 벡터 $\vec{a}$, $\vec{b}$, $\vec{c}$의 시점을 일치시키면 오른쪽 그림과 같고, $\vec{a}$와 $\vec{b}$가 이루는 각의 크기는 90°, $\vec{b}$와 $\vec{c}$가 이루는 각의 크기는 $180°-\alpha$, $\vec{c}$와 $\vec{a}$가 이루는 각의 크기는 $180°-\beta$이므로

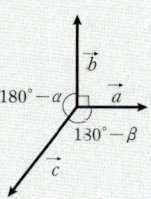

$$\vec{a}\cdot\vec{b}=|\vec{a}||\vec{b}|\cos 90°=0$$
$$\vec{b}\cdot\vec{c}=-|\vec{b}||\vec{c}|\cos\{180°-(180°-\alpha)\}$$
$$=-4\times5\times\frac{4}{5}=-16$$
$$\vec{c}\cdot\vec{a}=-|\vec{c}||\vec{a}|\cos\{180°-(180°-\beta)\}$$
$$=-5\times3\times\frac{3}{5}=-9$$
$$\therefore \vec{a}\cdot\vec{b}+\vec{b}\cdot\vec{c}+\vec{c}\cdot\vec{a}=-25$$

보충 설명 두 벡터가 이루는 각의 크기를 판단할 때

에는 두 벡터의 시점을 일치시키고 살펴보는 것이 좋습니다.

정답 -25

06-2

접근 방법 좌표평면에서 두 점 P, Q의 좌표를 정하고 벡터의 성분으로 나타내어 내분하는 점과 주어진 조건을 이용하여 양수 x의 값을 정하도록 합니다.

상세 풀이 점 O를 원점으로 하고, 변 OP를 좌표평면의 x축의 양의 방향, 변 OQ를 y축의 양의 방향으로 하면

$$\overrightarrow{OP}=(3,0), \overrightarrow{OQ}=(0,3)$$이므로

$$\vec{a}=\frac{2\overrightarrow{OP}+\overrightarrow{OQ}}{3}$$
$$=\frac{2(3,0)+(0,3)}{3}=(2,1)$$
$$\vec{b}=\frac{\overrightarrow{OP}+2\overrightarrow{OQ}}{3}$$
$$=\frac{(3,0)+2(0,3)}{3}=(1,2)$$

이때,
$$x\vec{a}+(1-x)\vec{b}=x(2,1)+(1-x)(1,2)$$
$$=(x+1,-x+2)$$
이므로 $|x\vec{a}+(1-x)\vec{b}|=2\sqrt{2}$에서
$$|x\vec{a}+(1-x)\vec{b}|=\sqrt{(x+1)^2+(-x+2)^2}$$
$$=\sqrt{2x^2-2x+5}=2\sqrt{2}$$

양변을 제곱하면
$$2x^2-2x+5=8, 2x^2-2x-3=0$$
$$\therefore x=\frac{1+\sqrt{7}}{2} (\because x>0)$$

보충 설명 좌표를 설정할 수 있을 때, 벡터의 내적을 구하는 방법을 알아봅시다.

[그림 1]과 같이 삼각형 OAB의 점 O에서 변 AB에 내린 수선의 발을 H라고 합시다.
이때, 세 선분 OH, AH, BH의 길이가 주어지면 두 벡터 $\overrightarrow{OA}$, $\overrightarrow{OB}$의 내적을 쉽게 구할 수 있습니다.

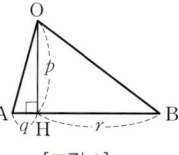

[그림 1]

즉, 주어진 삼각형을 회전시
켜 [그림 2]와 같이 점 O를
원점으로 하고 직선 OH를
x축의 양의 방향으로 하면
두 벡터

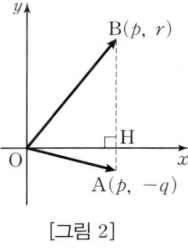

[그림 2]

$$\overrightarrow{OA}=(p,\ -q),$$
$$\overrightarrow{OB}=(p,\ r)$$

이므로

$$\overrightarrow{OA}\cdot\overrightarrow{OB}=(p,\ -q)\cdot(p,\ r)=p^2-qr$$

임을 알 수 있습니다.

정답 $\dfrac{1+\sqrt{7}}{2}$

06-3

접근 방법 두 점 D, E는 각각 두 변 AB, BC를 내분
하는 점이므로 위치벡터를 $\overrightarrow{AB}$와 $\overrightarrow{AC}$로 나타낼 수
있습니다. 따라서 주어진 벡터를 시점이 A인 벡터로
나타내어 내적을 구합니다.

상세 풀이 점 D는 변 AB를 2 : 1로 내분하는 점이
므로 $\overrightarrow{AD}=\dfrac{2}{3}\overrightarrow{AB}$이고, 점 E는 변 BC를 2 : 1로
내분하는 점이므로 $\overrightarrow{AE}=\dfrac{2\overrightarrow{AC}+\overrightarrow{AB}}{3}$ 입니다.

$\overrightarrow{DE}$와 $\overrightarrow{CE}$를 시점이 A인 벡터로 나타내면

$$\overrightarrow{DE}=\overrightarrow{AE}-\overrightarrow{AD}$$
$$=\dfrac{2\overrightarrow{AC}+\overrightarrow{AB}}{3}-\dfrac{2}{3}\overrightarrow{AB}$$
$$=-\dfrac{1}{3}\overrightarrow{AB}+\dfrac{2}{3}\overrightarrow{AC}$$

$$\overrightarrow{CE}=\overrightarrow{AE}-\overrightarrow{AC}$$
$$=\dfrac{2\overrightarrow{AC}+\overrightarrow{AB}}{3}-\overrightarrow{AC}$$
$$=\dfrac{1}{3}\overrightarrow{AB}-\dfrac{1}{3}\overrightarrow{AC}$$

$$\therefore \overrightarrow{DE}\cdot\overrightarrow{CE}$$
$$=\left(-\dfrac{1}{3}\overrightarrow{AB}+\dfrac{2}{3}\overrightarrow{AC}\right)\cdot\left(\dfrac{1}{3}\overrightarrow{AB}-\dfrac{1}{3}\overrightarrow{AC}\right)$$
$$=\dfrac{1}{9}(-\overrightarrow{AB}+2\overrightarrow{AC})\cdot(\overrightarrow{AB}-\overrightarrow{AC})$$

$$=\dfrac{1}{9}(-|\overrightarrow{AB}|^2+3\overrightarrow{AB}\cdot\overrightarrow{AC}-2|\overrightarrow{AC}|^2)$$
$$=\dfrac{1}{9}\left(-3^2+3\times3\times3\times\dfrac{1}{2}-2\times3^2\right)$$
$$(\because \overrightarrow{AB}\cdot\overrightarrow{AC}=|\overrightarrow{AB}||\overrightarrow{AC}|\cos60°)$$
$$=-\dfrac{3}{2}$$

보충 설명 두 점 A, B의 위치벡터를 각각 $\vec{a}$, $\vec{b}$라고
할 때, 선분 AB를 $m : n$으로 내분하는 점 P의 위치
벡터 $\vec{p}$는

$$\vec{p}=\dfrac{m\vec{b}+n\vec{a}}{m+n}\ (m>0,\ n>0)$$

입니다.

정답 $-\dfrac{3}{2}$

06-4

접근 방법 두 점 D, F는 변 BC를 각각 1 : 3, 3 : 1로
내분하는 점이므로 위치벡터를 $\overrightarrow{AB}$와 $\overrightarrow{AC}$로 나타내
어 내적을 계산합니다.

상세 풀이 $\overrightarrow{AB}=\vec{a}$, $\overrightarrow{AC}=\vec{b}$라고 하면 삼각형
ABC는 한 변의 길이가 1인 정삼각형이므로

$$|\vec{a}|=|\vec{b}|=1,\ \vec{a}\cdot\vec{b}=|\vec{a}||\vec{b}|\cos60°=\dfrac{1}{2}$$

점 D는 변 BC를 1 : 3으로 내분하는 점이므로

$$\overrightarrow{AD}=\dfrac{3\vec{a}+\vec{b}}{4}$$

점 F는 변 BC를 3 : 1로 내분하는 점이므로

$$\overrightarrow{AF}=\dfrac{\vec{a}+3\vec{b}}{4}$$

$$\therefore \overrightarrow{AD}\cdot\overrightarrow{AF}=\left(\dfrac{3\vec{a}+\vec{b}}{4}\right)\cdot\left(\dfrac{\vec{a}+3\vec{b}}{4}\right)$$
$$=\dfrac{1}{16}(3\vec{a}+\vec{b})\cdot(\vec{a}+3\vec{b})$$
$$=\dfrac{1}{16}(3|\vec{a}|^2+10\vec{a}\cdot\vec{b}+3|\vec{b}|^2)$$
$$=\dfrac{1}{16}(3+5+3)$$
$$=\dfrac{11}{16}$$

보충 설명 피타고라스 정리를 이용하여 두 선분 AD, AF의 길이를 구하고, 삼각형 ADF에서 코사인법칙을 이용하여 $\cos(\angle DAF)$의 값을 구한 후
$$\overrightarrow{AD} \cdot \overrightarrow{AF} = |\overrightarrow{AD}||\overrightarrow{AF}|\cos(\angle DAF)$$
를 계산하여 구할 수도 있습니다.

정답 $\dfrac{11}{16}$

06-5

접근 방법 주어진 벡터를 성분으로 나타내고, 내적을 구하여 문제의 조건에 맞는 범위에서 최솟값을 정하도록 합니다.

상세 풀이 포물선 $y^2=8x$의 초점은 $\mathrm{F}(2,0)$입니다.

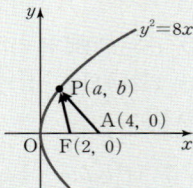

위의 그림과 같이 포물선 위의 점 P의 좌표를 (a,b)라고 하면 $b^2=8a$이므로
$$\overrightarrow{AP} \cdot \overrightarrow{FP} = (a-4,b) \cdot (a-2,b)$$
$$= a^2-6a+8+b^2$$
$$= a^2-6a+8+8a$$
$$= a^2+2a+8$$
$$= (a+1)^2+7$$
그런데 점 $\mathrm{P}(a,b)$는 포물선 $y^2=8x$ 위의 점이므로 $a \geq 0$입니다.
따라서 내적 $\overrightarrow{AP} \cdot \overrightarrow{FP}$의 최솟값은 $a=0$일 때, 8입니다.

보충 설명 (1) $y^2=4px$ ➡ 초점이 $\mathrm{F}(p,0)$이고, 준선의 방정식이 $x=-p$인 포물선
(2) $x^2=4py$ ➡ 초점이 $\mathrm{F}(0,p)$이고, 준선의 방정식이 $y=-p$인 포물선

정답 8

06-6

접근 방법 곡선 위의 점 P의 좌표를 나타내고, 성분으로 표시된 벡터의 내적을 이용하여 내적의 값을 구한 후 조건에 맞는 범위를 찾아서 최솟값을 구하도록 합니다.

상세 풀이 점 P의 좌표를 $\left(a, \dfrac{1}{a}\right)$ $(a<0)$이라고 하면
$$\overrightarrow{PA}=\left(2-a, -\dfrac{1}{a}\right), \overrightarrow{PB}=\left(-a, 2-\dfrac{1}{a}\right)$$
$$\therefore \overrightarrow{PA} \cdot \overrightarrow{PB}$$
$$= \left(2-a, -\dfrac{1}{a}\right) \cdot \left(-a, 2-\dfrac{1}{a}\right)$$
$$= -2a+a^2-\dfrac{2}{a}+\dfrac{1}{a^2}$$
$$= \left(a+\dfrac{1}{a}\right)^2 - 2\left(a+\dfrac{1}{a}\right) - 2$$
$$= \left(a+\dfrac{1}{a}-1\right)^2 - 3$$
이때, $-a>0$이므로 산술평균과 기하평균의 관계에 의하여
$$-a-\dfrac{1}{a} \geq 2\sqrt{(-a) \times \left(-\dfrac{1}{a}\right)} = 2$$
$$\left(\text{단, 등호는 } -a=-\dfrac{1}{a}\text{일 때 성립}\right)$$
$$\therefore a+\dfrac{1}{a} \leq -2$$
따라서 $a+\dfrac{1}{a}=-2$, 즉 $a=-1$일 때, 최솟값은 6입니다.

보충 설명 최댓값과 최솟값은 항상 조건에 맞는 범위에서 구하도록 주의해야 합니다.

위의 문제 상황에서 $a+\dfrac{1}{a}=t$로 놓을 때, $a<0$임에 주의합니다. 이때, 산술평균과 기하평균의 관계에 의하여 $t \leq -2$에서 최솟값을 정하도록 합니다.

정답 6

06-7

접근 방법 조건 $|\vec{a}+\vec{b}|=\sqrt{2}$와 $|\vec{a}-\vec{b}|=1$의 양변을

제곱하여 내적을 구하고 벡터의 크기의 제곱의 합에서 산술평균과 기하평균의 관계를 이용하여 크기의 곱의 범위를 정한 후, 내적을 이용하여 $\cos\theta$의 최솟값을 구하도록 합니다.

상세 풀이 $|\vec{a}+\vec{b}|=\sqrt{2}$이고 $|\vec{a}-\vec{b}|=1$이므로

$$|\vec{a}+\vec{b}|^2=|\vec{a}|^2+2\vec{a}\cdot\vec{b}+|\vec{b}|^2=2 \ \cdots\cdots ㉠$$

$$|\vec{a}-\vec{b}|^2=|\vec{a}|^2-2\vec{a}\cdot\vec{b}+|\vec{b}|^2=1 \ \cdots\cdots ㉡$$

㉠$-$㉡을 하면

$$4\vec{a}\cdot\vec{b}=1 \qquad \therefore \vec{a}\cdot\vec{b}=\frac{1}{4}$$

㉠$+$㉡을 하면

$$2(|\vec{a}|^2+|\vec{b}|^2)=3 \qquad \therefore |\vec{a}|^2+|\vec{b}|^2=\frac{3}{2}$$

이때, $|\vec{a}|^2>0$, $|\vec{b}|^2>0$이므로 산술평균과 기하평균의 관계에 의하여

$$\frac{|\vec{a}|^2+|\vec{b}|^2}{2}\geq\sqrt{|\vec{a}|^2|\vec{b}|^2}=|\vec{a}||\vec{b}|$$

$$(단, 등호는 |\vec{a}|^2=|\vec{b}|^2일 때 성립)$$

$$\therefore |\vec{a}||\vec{b}|\leq\frac{3}{4}$$

따라서 $\cos\theta=\dfrac{\vec{a}\cdot\vec{b}}{|\vec{a}||\vec{b}|}\geq\dfrac{\frac{1}{4}}{\frac{3}{4}}=\dfrac{1}{3}$이므로 구하는 최솟값은 $\dfrac{1}{3}$ 입니다.

보충 설명 두 평면벡터 $\vec{a}=(a_1,\ a_2)$, $\vec{b}=(b_1,\ b_2)$가 이루는 각의 크기를 θ $(0°\leq\theta\leq90°)$라고 하면

$$\cos\theta=\frac{\vec{a}\cdot\vec{b}}{|\vec{a}||\vec{b}|}=\frac{a_1b_1+a_2b_2}{\sqrt{a_1^2+a_2^2}\sqrt{b_1^2+b_2^2}}$$

가 성립합니다.

정답 $\dfrac{1}{3}$

06-8

접근 방법 주어진 조건 (가)에서 $\overrightarrow{OC}$를 이항한 식에서 벡터의 크기가 같다는 것을 이용하여 두 벡터 $\overrightarrow{OA}$, $\overrightarrow{OB}$의 내적을 정하고, 두 벡터가 이루는 각의 크기 θ에 대한 $\cos\theta$의 값을 정하도록 합니다.

상세 풀이 조건 (가)에서 $\overrightarrow{OA}+\overrightarrow{OB}=-\overrightarrow{OC}$이므로

$$|\overrightarrow{OA}+\overrightarrow{OB}|^2=|-\overrightarrow{OC}|^2$$

$$(\overrightarrow{OA}+\overrightarrow{OB})\cdot(\overrightarrow{OA}+\overrightarrow{OB})$$
$$=(-\overrightarrow{OC})\cdot(-\overrightarrow{OC})$$

$$|\overrightarrow{OA}|^2+2\overrightarrow{OA}\cdot\overrightarrow{OB}+|\overrightarrow{OB}|^2=|\overrightarrow{OC}|^2$$

이고, 조건 (나)에서 $|\overrightarrow{OA}|=1$, $|\overrightarrow{OB}|=2$, $|\overrightarrow{OC}|=\sqrt{2}$이므로

$$1+2\overrightarrow{OA}\cdot\overrightarrow{OB}+4=2$$

$$\therefore \overrightarrow{OA}\cdot\overrightarrow{OB}=-\frac{3}{2}$$

두 벡터 $\overrightarrow{OA}$, $\overrightarrow{OB}$가 이루는 각의 크기 θ에 대하여

$$\cos(180°-\theta)=-\frac{\overrightarrow{OA}\cdot\overrightarrow{OB}}{|\overrightarrow{OA}||\overrightarrow{OB}|}$$

$$=-\frac{-\frac{3}{2}}{1\times2}=\frac{3}{4}$$

정답 $\dfrac{3}{4}$

06-9

접근 방법 〈보기〉에서 θ의 크기와 내적의 크기의 관계를 물었으므로 θ의 값에 따라 $\overrightarrow{OP}$가 어떻게 되는지 살피며 내적을 계산합니다.

상세 풀이 ㄱ. $\overrightarrow{OP}\cdot\overrightarrow{OA}=|\overrightarrow{OP}||\overrightarrow{OA}|\cos\theta$
$$=(|\overrightarrow{OP}|\cos\theta)|\overrightarrow{OA}|$$
$$=|\overrightarrow{OA}||\overrightarrow{OA}|=|\overrightarrow{OA}|^2$$

따라서 θ의 값이 커져도 $\overrightarrow{OP}\cdot\overrightarrow{OA}$의 값은 $|\overrightarrow{OA}|^2$으로 일정합니다. (거짓)

ㄴ. 점 P에서 변 OB에 내린 수선의 발을 P′이라고 하면

$$\overrightarrow{OP}\cdot\overrightarrow{OB}=|\overrightarrow{OP}||\overrightarrow{OB}|\cos(45°-\theta)$$
$$=\{|\overrightarrow{OP}|\cos(45°-\theta)\}|\overrightarrow{OB}|$$
$$=|\overrightarrow{OP'}||\overrightarrow{OB}|$$

따라서 θ의 값이 커짐에 따라 $|\overrightarrow{OP'}|$의 값이 커지므로 $\overrightarrow{OP}\cdot\overrightarrow{OB}$의 값도 커집니다. (참)

ㄷ. $\overrightarrow{OP}\cdot\overrightarrow{AB}=\overrightarrow{OP}\cdot(\overrightarrow{OB}-\overrightarrow{OA})$
$$=\overrightarrow{OP}\cdot\overrightarrow{OB}-\overrightarrow{OP}\cdot\overrightarrow{OA}$$

ㄱ과 ㄴ에서 θ의 값이 커짐에 따라 $\overrightarrow{OP} \cdot \overrightarrow{OB}$의 값은 커지고 $\overrightarrow{OP} \cdot \overrightarrow{OA}$의 값은 일정하므로 $\overrightarrow{OP} \cdot \overrightarrow{AB}$의 값은 커집니다. (참)
따라서 옳은 것은 ㄴ, ㄷ입니다.

보충 설명 내적의 기하적 의미를 정확히 이해하고 있다면 상세 풀이와 같이 내적을 직접 계산하지 않아도 문제를 풀 수 있습니다.
오른쪽 그림과 같이 두 벡터 $\overrightarrow{OA}$, $\overrightarrow{OB}$의 시점이 같을 때, 두 벡터의 내적은 $\overrightarrow{OB}$의 크기와 선분 OA의

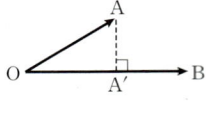

선분 OB 위로의 정사영인 선분 OA′의 길이를 곱한 값입니다.
따라서 주어진 문제에서 ㄱ의 경우 선분 OP의 선분 OA 위로의 정사영은 P의 위치에 관계없이 일정하므로 내적의 값도 일정하고, ㄴ의 경우 점 P가 점 B에 가까워질수록 선분 OP의 선분 OB 위로의 정사영의 길이가 커지므로 내적의 값도 커집니다. 마찬가지로 ㄷ의 경우도 점 P가 점 B에 가까워질수록 선분 OP의 선분 AB 위로의 정사영의 길이가 커지므로 내적의 값이 커진다는 것을 알 수 있습니다.

정답 ㄴ, ㄷ

06-10

접근 방법 두 벡터가 서로 수직이면 내적이 0이 됨을 이용하여 주어진 조건을 만족시키는 t의 값을 찾습니다.

상세 풀이 두 벡터 $\vec{a} - \vec{b}$, $\vec{b}$가 서로 수직이므로
$$(\vec{a} - \vec{b}) \cdot \vec{b} = 0, \ \vec{a} \cdot \vec{b} - \vec{b} \cdot \vec{b} = 0$$
$$\therefore \vec{a} \cdot \vec{b} = \vec{b} \cdot \vec{b} = |\vec{b}|^2 = 1$$
또한 $\vec{a} - t\vec{b}$, $\vec{a} + 2t\vec{b}$가 서로 수직이 되려면
$$(\vec{a} - t\vec{b}) \cdot (\vec{a} + 2t\vec{b}) = 0$$
$$|\vec{a}|^2 + t\vec{a} \cdot \vec{b} - 2t^2|\vec{b}|^2 = 0 \quad \big) \ |\vec{a}|^2 = 3, \ |\vec{b}|^2 = 1$$
$$3 + t - 2t^2 = 0$$
따라서 이차방정식의 근과 계수의 관계에 의하여

$2t^2 - t - 3 = 0$을 만족시키는 모든 실수 t의 값의 합은 $\dfrac{1}{2}$입니다.

보충 설명 $2t^2 - t - 3 = 0$에서 근과 계수의 관계를 이용하여 t의 값의 합을 구했습니다. 하지만 문제에서 t는 실수이어야 하므로 판별식을 이용하여 주어진 방정식을 만족시키는 실수 t의 값이 존재하는지 알아보아야 합니다. 예를 들어 $2t^2 + t + 3 = 0$이면 근과 계수의 관계에 의하여 두 근의 합은 $-\dfrac{1}{2}$이지만, 판별식 $D < 0$이므로 방정식을 만족시키는 실근은 존재하지 않습니다.

정답 $\dfrac{1}{2}$

06-11 -1 12 $\dfrac{1}{2}$

   13 최댓값 : $\sqrt{6}$, 최솟값 : $-\sqrt{6}$ 14 ㄱ, ㄷ

   15 $\dfrac{\sqrt{3}}{2}-\dfrac{\pi}{6}$ 16 56 17 $\dfrac{3}{5}$ 18 2π

   19 (1) $\dfrac{\sqrt{|\vec{a}|^2|\vec{b}|^2-(\vec{a}\cdot\vec{b})^2}}{|\vec{b}|}$ (2) $\left(\dfrac{\vec{a}\cdot\vec{b}}{|\vec{b}|^2}\right)\vec{b}$

   20 $24°$

06-**11**

접근 방법 세 벡터의 관계식에서 $\vec{c}=-3\vec{a}-2\vec{b}$ 이고, $|\vec{c}|=1$ 이므로 $|\vec{c}|^2=|3\vec{a}+2\vec{b}|^2$ 에서 $\vec{a}\cdot\vec{b}$ 의 값을 구하도록 합니다.

상세 풀이 $3\vec{a}+2\vec{b}+\vec{c}=\vec{0}$ 에서
$$\vec{c}=-3\vec{a}-2\vec{b} \qquad\qquad \cdots\cdots ⊙$$
⊙의 양변을 제곱하면
$$\begin{aligned}|\vec{c}|^2&=|3\vec{a}+2\vec{b}|^2\\&=(3\vec{a}+2\vec{b})\cdot(3\vec{a}+2\vec{b})\\&=9|\vec{a}|^2+12\vec{a}\cdot\vec{b}+4|\vec{b}|^2\\&=13+12\vec{a}\cdot\vec{b}\end{aligned}$$
즉, $13+12\vec{a}\cdot\vec{b}=1$ 이므로
$$\vec{a}\cdot\vec{b}=-1 \qquad\qquad \cdots\cdots ⓛ$$
$$\begin{aligned}\therefore \vec{a}\cdot\vec{b}+\vec{b}\cdot\vec{c}+\vec{c}\cdot\vec{a}&=\vec{a}\cdot\vec{b}+\vec{c}\cdot(\vec{b}+\vec{a})\\&=\vec{a}\cdot\vec{b}-(3\vec{a}+2\vec{b})\cdot(\vec{a}+\vec{b})\\&=-3|\vec{a}|^2-4\vec{a}\cdot\vec{b}-2|\vec{b}|^2\\&=-3-4\times(-1)-2\\&=-1\end{aligned}$$
(⊙에 의하여 $\vec{c}=-(3\vec{a}+2\vec{b})$)
(ⓛ에 의하여)

보충 설명 $2\vec{b}+\vec{c}=-3\vec{a}$ 에서
$|2\vec{b}+\vec{c}|=|-3\vec{a}|=3|\vec{a}|=3$ 이 성립하므로 양변을 제곱하면
$$\begin{aligned}|2\vec{b}+\vec{c}|^2&=(2\vec{b}+\vec{c})\cdot(2\vec{b}+\vec{c})\\&=4|\vec{b}|^2+4\vec{b}\cdot\vec{c}+|\vec{c}|^2\\&=5+4\vec{b}\cdot\vec{c}=9\end{aligned}$$
$$\therefore \vec{b}\cdot\vec{c}=1$$
$3\vec{a}+\vec{c}=-2\vec{b}$ 에서 $|3\vec{a}+\vec{c}|=|-2\vec{b}|=2$ 가 성립하므로 양변을 제곱하여 마찬가지 방법으로 구하면

$\vec{a}\cdot\vec{c}=-1$ 임을 알 수 있습니다.

정답 -1

06-**12**

접근 방법 $|\vec{a}|^2=\vec{a}\cdot\vec{a}$ 를 이용하기 위하여 주어진 식의 양변을 제곱합니다.

상세 풀이 $|k\vec{a}+\vec{b}|=\sqrt{3}|\vec{a}-k\vec{b}|$ 의 양변을 제곱하면
$$\begin{aligned}|k\vec{a}+\vec{b}|^2&=3|\vec{a}-k\vec{b}|^2\\(k\vec{a}+\vec{b})\cdot(k\vec{a}+\vec{b})&=3(\vec{a}-k\vec{b})\cdot(\vec{a}-k\vec{b})\\k^2|\vec{a}|^2+2k\vec{a}\cdot\vec{b}+|\vec{b}|^2&\\&=3(|\vec{a}|^2-2k\vec{a}\cdot\vec{b}+k^2|\vec{b}|^2)\end{aligned}$$
그런데 $|\vec{a}|=|\vec{b}|=1$ 이므로
$$\begin{aligned}k^2+2k\vec{a}\cdot\vec{b}+1&=3(1-2k\vec{a}\cdot\vec{b}+k^2)\\8k\vec{a}\cdot\vec{b}&=2k^2+2\end{aligned}$$
$$\therefore \vec{a}\cdot\vec{b}=\dfrac{k^2+1}{4k}=\dfrac{1}{4}\left(k+\dfrac{1}{k}\right)$$

이때, $k>0$, $\dfrac{1}{k}>0$ 이므로 산술평균과 기하평균의 관계에 의하여
$$\vec{a}\cdot\vec{b}=\dfrac{1}{4}\left(k+\dfrac{1}{k}\right)\geq\dfrac{1}{4}\times2\sqrt{k\times\dfrac{1}{k}}=\dfrac{1}{2}$$
$$\left(\text{단, 등호는 } k=\dfrac{1}{k} \text{일 때 성립}\right)$$

따라서 내적 $\vec{a}\cdot\vec{b}$ 의 최솟값은 $\dfrac{1}{2}$ 입니다.

정답 $\dfrac{1}{2}$

06-**13**

접근 방법 점 P는 원 위의 점이므로 $|\overrightarrow{OP}|$ 는 원의 반지름의 길이로 일정합니다. 따라서 타원 위의 점 Q가 어느 위치에 있을 때 $|\overrightarrow{OQ}|$ 와 $\cos(\angle POQ)$ 가 최댓값 또는 최솟값을 가지게 되는지를 그림을 그려서 알아봅니다.

상세 풀이 오른쪽 그림과 같이 두 벡터 $\overrightarrow{OP}$, $\overrightarrow{OQ}$ 가 이루는 각의 크기를 θ 라고 하면

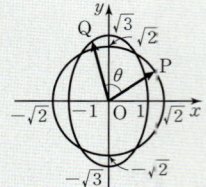

$$\overrightarrow{OP} \cdot \overrightarrow{OQ} = |\overrightarrow{OP}||\overrightarrow{OQ}|\cos\theta$$

이때, 점 P는 원 $x^2+y^2=2$ 위의 점이므로 $|\overrightarrow{OP}|=\sqrt{2}$이고, 점 Q는 타원 $x^2+\dfrac{y^2}{3}=1$ 위의 점이므로 $1 \le |\overrightarrow{OQ}| \le \sqrt{3}$입니다.

따라서 $|\overrightarrow{OQ}|=\sqrt{3}$, $\cos\theta=1$일 때, 최댓값은 $\sqrt{6}$ 이고, $|\overrightarrow{OQ}|=\sqrt{3}$, $\cos\theta=-1$일 때, 최솟값은 $-\sqrt{6}$입니다.

보충 설명 수학 I 06 삼각함수에서
$\cos(180°-\theta)=-\cos\theta$라는 것을 배웠습니다.
이 성질을 사용하면 벡터의 내적의 정의에서 두 벡터 $\vec{a}$, $\vec{b}$가 이루는 각의 크기 θ가 $90° < \theta < 180°$일 때,

$$\vec{a} \cdot \vec{b} = -|\vec{a}||\vec{b}|\cos(180°-\theta)$$
$$= -|\vec{a}||\vec{b}| \times (-\cos\theta)$$
$$= |\vec{a}||\vec{b}|\cos\theta$$

가 됨을 알 수 있습니다.
따라서 문제에서 θ의 값의 범위를 생각하지 않고 바로 $\overrightarrow{OP} \cdot \overrightarrow{OQ} = |\overrightarrow{OP}||\overrightarrow{OQ}|\cos\theta$라고 할 수 있습니다.

정답 최댓값: $\sqrt{6}$, 최솟값: $-\sqrt{6}$

06-14

접근 방법 $|\vec{a}+\vec{b}+\vec{c}|^2 = (\vec{a}+\vec{b}+\vec{c}) \cdot (\vec{a}+\vec{b}+\vec{c})$임을 이용하여 ㄷ이 성립함을 확인하도록 합니다.

상세 풀이 ㄱ. $|\vec{a}-\vec{b}|=0$이면 $\vec{a}-\vec{b}=\vec{0}$
$\vec{a}=\vec{0}+\vec{b}$ $\therefore \vec{a}=\vec{b}$ (참)
ㄴ. [반례] $\vec{a}$와 수직이고 크기가 다른 두 벡터 $\vec{b}$, $\vec{c}$에 대하여 $\vec{a} \ne \vec{0}$이고 $\vec{a} \cdot \vec{b} = \vec{a} \cdot \vec{c} = 0$이지만 $\vec{b} \ne \vec{c}$입니다. (거짓)
ㄷ. $|\vec{a}+\vec{b}+\vec{c}|^2 = 3(\vec{a} \cdot \vec{b} + \vec{b} \cdot \vec{c} + \vec{c} \cdot \vec{a})$에서

$$|\vec{a}+\vec{b}+\vec{c}|^2 = |\vec{a}|^2 + |\vec{b}|^2 + |\vec{c}|^2$$
$$+2(\vec{a} \cdot \vec{b} + \vec{b} \cdot \vec{c} + \vec{c} \cdot \vec{a})$$

이므로

$$|\vec{a}|^2 + |\vec{b}|^2 + |\vec{c}|^2 - (\vec{a} \cdot \vec{b} + \vec{b} \cdot \vec{c} + \vec{c} \cdot \vec{a})$$
$$= 0$$
$$\frac{1}{2}(|\vec{a}-\vec{b}|^2 + |\vec{b}-\vec{c}|^2 + |\vec{c}-\vec{a}|^2) = 0$$

이때, $|\vec{a}-\vec{b}|$, $|\vec{b}-\vec{c}|$, $|\vec{c}-\vec{a}|$의 값은 모두 실수이므로

$$|\vec{a}-\vec{b}| = 0, \quad |\vec{b}-\vec{c}| = 0, \quad |\vec{c}-\vec{a}| = 0$$

즉, ㄱ에 의하여 $\vec{a}=\vec{b}=\vec{c}$입니다. (참)
따라서 옳은 것은 ㄱ, ㄷ입니다.

보충 설명 크기가 0인 벡터는 $\vec{0}$이고, 한 벡터에 대하여 두 벡터를 각각 내적한 값이 같다고 해서 두 벡터가 같은 것이 아님에 주의하도록 합니다.

정답 ㄱ, ㄷ

06-15

접근 방법 두 벡터 $\overrightarrow{PA}$, $\overrightarrow{PB}$가 이루는 각의 크기를 θ 라 하고 내적을 계산하면 주어진 조건을 만족시키는 θ의 값의 범위를 알 수 있고, 선분 AB를 지름으로 하는 원을 그려서 점 P가 나타내는 도형을 찾을 수 있습니다.

상세 풀이 정삼각형 ABC의 내부의 점 P에 대하여 $\angle APB = \theta$라고 하면 점 P는

$$\overrightarrow{PA} \cdot \overrightarrow{PB} = |\overrightarrow{PA}||\overrightarrow{PB}|\cos\theta \ge 0$$

즉, $\cos\theta \ge 0$을 만족시키는 영역에 존재합니다.
$\cos\theta = 0$, 즉 $\theta = 90°$를 만족시키는 점 P는 선분 AB를 지름으로 하는 반원 위의 점이고, $\cos\theta > 0$, 즉 $\theta < 90°$를 만족시키는 점 P가 나타내는 도형은 다음 그림에서 색칠한 부분이 됩니다.
오른쪽 그림에서 정삼각형 ABC의 각 변의 중점을 각각 D, E, F라고 하면 네 삼각형 ADF, DBE, DEF, CFE는 모두 정삼

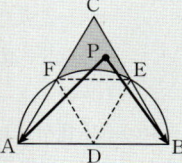

각형이므로 색칠한 부분의 넓이는

□CFDE－(부채꼴 DEF의 넓이)

입니다.

따라서 구하는 도형의 넓이는

$$\frac{\sqrt{3}}{2} - \pi \times 1^2 \times \frac{60}{360} = \frac{\sqrt{3}}{2} - \frac{\pi}{6}$$

보충 설명 (1) 지름이 선분

AB인 원의 원주각의 성
질에 의하여

(ⅰ) 원 위의 점 D에 대하
여

∠ADB=90°

(ⅱ) 원 안의 점 C에 대하여

∠ACB>90°

(ⅲ) 원 밖의 점 E에 대하여

∠AEB<90°

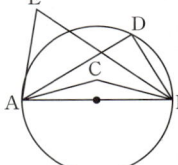

가 성립합니다.

(2) 수학 Ⅰ **07 삼각함수의 그래프**에서 배우듯이

0°≤θ≤180°에서 함
수 $y=\cos\theta$의 그래
프는 오른쪽 그림과
같습니다.

따라서 $\cos\theta>0$이
려면 0°<θ<90°이어야 합니다.

정답 $\dfrac{\sqrt{3}}{2} - \dfrac{\pi}{6}$

06- **16**

접근 방법 $|\overrightarrow{DA}|$와 $|\overrightarrow{DC}|$가 주어졌으므로 $\overrightarrow{CA}$를 시
점이 D인 벡터로 나타내고 삼각비를 이용하여 내적
을 계산합니다.

상세 풀이 사각형 ABCD에서 $\overline{AB}=\overline{BD}=\overline{BC}$이
므로 두 삼각형 ABD, BCD는 이등변삼각형입
니다.

$\overline{AD}=16$, $\overline{CD}=12$이므로

$$\begin{aligned}
\overrightarrow{DB}\cdot\overrightarrow{CA} &= \overrightarrow{DB}\cdot(\overrightarrow{DA}-\overrightarrow{DC}) \\
&= \overrightarrow{DB}\cdot\overrightarrow{DA}-\overrightarrow{DB}\cdot\overrightarrow{DC} \\
&= |\overrightarrow{DB}||\overrightarrow{DA}|\cos(\angle ADB) \\
&\quad - |\overrightarrow{DB}||\overrightarrow{DC}|\cos(\angle CDB) \\
&= \overline{DA}\{\overline{DB}\cos(\angle ADB)\} \\
&\quad - \overline{DC}\{\overline{DB}\cos(\angle CDB)\} \\
&= \frac{1}{2}\overline{AD}^2 - \frac{1}{2}\overline{DC}^2 \\
&= \frac{1}{2}\times 16^2 - \frac{1}{2}\times 12^2 \\
&= 56
\end{aligned}$$

보충 설명 이등변삼각형의 꼭지각의 이등분선은 밑변
을 수직이등분한다는 성질을 가지므로 두 이등변삼
각형 ABD, BCD에서

$$\overline{BD}\cos(\angle ADB) = \frac{1}{2}\overline{AD},$$

$$\overline{BD}\cos(\angle CDB) = \frac{1}{2}\overline{CD}$$

가 성립합니다.

정답 56

06- **17**

접근 방법 $|\vec{a}+\vec{b}|$의 값을 구하기 위하여 $\vec{a}+3\vec{b}$와
$3\vec{a}-\vec{b}$를 이용해야 하므로 $\vec{a}+3\vec{b}=\vec{x}$, $3\vec{a}-\vec{b}=\vec{y}$로
놓고 $\vec{a}+\vec{b}$를 $\vec{x}$, $\vec{y}$의 적당한 실수배의 합으로 나타냅
니다.

상세 풀이 $\vec{a}+3\vec{b}=\vec{x}$, $3\vec{a}-\vec{b}=\vec{y}$로 놓으면

$$|\vec{x}|=1, \ |\vec{y}|=1$$

이고, $\vec{a}=\dfrac{1}{10}(\vec{x}+3\vec{y})$, $\vec{b}=\dfrac{1}{10}(3\vec{x}-\vec{y})$이므로

$$\vec{a}+\vec{b}=\frac{1}{5}(2\vec{x}+\vec{y})$$

두 벡터 $\vec{x}$, $\vec{y}$가 이루는 각의 크기를 θ라고 하면

$$\begin{aligned}
|2\vec{x}+\vec{y}|^2 &= 4|\vec{x}|^2+4\vec{x}\cdot\vec{y}+|\vec{y}|^2 \\
&= 4+4|\vec{x}||\vec{y}|\cos\theta+1 \\
&= 5+4\cos\theta
\end{aligned}$$

이때, $-1\le\cos\theta\le 1$이므로

$$1\le|2\vec{x}+\vec{y}|^2\le 9$$

$$\therefore 1 \le |2\vec{x} + \vec{y}| \le 3$$

따라서 $|\vec{a} + \vec{b}| = \dfrac{1}{5}|2\vec{x} + \vec{y}|$ 의 최댓값은 $\dfrac{3}{5}$ 입니다.

정답 $\dfrac{3}{5}$

06-18

접근 방법 점 P가 나타내는 도형을 알아보기 위하여 $\overrightarrow{OP}$ 의 방향과 크기를 주어진 조건을 이용하여 따져 봅니다.

상세 풀이 조건 (가)에서 $\vec{a} - \vec{b} = \vec{c}$ 이고, $|\vec{c}| = 1$ 이므로

$$|\vec{a} - \vec{b}| = |\vec{c}| = 1$$
$$|\vec{a} - \vec{b}|^2 = (\vec{a} - \vec{b}) \cdot (\vec{a} - \vec{b}) = 1$$
$$|\vec{a}|^2 - 2\vec{a} \cdot \vec{b} + |\vec{b}|^2 = 1$$
$$\therefore |\vec{a}|^2 + |\vec{b}|^2 = 1 \quad \text{← 조건 (나)에서 } \vec{a} \cdot \vec{b} = 0$$

이를 이용하여 $|\overrightarrow{OP}|$ 의 값을 구하면

$$|\overrightarrow{OP}|^2 = |\vec{a} + \vec{b}|^2$$
$$= (\vec{a} + \vec{b}) \cdot (\vec{a} + \vec{b})$$
$$= |\vec{a}|^2 + 2\vec{a} \cdot \vec{b} + |\vec{b}|^2$$
$$= |\vec{a}|^2 + |\vec{b}|^2 = 1$$
$$\therefore |\overrightarrow{OP}| = 1$$

즉, $\overrightarrow{OP}$ 는 원점을 시점으로 하는 크기가 1인 벡터이므로 점 P가 나타내는 도형은 중심이 원점이고 반지름의 길이가 1인 원입니다.
따라서 구하는 도형의 길이는 2π입니다.

보충 설명 $|\overrightarrow{OP}| = 1$ 이라는 조건이 주어졌다면 원점 O와 점 P 사이의 거리가 1이라는 의미이며, 점 P가 만족시켜야 하는 다른 조건이 없으므로 오른쪽 그림과 같이 점 P가 나타내는 도형은 원이 됩니다.
원의 정의는 한 정점으로부터의 거리가 같은 점들의

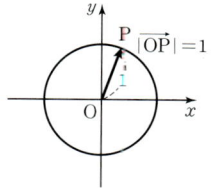

모임이므로 이와 같이 벡터를 이용하여 원을 나타낼 수 있습니다.

정답 2π

06-19

접근 방법 (1)에서는 $\overrightarrow{OA}$, $\overrightarrow{OB}$ 를 그려 $|\overrightarrow{AC}|$ 가 의미하는 바를 파악합니다. (2)에서는 $\overrightarrow{OC}$ 의 방향과 크기를 찾아봅니다.

상세 풀이 오른쪽 그림에서 $\angle AOB = \theta$ 라고 하자.

(1) $|\overrightarrow{AC}| = |\vec{a}| \sin\theta$ 이고

$$\cos\theta = \frac{\vec{a} \cdot \vec{b}}{|\vec{a}||\vec{b}|} \text{ 이므로}$$

$$\sin\theta = \sqrt{1 - \cos^2\theta} \quad \text{← } \sin^2\theta + \cos^2\theta = 1$$
$$= \sqrt{\frac{|\vec{a}|^2|\vec{b}|^2 - (\vec{a} \cdot \vec{b})^2}{|\vec{a}|^2|\vec{b}|^2}}$$
$$\therefore |\overrightarrow{AC}| = |\vec{a}| \sin\theta$$
$$= |\vec{a}| \times \frac{\sqrt{|\vec{a}|^2|\vec{b}|^2 - (\vec{a} \cdot \vec{b})^2}}{|\vec{a}||\vec{b}|}$$
$$= \frac{\sqrt{|\vec{a}|^2|\vec{b}|^2 - (\vec{a} \cdot \vec{b})^2}}{|\vec{b}|}$$

(2) $\overrightarrow{OC}$ 의 방향은 $\overrightarrow{OB}$ 와 같고, $|\overrightarrow{OC}| = |\vec{a}|\cos\theta$ 입니다. $\overrightarrow{OB}$ 와 방향이 같은 단위벡터는 $\dfrac{\vec{b}}{|\vec{b}|}$ 로 나타낼 수 있고, $\cos\theta = \dfrac{\vec{a} \cdot \vec{b}}{|\vec{a}||\vec{b}|}$ 이므로

$$\overrightarrow{OC} = (|\vec{a}|\cos\theta)\frac{\vec{b}}{|\vec{b}|}$$
$$= \left(|\vec{a}| \times \frac{\vec{a} \cdot \vec{b}}{|\vec{a}||\vec{b}|}\right)\frac{\vec{b}}{|\vec{b}|}$$
$$= \left(\frac{\vec{a} \cdot \vec{b}}{|\vec{b}||\vec{b}|}\right)\vec{b}$$
$$= \left(\frac{\vec{a} \cdot \vec{b}}{|\vec{b}|^2}\right)\vec{b}$$

보충 설명 방향에 관계없이 크기가 1
인 벡터를 단위벡터라고 하며, $\vec{a}$와

방향이 같은 단위벡터는 $\dfrac{\vec{a}}{|\vec{a}|}$ 입니다.

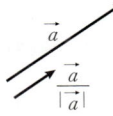

정답 (1) $\dfrac{\sqrt{|\vec{a}|^2|\vec{b}|^2-(\vec{a}\cdot\vec{b})^2}}{|\vec{b}|}$ (2) $\left(\dfrac{\vec{a}\cdot\vec{b}}{|\vec{b}|^2}\right)\vec{b}$

06-**20**

접근 방법 $\overrightarrow{CX}=\overrightarrow{AX}-\overrightarrow{AC}$이므로 내적의 연산법칙
을 이용하여 전개한 다음, $\overrightarrow{AD}\cdot\overrightarrow{CX}$의 값이 최소가
될 때의 점 P의 위치를 찾아서 ∠ACP의 크기를 정
하도록 합니다.

상세 풀이
$$\begin{aligned}\overrightarrow{AD}\cdot\overrightarrow{CX}&=\overrightarrow{AD}\cdot(\overrightarrow{AX}-\overrightarrow{AC})\\&=\overrightarrow{AD}\cdot\overrightarrow{AX}-\overrightarrow{AD}\cdot\overrightarrow{AC}\quad\cdots\cdots\text{㉠}\end{aligned}$$

세 점 A, C, D는 고정된 점이므로 $\overrightarrow{AD}\cdot\overrightarrow{AC}$는
상수입니다.
따라서 ㉠에서 $\overrightarrow{AD}\cdot\overrightarrow{CX}$의 값이 최소가 되려면
$\overrightarrow{AD}\cdot\overrightarrow{AX}$의 값이 최소가 되어야 합니다.
두 벡터 $\overrightarrow{AD}$, $\overrightarrow{AX}$가 이루는 각의 크기를 θ라고
하면
$$\overrightarrow{AD}\cdot\overrightarrow{AX}=|\overrightarrow{AD}||\overrightarrow{AX}|\cos\theta$$
이고, $|\overrightarrow{AD}|$의 값은 상수이므로 $|\overrightarrow{AX}|\cos\theta$의
값이 최소이어야 합니다.
오른쪽 그림과 같이
직선 AD와 수직인
직선 l이 원과 접할
때의 접점을 P라 하
고, 그때 직선 AD와
만나는 점을 Q라고
하면

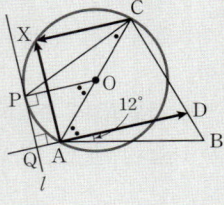

$$|\overrightarrow{AX}|\cos\theta\geq|\overrightarrow{AP}|\cos\theta=-|\overrightarrow{AQ}|$$
이때, $\overline{PO}/\!/\overline{QD}$이므로
$$\angle AOP=\angle OAD=60^\circ-12^\circ=48^\circ$$
또한 원주각의 성질에 의하여 $2\angle ACP=\angle AOP$
에서
$$\angle ACP=\dfrac{1}{2}\times48^\circ=24^\circ$$
$$\therefore\ \alpha=24^\circ$$

다른 풀이
$$\begin{aligned}\overrightarrow{AD}\cdot\overrightarrow{CX}&=\overrightarrow{AD}\cdot(\overrightarrow{OX}-\overrightarrow{OC})\\&=\overrightarrow{AD}\cdot\overrightarrow{OX}-\overrightarrow{AD}\cdot\overrightarrow{OC}\end{aligned}$$

이때, 네 점 O, A, C, D는 고정된 점이므로
$\overrightarrow{AD}\cdot\overrightarrow{OX}$의 값이 최소가 되어야 합니다.
두 벡터 $\overrightarrow{AD}$, $\overrightarrow{OX}$가 이루는 각의 크기를 θ라고 하면
$$\overrightarrow{AD}\cdot\overrightarrow{OX}=|\overrightarrow{AD}||\overrightarrow{OX}|\cos\theta$$
에서 $-1\leq\cos\theta\leq1$이므로
$\cos\theta=-1$일 때, $\overrightarrow{AD}\cdot\overrightarrow{OX}$의 값은 최소가 됩니다.
따라서 $\cos\theta=-1$을 만족시키는 점 X를 P라고 하
면 두 선분 OP, AD가 서로 평행하므로
$$\angle AOP=\angle OAD=60^\circ-12^\circ=48^\circ$$
$$\therefore\ \angle ACP=\dfrac{1}{2}\angle AOP=\dfrac{1}{2}\times48^\circ=24^\circ$$
$$\therefore\ \alpha=24^\circ$$

정답 24°

예제 01　방향벡터와 직선의 방정식　　　p.219

01-**1**

(1) 방향벡터가 $(-1, 3)$이므로 구하는 직선의 방정식은

$$\frac{x-2}{-1} = \frac{y-3}{3}$$

$$\therefore 2-x = \frac{y-3}{3}$$

(2) 두 점 $A(-1, 2)$, $B(2, -3)$을 지나는 직선의 방향벡터는

$$\overrightarrow{AB} = (2, -3) - (-1, 2) = (3, -5)$$

따라서 점 $(-1, 1)$을 지나고 방향벡터가 $(3, -5)$인 직선의 방정식은

$$\frac{x-(-1)}{3} = \frac{y-1}{-5}$$

$$\therefore \frac{x+1}{3} = \frac{1-y}{5}$$

정답　(1) $2-x = \dfrac{y-3}{3}$　(2) $\dfrac{x+1}{3} = \dfrac{1-y}{5}$

01-**2**

선분 AB를 $1:2$로 내분하는 점 C의 좌표는

$$\left(\frac{1\times5+2\times(-1)}{1+2}, \frac{1\times2+2\times2}{1+2} \right)$$

$$\therefore C(1, 2)$$

즉, 점 $C(1, 2)$를 지나고 방향벡터가 $\vec{u} = (-1, 3)$인 직선의 방정식은

$$\frac{x-1}{-1} = \frac{y-2}{3}$$

이때, $x=0$을 대입하면 $y=5$이므로 위의 직선이 y축과 만나는 점의 좌표는 $(0, 5)$입니다.

$$\therefore k=5$$

정답　⑤

01-**3**

점 $(0, a)$를 지나고 벡터 $\vec{u} = (1, 2)$에 평행한 직선의 방정식은

$$x = \frac{y-a}{2}$$

이 직선과 x축, y축의 교점을 각각 A, B라고 하면

$$A\left(-\frac{a}{2}, 0 \right), B(0, a)$$

이때, 직선과 x축 및 y축으로 둘러싸인 삼각형의 넓이가 4이므로

$$\frac{1}{2} \times \frac{a}{2} \times a = 4$$

$$a^2 = 16$$

$$\therefore a=4 \ (\because a>0)$$

정답　4

예제 02　법선벡터와 직선의 방정식　　　p.221

02-**1**

(1) 법선벡터가 $\frac{1}{2}\vec{a} = (0, 1)$이므로 구하는 직선의 방정식은

$$0 \times (x-2) + (y+3) = 0$$

$$\therefore y+3 = 0$$

(2) 두 점 $A(-2, 3)$, $B(0, 1)$을 지나는 직선의 방향벡터는

$$\overrightarrow{AB} = (0, 1) - (-2, 3)$$

$$= (2, -2) = 2(1, -1)$$

이므로 구하는 직선의 법선벡터는 $(1, -1)$입니다.

또한 선분 AB의 중점의 좌표는

$$\left(\frac{-2+0}{2}, \frac{3+1}{2} \right) \quad \therefore (-1, 2)$$

따라서 점 $(-1, 2)$를 지나고 법선벡터가 $(1, -1)$인 직선의 방정식은

$$(x+1) - (y-2) = 0$$

$$\therefore x-y+3 = 0$$

정답　(1) $y+3=0$　(2) $x-y+3=0$

02-**2**

$\vec{a}+\vec{b} = (2, 1) + (1, 5) = (3, 6) = 3(1, 2)$이므로 구하는 직선의 법선벡터는 $(1, 2)$입니다.

따라서 점 $(2, 3)$을 지나고 법선벡터가 $(1, 2)$인 직선의 방정식은

$$(x-2)+2(y-3)=0$$
$$\therefore x+2y-8=0$$

즉, $m=2$, $n=-8$이므로

$$m+n=2+(-8)=-6$$

정답 -6

02-**3**

수선의 발 $H(a, b)$는 직선 $2x-y=0$ 위의 점이므로

$$2a-b=0 \qquad\qquad \cdots\cdots \text{㉠}$$

이때, $\overrightarrow{\mathrm{AH}}=(a, b)-(1, -1)=(a-1, b+1)$

또한 주어진 직선의 법선벡터를 $\vec{n}$이라고 하면
$\vec{n}=(2, -1)$이고, $\overrightarrow{\mathrm{AH}}\,/\!/\,\vec{n}$이므로

$$(a-1, b+1)=k(2, -1) \ (k는 0이 아닌 실수)$$
$$\therefore \frac{a-1}{2}=\frac{b+1}{-1} \qquad\qquad \cdots\cdots \text{㉡}$$

㉠, ㉡을 연립하여 풀면

$$a=-\frac{1}{5}, \ b=-\frac{2}{5}$$
$$\therefore 10(a-b)=10\left\{-\frac{1}{5}-\left(-\frac{2}{5}\right)\right\}=2$$

다른 풀이 수선의 발 H는 직선 $2x-y=0$, 즉 $y=2x$ 위의 점이므로 $H(t, 2t)$ $(t는 실수)$라고 할 수 있습니다.

이때, $\overrightarrow{\mathrm{AH}}=(t, 2t)-(1, -1)=(t-1, 2t+1)$

또한 주어진 직선은 $x=\dfrac{y}{2}$이므로 방향벡터를 $\vec{u}$라고 하면 $\vec{u}=(1, 2)$이고, $\overrightarrow{\mathrm{AH}}\perp\vec{u}$이므로

$$\begin{aligned}\overrightarrow{\mathrm{AH}}\cdot\vec{u}&=(t-1, 2t+1)\cdot(1, 2)\\&=t-1+2(2t+1)\\&=5t+1=0\end{aligned}$$

즉, $t=-\dfrac{1}{5}$이므로 수선의 발 H의 좌표는 $\left(-\dfrac{1}{5}, -\dfrac{2}{5}\right)$입니다.

$$\therefore 10(a-b)=10\left\{-\frac{1}{5}-\left(-\frac{2}{5}\right)\right\}=2$$

정답   2

예제 03 두 직선이 이루는 각   p.223

03-**1**

(1) 두 직선 g_1, g_2의 방향벡터를 각각 $\vec{u_1}$, $\vec{u_2}$라고 하면
$\vec{u_1}=(3, 1)$, $\vec{u_2}=(1, 3)$이므로

$$\begin{aligned}\cos\theta&=\frac{|\vec{u_1}\cdot\vec{u_2}|}{|\vec{u_1}||\vec{u_2}|}=\frac{|3\times1+1\times3|}{\sqrt{3^2+1^2}\sqrt{1^2+3^2}}\\&=\frac{6}{\sqrt{10}\sqrt{10}}=\frac{3}{5}\end{aligned}$$

(2) 두 직선 l_1, l_2의 법선벡터를 각각 $\vec{n_1}$, $\vec{n_2}$라고 하면
$\vec{n_1}=(1, -1)$, $\vec{n_2}=(3, 1)$이므로

$$\begin{aligned}\cos\theta&=\frac{|\vec{n_1}\cdot\vec{n_2}|}{|\vec{n_1}||\vec{n_2}|}=\frac{|1\times3+(-1)\times1|}{\sqrt{1^2+(-1)^2}\sqrt{3^2+1^2}}\\&=\frac{2}{\sqrt{2}\sqrt{10}}=\frac{\sqrt{5}}{5}\end{aligned}$$

정답 (1) $\dfrac{3}{5}$ (2) $\dfrac{\sqrt{5}}{5}$

03-**2**

두 직선 l_1, l_2의 방향벡터를 각각 $\vec{u_1}$, $\vec{u_2}$라고 하면

$$\vec{u_1}=(0, 1), \ \vec{u_2}=(1, k)$$

두 직선이 이루는 각의 크기가 $30°$이므로

$$\cos30°=\frac{|\vec{u_1}\cdot\vec{u_2}|}{|\vec{u_1}||\vec{u_2}|}$$
$$\frac{\sqrt{3}}{2}=\frac{|k|}{\sqrt{1^2+k^2}}, \ \sqrt{3+3k^2}=2|k|$$

양변을 제곱하면 $3+3k^2=4k^2$, $k^2=3$

$$\therefore k=\sqrt{3} \ (\because k>0)$$

정답 $\sqrt{3}$

03-**3**

두 직선 $\dfrac{x+1}{a}=y$, $x-2=\dfrac{y-1}{2}$의 방향벡터를 각각 $\vec{u_1}$, $\vec{u_2}$라고 하면 $\vec{u_1}=(a, 1)$, $\vec{u_2}=(1, 2)$입니다.

두 직선이 이루는 각의 크기가 $60°$이므로

$$\cos60°=\frac{|\vec{u_1}\cdot\vec{u_2}|}{|\vec{u_1}||\vec{u_2}|}$$
$$\frac{1}{2}=\frac{|a+2|}{\sqrt{a^2+1^2}\sqrt{1^2+2^2}}$$

$$\frac{1}{2}=\frac{|a+2|}{\sqrt{5(a^2+1)}}, \sqrt{5(a^2+1)}=2|a+2|$$

양변을 제곱하면 $5a^2+5=4a^2+16a+16$

$$a^2-16a-11=0$$

따라서 이차방정식의 근과 계수의 관계에 의하여 모든 실수 a의 값의 합은 16입니다.

정답 16

예제 04 두 직선의 평행과 수직   p.225

04-1

세 직선 l_1, l_2, l_3의 방향벡터를 각각 $\vec{u_1}$, $\vec{u_2}$, $\vec{u_3}$이라고 하면

$$\vec{u_1}=(1,-3), \vec{u_2}=(2,a), \vec{u_3}=(b,5)$$

$l_1 /\!/ l_2$일 때, $\vec{u_1} /\!/ \vec{u_2}$이므로

$\vec{u_1}=k\vec{u_2}$ (k는 0이 아닌 실수)에서

$$(1,-3)=k(2,a)$$

즉, $k=\frac{1}{2}$이므로 $a=-6$

또한 $l_2 \perp l_3$, 즉 $l_1 \perp l_3$일 때, $\vec{u_1} \cdot \vec{u_3}=0$이므로

$$1 \times b+(-3) \times 5=0$$

$$\therefore b=15$$

$$\therefore a+b=(-6)+15=9$$

정답 9

04-2

두 직선 $ax-6y+a=0$, $\frac{x-1}{2}=\frac{y+1}{3}$의 방향벡터를 각각 $\vec{u_1}$, $\vec{u_2}$라고 하면 직선 $ax-6y+a=0$에서

$a(x+1)=6y$, 즉 $\frac{x+1}{6}=\frac{y}{a}$

$$\therefore \vec{u_1}=(6,a)$$

또한 직선 $\frac{x-1}{2}=\frac{y+1}{3}$의 방향벡터는 $\vec{u_2}=(2,3)$입니다.

두 직선이 서로 수직이므로 두 직선의 방향벡터가 서로 수직입니다. 즉, $\vec{u_1} \cdot \vec{u_2}=0$에서

$$\vec{u_1} \cdot \vec{u_2}=(6,a) \cdot (2,3)=12+3a=0$$

$$\therefore a=-4$$

다른 풀이 직선 $ax-6y+a=0$의 법선벡터를 $\vec{n}$이라고 하면 $\vec{n}=(a,-6)$입니다.

또한 직선 $\frac{x-1}{2}=\frac{y+1}{3}$의 방향벡터를 $\vec{u}$라고 하면 $\vec{u}=(2,3)$입니다.

두 직선이 서로 수직이므로 법선벡터 $\vec{n}$과 방향벡터 $\vec{u}$가 서로 평행합니다. 즉, $\vec{n} /\!/ \vec{u}$이므로

$\vec{n}=k\vec{u}$ (k는 0이 아닌 실수)에서

$$(a,-6)=k(2,3)$$

즉, $k=-2$이므로 $a=-4$

정답 ②

04-3

두 직선 $x+ay+1=0$, $2x-by+3=0$의 법선벡터를 각각 $\vec{n_1}$, $\vec{n_2}$라고 하면

$$\vec{n_1}=(1,a), \vec{n_2}=(2,-b)$$

두 직선이 서로 수직이면 두 직선의 법선벡터가 서로 수직이므로 $\vec{n_1} \cdot \vec{n_2}=0$에서

$$1 \times 2+a \times (-b)=0$$

$$\therefore ab=2$$

직선 $x-(b-3)y-2=0$의 법선벡터를 $\vec{n_3}$이라고 하면

$$\vec{n_3}=(1,3-b)$$

두 직선이 서로 평행하면 두 직선의 법선벡터가 서로 평행합니다. 즉, $\vec{n_1} /\!/ \vec{n_3}$이므로

$\vec{n_1}=k\vec{n_3}$ (k는 0이 아닌 실수)에서

$$(1,a)=k(1,3-b)$$

즉, $k=1$이므로 $a+b=3$

$$\therefore a^2+b^2=(a+b)^2-2ab$$

$$=3^2-2 \times 2=5$$

정답 5

예제 05 원의 방정식   p.231

05-1

(1) 점 P의 좌표를 (x,y)라고 하면

$$\overrightarrow{AP}=(x-1,y-2)$$

$|\overrightarrow{AP}|=3$에서 $|\overrightarrow{AP}|^2=\overrightarrow{AP}\cdot\overrightarrow{AP}=3^2$이므로

$$(x-1,\,y-2)\cdot(x-1,\,y-2)=3^2$$
$$\therefore (x-1)^2+(y-2)^2=9$$

(2) 점 P의 좌표를 $(x,\,y)$라고 하면
$$\overrightarrow{AP}=(x-3,\,y-4),\ \overrightarrow{BP}=(x+4,\,y+3)$$
$$\overrightarrow{AP}\cdot\overrightarrow{BP}=0$$에서
$$(x-3,\,y-4)\cdot(x+4,\,y+3)=0$$
$$(x-3)(x+4)+(y-4)(y+3)=0$$
$$x^2+x-12+y^2-y-12=0$$
$$\therefore \left(x+\frac{1}{2}\right)^2+\left(y-\frac{1}{2}\right)^2=\frac{49}{2}$$

정답 (1) $(x-1)^2+(y-2)^2=9$

(2) $\left(x+\frac{1}{2}\right)^2+\left(y-\frac{1}{2}\right)^2=\frac{49}{2}$

05-2

$\vec{p}=(x,\,y)$라고 하면
$|\vec{p}|^2+\vec{a}\cdot\vec{b}=\vec{p}\cdot(\vec{a}+\vec{b})$에서
$$(x,\,y)\cdot(x,\,y)+(5,\,-1)\cdot(-1,\,1)$$
$$=(x,\,y)\cdot\{(5,\,-1)+(-1,\,1)\}$$
$$x^2+y^2-6=4x,\ x^2-4x+y^2=6$$
$$\therefore (x-2)^2+y^2=10$$

따라서 벡터 $\vec{p}$의 종점 P가 나타내는 도형은 중심이 점 $(2,\,0)$이고 반지름의 길이가 $\sqrt{10}$인 원이므로 구하는 도형의 길이는 $2\sqrt{10}\,\pi$입니다.

정답 ④

05-3

점 P의 좌표를 $(x,\,y)$라고 하면
$$\overrightarrow{OA}-2\overrightarrow{OB}+\overrightarrow{OP}=(2,\,4)-2(3,\,1)+(x,\,y)$$
$$=(x-4,\,y+2)$$
이므로
$$(\overrightarrow{OA}-2\overrightarrow{OB}+\overrightarrow{OP})\cdot\overrightarrow{OP}$$
$$=(x-4,\,y+2)\cdot(x,\,y)$$
$$=x^2-4x+y^2+2y$$
즉, $x^2-4x+y^2+2y=4$이므로
$$(x-2)^2+(y+1)^2=9$$

따라서 점 P가 나타내는 도형은 중심이 점 $(2,\,-1)$이고 반지름의 길이가 3인 원입니다.

오른쪽 그림과 같이 원의 중심을 C라고 하면

$$\overrightarrow{OC}$$
$$=\sqrt{2^2+(-1)^2}$$
$$=\sqrt{5}$$

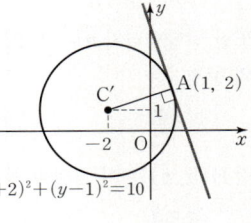

이므로 원 위의 점 P에 대하여 $|\overrightarrow{OP}|$의 최댓값은 $3+\sqrt{5}$이고, 최솟값은 $3-\sqrt{5}$입니다.

따라서 $|\overrightarrow{OP}|$의 최댓값과 최솟값의 곱은
$$(3+\sqrt{5})\times(3-\sqrt{5})=9-5=4$$

정답 4

예제 06   원의 접선의 방정식   p.233

06-1

$\vec{p}+\vec{c}=(x+2,\,y-1)$이고 $|\vec{p}+\vec{c}|=\sqrt{10}$이므로
$|\vec{p}+\vec{c}|^2=(\vec{p}+\vec{c})\cdot(\vec{p}+\vec{c})=(\sqrt{10})^2$에서
$$(x+2)^2+(y-1)^2=10$$

즉, 점 P가 나타내는 도형은 오른쪽 그림과 같이 중심이 점 $C'(-2,\,1)$이고 반지름의 길이가 $\sqrt{10}$인 원입니다.

이 원 위의 점 $A(1,\,2)$에서의 접선의 법선벡터는 $\overrightarrow{C'A}$이므로
$$\overrightarrow{C'A}=(1,\,2)-(-2,\,1)=(3,\,1)$$

따라서 접선은 점 $A(1,\,2)$를 지나고 법선벡터가 $\overrightarrow{C'A}=(3,\,1)$인 직선이므로 그 방정식은
$$3(x-1)+(y-2)=0$$
$$\therefore 3x+y-5=0$$

정답 $3x+y-5=0$

06-2

$|\vec{p}|=2$에서 $\vec{p}\cdot\vec{p}=2^2$이므로

$$x^2+y^2=4$$

즉, 점 P가 나타내는 도형은 중심이 원점이고 반지름의 길이가 2인 원입니다.

두 접선의 법선벡터는 각각 원점 O에 대하여

$\overrightarrow{OA}=(-1,\sqrt{3})$, $\overrightarrow{OB}=(a,b)$이고 두 접선이 서로 수직이므로

$$\overrightarrow{OA}\cdot\overrightarrow{OB}=0$$
$$(-1,\sqrt{3})\cdot(a,b)=-a+\sqrt{3}b=0$$
$$\therefore a=\sqrt{3}b \quad\cdots\cdots\text{㉠}$$

이때, 점 B(a,b)는 원 $x^2+y^2=4$ 위의 점이므로

$a^2+b^2=4$에서 $3b^2+b^2=4$ ($\because$ ㉠)

$$\therefore b^2=1, a^2=3$$
$$\therefore 10a^2+b^2=10\times3+1=31$$

정답 31

06-3

접점의 좌표를 H(a,b)라고 하면

$$\overrightarrow{CH}=(a-4,b-1)$$

이때, $\overrightarrow{CH}\perp\vec{u}$이므로

$$(a-4,b-1)\cdot(1,2)=0$$
$$a-4+2b-2=0$$
$$\therefore a+2b=6 \quad\cdots\cdots\text{㉠}$$

또한 방향벡터가 $\vec{u}=(1,2)$이고 원점을 지나는 직선의 방정식은

$$x=\frac{y}{2} \qquad \therefore 2x=y$$

점 H(a,b)는 이 직선 위의 점이므로

$$2a=b \quad\cdots\cdots\text{㉡}$$

㉠, ㉡을 연립하여 풀면

$$a=\frac{6}{5}, b=\frac{12}{5}$$

따라서 구하는 접점의 좌표는 $\left(\dfrac{6}{5},\dfrac{12}{5}\right)$입니다.

정답 $\left(\dfrac{6}{5},\dfrac{12}{5}\right)$

---

p.234~235

기본 다지기

07-1 (1) $\dfrac{x-2}{2}=1-y$ (2) $x-2=y-1$

2 ② **3** ① **4** ⑤ **5** $\sqrt{13}$ **6** $2\sqrt{2}\pi$

7 30 **8** 16 **9** $2\sqrt{5}\pi$ **10** $7\sqrt{2}$

07-1

접근 방법 (1) 내분점을 구하고 주어진 직선에서 방향벡터를 구하고 직선의 방정식을 구합니다.

(2) 외분점을 구하고 두 점을 지나는 직선의 방정식을 벡터를 이용하여 구합니다.

상세 풀이 (1) 선분 AB를 $3:1$로 내분하는 점 P의 좌표는

$$\left(\frac{3\times3+1\times(-1)}{3+1}, \frac{3\times2+1\times(-2)}{3+1}\right)$$
$$\therefore \text{P}(2,1)$$

직선 $\dfrac{x+1}{2}=3-y$의 방향벡터는 $(2,-1)$

따라서 구하는 직선은 점 P$(2,1)$을 지나고 방향벡터가 $(2,-1)$인 직선이므로 그 방정식은

$$\frac{x-2}{2}=\frac{y-1}{-1}$$
$$\therefore \frac{x-2}{2}=1-y$$

(2) 선분 AB를 $3:2$로 외분하는 점 Q의 좌표는

$$\left(\frac{3\times(-1)-2\times3}{3-2}, \frac{3\times(-2)-2\times2}{3-2}\right)$$
$$\therefore \text{Q}(-9,-10)$$

따라서 구하는 직선은 두 점 $(-9,-10)$, $(2,1)$을 지나는 직선이므로 그 방정식은

$$\frac{x-2}{-9-2}=\frac{y-1}{-10-1}$$
$$\therefore x-2=y-1$$

보충 설명 (2)에서 직선의 방정식을

$\dfrac{x+9}{2-(-9)}=\dfrac{y+10}{1-(-10)}$, 즉 $x+9=y+10$과 같이 나타낼 수도 있습니다. 두 직선 모두 $x-y-1=0$이므로 같은 방정식입니다.

정답 (1) $\dfrac{x-2}{2}=1-y$ (2) $x-2=y-1$

07-2

접근 방법 점 $(1, 2)$를 지나고 주어진 직선에 평행함을 이용하여 상수 a, b의 값을 구하도록 합니다.

상세 풀이 $(1, b) \cdot (x, y) = 3$에서

$$x + by - 3 = 0 \qquad \cdots\cdots \text{㉠}$$

직선 $ax + y + 1 = 0$의 법선벡터는 $(a, 1)$이므로 점 $(1, 2)$를 지나고 벡터 $(a, 1)$에 수직인 직선의 방정식은

$$a(x - 1) + (y - 2) = 0$$

$$\therefore ax + y - a - 2 = 0 \qquad \cdots\cdots \text{㉡}$$

㉠, ㉡이 같은 직선이므로 $a = 1$, $b = 1$

$$\therefore a^2 + b^2 = 1^2 + 1^2 = 2$$

보충 설명 점 $A(x_1, y_1)$을 지나고 법선벡터가 $\vec{n} = (a, b)$인 직선의 방정식은

$$a(x - x_1) + b(y - y_1) = 0$$

정답 ②

07-3

접근 방법 두 직선의 법선벡터를 이용하여 두 직선이 이루는 예각의 크기 θ에 대한 $\cos \theta$의 값을 구하도록 합니다.

상세 풀이 두 직선 $x - 2y + 2 = 0$, $x + y - 1 = 0$의 법선벡터를 각각 $\vec{n_1}$, $\vec{n_2}$라고 하면 $\vec{n_1} = (1, -2)$, $\vec{n_2} = (1, 1)$이므로

$$\cos \theta = \frac{|\vec{n_1} \cdot \vec{n_2}|}{|\vec{n_1}||\vec{n_2}|} = \frac{|1 \times 1 + (-2) \times 1|}{\sqrt{1^2 + (-2)^2}\sqrt{1^2 + 1^2}}$$

$$= \frac{1}{\sqrt{5}\sqrt{2}} = \frac{\sqrt{10}}{10}$$

보충 설명 두 직선 l_1, l_2의 법선벡터가 각각 $\vec{n_1} = (a_1, b_1)$, $\vec{n_2} = (a_2, b_2)$일 때, 두 직선 l_1, l_2가 이루는 각의 크기를 θ $(0° \leq \theta \leq 90°)$라고 하면

$$\cos \theta = \frac{|\vec{n_1} \cdot \vec{n_2}|}{|\vec{n_1}||\vec{n_2}|} = \frac{|a_1 a_2 + b_1 b_2|}{\sqrt{a_1^2 + b_1^2}\sqrt{a_2^2 + b_2^2}}$$

정답 ①

07-4

접근 방법 두 직선이 서로 수직이므로 두 직선의 법선벡터의 내적이 0임을 이용하도록 합니다.

상세 풀이 두 직선 $ax - 2y + 2a - 3 = 0$, $(a - 3)x + 9y + 1 = 0$의 법선벡터를 각각 $\vec{n_1}$, $\vec{n_2}$라고 하면

$$\vec{n_1} = (a, -2), \quad \vec{n_2} = (a - 3, 9)$$

두 직선이 서로 수직이므로 두 직선의 법선벡터가 서로 수직입니다.

즉, $\vec{n_1} \cdot \vec{n_2} = 0$에서

$$a \times (a - 3) + (-2) \times 9 = 0$$

$$a^2 - 3a - 18 = 0, \ (a + 3)(a - 6) = 0$$

$$\therefore a = 6 \ (\because a > 0)$$

보충 설명 두 직선 l_1, l_2가 서로 수직이면 두 직선의 법선벡터 $\vec{n_1}$, $\vec{n_2}$도 서로 수직이므로 $\vec{n_1} \cdot \vec{n_2} = 0$이고, 그 역도 성립합니다. 즉,

$$l_1 \perp l_2 \iff \vec{n_1} \cdot \vec{n_2} = 0$$

정답 ⑤

07-5

접근 방법 직선의 방정식을 세우고 점 B에서 직선에 내린 수선의 발을 찾아서 거리를 구하도록 합니다.

상세 풀이 점 $A(-1, 2)$를 지나고 방향벡터가 $\vec{u} = (2, 3)$인 직선을 l이라고 하면

$$l : \frac{x + 1}{2} = \frac{y - 2}{3}$$

$$\frac{x + 1}{2} = \frac{y - 2}{3} = t \ (t\text{는 실수})$$로 놓으면

$$x = 2t - 1, \quad y = 3t + 2$$

즉, 점 B에서 직선 l에 내린 수선의 발의 좌표를 $P(2t - 1, 3t + 2)$로 놓을 수 있습니다.

이때, $\overrightarrow{BP} = (2t - 5, 3t - 1)$이고 $\vec{u} \perp \overrightarrow{BP}$이므로 $\vec{u} \cdot \overrightarrow{BP} = 0$에서

$$2(2t - 5) + 3(3t - 1) = 0, \ 13t = 13$$

$$\therefore t = 1$$

따라서 점 B에서 직선 l에 내린 수선의 발의 좌표

가 $(1, 5)$이므로 직선 l과 점 $B(4, 3)$ 사이의 거리는

$$\sqrt{(1-4)^2+(5-3)^2}=\sqrt{9+4}=\sqrt{13}$$

다른 풀이 점 $A(-1, 2)$를 지나고 방향벡터 $\vec{u}=(2, 3)$인 직선을 l이라고 하면

$$l : \frac{x+1}{2}=\frac{y-2}{3}$$

따라서 $l : 3x-2y+7=0$이고, 직선 l과 점 $B(4, 3)$ 사이의 거리는 수학〈상〉에서 배운 점과 직선 사이의 거리 공식에 의하여

$$\frac{|3\times 4-2\times 3+7|}{\sqrt{3^2+(-2)^2}}=\frac{13}{\sqrt{13}}=\sqrt{13}$$

정답 $\sqrt{13}$

07-6

접근 방법 점 P의 좌표를 (x, y)라 하고 $\overrightarrow{AP}\cdot\overrightarrow{BP}=0$을 만족시키는 점 P가 나타내는 도형의 방정식을 찾아서 도형의 길이를 구하도록 합니다.

상세 풀이 점 P의 좌표를 (x, y)라고 하면

$$\overrightarrow{AP}=(x, y)-(4, 6)=(x-4, y-6)$$
$$\overrightarrow{BP}=(x, y)-(6, 4)=(x-6, y-4)$$

$\overrightarrow{AP}\cdot\overrightarrow{BP}=0$에서

$$(x-4)(x-6)+(y-6)(y-4)=0$$
$$x^2-10x+24+y^2-10y+24=0$$
$$\therefore (x-5)^2+(y-5)^2=2$$

따라서 점 P가 나타내는 도형은 중심이 점 $(5, 5)$이고 반지름의 길이가 $\sqrt{2}$인 원입니다.
즉, 점 P가 나타내는 도형의 길이는

$$2\pi\times\sqrt{2}=2\sqrt{2}\pi$$

보충 설명 $\overrightarrow{AP}\cdot\overrightarrow{BP}=0$을 만족시키는 점 P가 나타내는 도형은 두 점 $A(x_1, y_1)$, $B(x_2, y_2)$를 지름의 양 끝점으로 하는 원입니다.

정답 $2\sqrt{2}\pi$

07-7

접근 방법 점 $P(a, b)$가 직선 l 위의 점이고, $|\overrightarrow{AP}|=|\overrightarrow{BP}|$가 성립함을 이용하여 점 P의 좌표를 구한 후 내적을 구하도록 합니다.

상세 풀이 점 $P(a, b)$가 직선 $l : 2x+3y=12$ 위의 점이므로

$$2a+3b=12 \qquad\qquad \cdots\cdots \text{㉠}$$

$\overrightarrow{AP}=(a-4, b), \overrightarrow{BP}=(a, b-2)$이므로 $|\overrightarrow{AP}|=|\overrightarrow{BP}|$에서

$$(a-4)^2+b^2=a^2+(b-2)^2$$
$$\therefore 2a-b=3 \qquad\qquad \cdots\cdots \text{㉡}$$

㉠, ㉡을 연립하여 풀면 $a=\dfrac{21}{8}$, $b=\dfrac{9}{4}$

$$\therefore (8, 4)\cdot(a, b)=8a+4b$$
$$=8\times\frac{21}{8}+4\times\frac{9}{4}=30$$
$$=30$$

보충 설명 두 평면벡터 $\vec{a}=(a_1, a_2)$, $\vec{b}=(b_1, b_2)$에 대하여

$$\vec{a}\cdot\vec{b}=(a_1, a_2)\cdot(b_1, b_2)=a_1 b_1+a_2 b_2$$

가 성립합니다.

정답 30

07-8

접근 방법 직선 l의 방향벡터와 $\overrightarrow{AH}$가 수직임을 이용하여 점 H의 좌표를 구하고, 내적의 정의에 의하여 내적을 구합니다.

상세 풀이

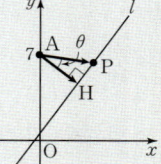

수선의 발 H는 직선 l 위의 점이므로

$$\frac{x-2}{3}=\frac{y-3}{4}=t \ (t\text{는 실수})로 놓으면$$

$$x=3t+2, \ y=4t+3$$

$$\therefore H(3t+2, 4t+3)$$
$$\therefore \overrightarrow{AH}=(3t+2, 4t+3)-(0, 7)$$
$$=(3t+2, 4t-4)$$
직선 l의 방향벡터를 $\vec{u}$라고 하면 $\vec{u}=(3, 4)$이고, $\overrightarrow{AH} \perp \vec{u}$이므로 $\overrightarrow{AH} \cdot \vec{u}=0$에서
$$(3t+2, 4t-4) \cdot (3, 4)=0$$
$$3(3t+2)+4(4t-4)=0$$
$$25t-10=0 \quad \therefore t=\frac{2}{5}$$
따라서 $\overrightarrow{AH}=\left(\frac{16}{5}, -\frac{12}{5}\right)=\frac{4}{5}(4, -3)$이고, $\angle PAH$의 크기를 θ라고 하면
$$|\overrightarrow{AP}|\cos\theta=|\overrightarrow{AH}|$$ 이므로
$$\overrightarrow{AH} \cdot \overrightarrow{AP}=|\overrightarrow{AH}||\overrightarrow{AP}|\cos\theta$$
$$=|\overrightarrow{AH}|^2$$
$$=\frac{16}{25} \times \{4^2+(-3)^2\}=16$$

보충 설명 두 벡터 $\vec{a}, \vec{b}$가 이루는 각의 크기가 $\theta(0° \leq \theta \leq 90°)$일 때, 두 벡터 $\vec{a}, \vec{b}$의 내적 $\vec{a} \cdot \vec{b}$는 다음과 같이 정의합니다.

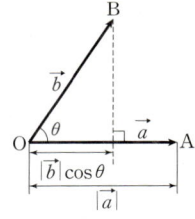

$$\vec{a} \cdot \vec{b}=|\vec{a}||\vec{b}|\cos\theta$$
즉, 벡터의 내적은 벡터가 아닌 실수입니다.

정답 16

07- 9

접근 방법 점 P의 좌표를 (x, y)라 하고 $\overrightarrow{OA}=(2, 4)$, $\overrightarrow{OP}=(x, y)$를 조건에 대입하여 점 P가 나타내는 도형의 방정식을 찾아서 도형의 길이를 구하도록 합니다.

상세 풀이 점 P의 좌표를 (x, y)라고 하면
$$|\overrightarrow{OP}|^2=\overrightarrow{OP} \cdot \overrightarrow{OA}$$에서
$$|(x, y)|^2=(x, y) \cdot (2, 4)$$
$$x^2+y^2=2x+4y$$
$$x^2-2x+y^2-4y=0$$

$$\therefore (x-1)^2+(y-2)^2=5$$
따라서 점 P가 나타내는 도형은 중심이 점 $(1, 2)$이고 반지름의 길이가 $\sqrt{5}$인 원이므로 구하는 도형의 길이는 $2\sqrt{5}\pi$입니다.

다른 풀이 $|\overrightarrow{OP}|^2=\overrightarrow{OP} \cdot \overrightarrow{OA}$에서
$$\overrightarrow{OP} \cdot \overrightarrow{OP}-\overrightarrow{OP} \cdot \overrightarrow{OA}=0$$
$$\overrightarrow{OP} \cdot \overrightarrow{OP}-\overrightarrow{OA} \cdot \overrightarrow{OP}+\frac{1}{4}\overrightarrow{OA} \cdot \overrightarrow{OA}$$
$$=\frac{1}{4}\overrightarrow{OA} \cdot \overrightarrow{OA}$$
두 점 A, P의 위치벡터를 각각 $\vec{a}, \vec{p}$라고 하면
$$\left(\vec{p}-\frac{1}{2}\vec{a}\right) \cdot \left(\vec{p}-\frac{1}{2}\vec{a}\right)=\frac{1}{4}\vec{a} \cdot \vec{a}$$
$$\left|\vec{p}-\frac{1}{2}\vec{a}\right|^2=\left|\frac{1}{2}\vec{a}\right|^2$$
$$\therefore \left|\vec{p}-\frac{1}{2}\vec{a}\right|=\frac{1}{2}|\vec{a}|$$
이때, $\frac{1}{2}\vec{a}=\frac{1}{2}(2, 4)=(1, 2)$이므로 점 P가 나타내는 도형은 점 $(1, 2)$를 중심으로 하고 반지름의 길이가 $\frac{1}{2}|\vec{a}|=\frac{1}{2} \times 2\sqrt{5}=\sqrt{5}$인 원을 나타냅니다.
따라서 구하는 도형의 길이는 $2\sqrt{5}\pi$입니다.

정답 $2\sqrt{5}\pi$

07- 10

접근 방법 점 P의 좌표를 (x, y)라 하고 주어진 벡터의 관계식을 벡터의 성분으로 나타내어 점 P가 나타내는 도형의 방정식을 찾아서 점 P와 원점 사이의 거리의 최댓값을 구하도록 합니다.

상세 풀이 점 P의 좌표를 (x, y)라고 하면
$$\overrightarrow{OA}+\overrightarrow{OB}+\overrightarrow{OP}=(3, 4)+(5, 4)+(x, y)$$
$$=(x+8, y+8)$$
이므로 $(\overrightarrow{OA}+\overrightarrow{OB}+\overrightarrow{OP}) \cdot \overrightarrow{OP}+14=0$에서
$$(x+8, y+8) \cdot (x, y)+14=0$$
$$x^2+8x+y^2+8y=-14$$
$$\therefore (x+4)^2+(y+4)^2=18$$

따라서 점 P가 나타내는 도형은 중심이 점 $(-4, -4)$이고 반지름의 길이가 $3\sqrt{2}$인 원입니다.

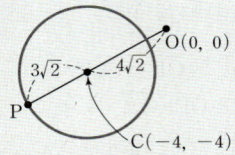

또한 원의 중심을 C라고 하면
$$\overline{OC} = \sqrt{(-4)^2 + (-4)^2} = 4\sqrt{2}$$
이므로 원 위의 점 P에 대하여 $|\overrightarrow{OP}|$의 최댓값은
$$\overline{OC} + 3\sqrt{2} = 7\sqrt{2}$$

보충 설명 반지름의 길이가 r이고 중심이 O인 원 위의 점과 원 밖의 점 A 사이의 거리의 최솟값을 d, 최댓값을 d'이라고 하면

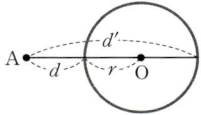

$$d = \overline{OA} - r, \ d' = \overline{OA} + r$$

정답 $7\sqrt{2}$

실력 다지기

07-11 (1) $3x - 3y - 2 = 0$ (2) $3x - y + 13 = 0$

12 4 **13** 4 **14** 2 **15** 25

16 (1) $(x-3)^2 + (y-7)^2 = 8$
(2) $(y-2)^2 = -4(x+1)$

17 $\dfrac{\pi}{2} - 1$ **18** 24 **19** $\dfrac{\sqrt{21}}{3}$

20 $(\vec{a} - \vec{c}) \cdot (\vec{x} - \vec{c}) = r^2$

07-**11**

접근 방법 두 직선의 교점과 주어진 직선의 법선벡터를 이용하여 직선의 방정식을 구할 수 있습니다.

상세 풀이 (1) 두 직선 $x - 2y - 1 = 0$, $2x - y - 1 = 0$의 교점의 좌표는 $\left(\dfrac{1}{3}, -\dfrac{1}{3}\right)$이고 직선 $x - y + 1 = 0$의 법선벡터는 $(1, -1)$입니다.

따라서 구하는 직선은 점 $\left(\dfrac{1}{3}, -\dfrac{1}{3}\right)$을 지나고 벡터 $(1, -1)$에 수직인 직선이므로 그 방정식은
$$x - \frac{1}{3} - \left(y + \frac{1}{3}\right) = 0$$
$$\therefore 3x - 3y - 2 = 0$$

(2) 두 직선 $3x + 2y + 1 = 0$, $2x - y + 10 = 0$의 교점의 좌표는 $(-3, 4)$이고 직선 $x + 3y - 3 = 0$의 법선벡터는 $(1, 3)$입니다.

따라서 구하는 직선은 점 $(-3, 4)$를 지나고 벡터 $(1, 3)$에 평행한 직선이므로 그 방정식은
$$x + 3 = \frac{y - 4}{3}$$
$$\therefore 3x - y + 13 = 0$$

보충 설명 두 직선의 교점을 지나는 직선의 방정식을 세워 구할 수도 있습니다. 두 직선
$$ax + by + c = 0 \quad \cdots\cdots \ ㉠$$
$$a'x + b'y + c' = 0 \quad \cdots\cdots \ ㉡$$
의 교점 $P(x_0, y_0)$을 지나는 직선의 방정식은 임의의 실수 k에 대하여
$$(ax + by + c) + k(a'x + b'y + c') = 0 \quad \cdots\cdots \ ㉢$$
으로 나타내어집니다.

점 $P(x_0, y_0)$은 두 직선 ㉠, ㉡ 위에 있으므로
$$ax_0+by_0+c=0, \ a'x_0+b'y_0+c'=0$$
이 성립하고, 임의의 실수 k에 대하여
$$(ax_0+by_0+c)+k(a'x_0+b'y_0+c')=0$$
이 성립합니다. 즉, 점 $P(x_0, y_0)$은 직선 ㉢ 위의 점입니다.

따라서 직선 $(ax+by+c)+k(a'x+b'y+c')=0$은 두 직선 ㉠, ㉡의 교점을 지납니다.

정답 (1) $3x-3y-2=0$ (2) $3x-y+13=0$

07-**12**

접근 방법 점 A에서 직선 l에 내린 수선의 발을 H라 하고, 직선 l의 방향벡터와 $\overrightarrow{AH}$가 수직임을 이용하여 점 H의 좌표를 구합니다. 그리고 점과 직선 사이의 거리가 정삼각형의 높이가 됨을 이용하여 변 BC의 길이를 구합니다.

상세 풀이 점 A에서 직선 l에 내린 수선의 발을 H라고 하면 점 H는 직선 l 위의 점이므로
$$\frac{x-1}{\sqrt{3}}=y-2=t \ (t는 \ 실수)로 \ 놓으면$$
$$x=\sqrt{3}t+1, \ y=t+2$$
$$\therefore H(\sqrt{3}t+1, \ t+2)$$
이때,
$$\overrightarrow{AH}=(\sqrt{3}t+1, t+2)-(1, 6)$$
$$=(\sqrt{3}t, t-4)$$
이고, 직선 l의 방향벡터를 $\vec{u}$라고 하면
$\vec{u}=(\sqrt{3}, 1)$이므로 $\overrightarrow{AH} \perp \vec{u}$에서
$$\overrightarrow{AH} \cdot \vec{u}=(\sqrt{3}t, t-4) \cdot (\sqrt{3}, 1)$$
$$=3t+t-4=4t-4=0$$
$$\therefore t=1$$
따라서 $\overrightarrow{AH}=(\sqrt{3}, -3)$이므로
$$|\overrightarrow{AH}|=\sqrt{(\sqrt{3})^2+(-3)^2}=2\sqrt{3}$$
즉, 삼각형 ABC는 높이가 $2\sqrt{3}$인 정삼각형이므로 한 변의 길이를 a라고 하면
$$\frac{\sqrt{3}}{2}a=2\sqrt{3} \quad \therefore a=4$$
따라서 변 BC의 길이는 4입니다.

보충 설명 선분 AH의 길이는 점 A$(1, 6)$과 직선 $l : x-\sqrt{3}y-1+2\sqrt{3}=0$ 사이의 거리이므로 수학〈상〉에서 배운 점과 직선 사이의 거리 공식에 의하여
$$\frac{|1 \times 1-\sqrt{3} \times 6-1+2\sqrt{3}|}{\sqrt{1^2+(-\sqrt{3})^2}}=\frac{4\sqrt{3}}{2}=2\sqrt{3}$$
과 같이 구할 수도 있습니다.

정답 4

07-**13**

접근 방법 조건에 맞게 성분으로 나타내어 점 R가 나타내는 도형을 찾아서 그 길이를 구하도록 합니다.

상세 풀이 조건 ㈎에 의하여 점 P의 좌표를 (a, b)라고 하면 점 Q의 좌표는 (b, a)입니다. 점 R의 좌표를 (x, y)라고 하면 조건 ㈏에 의하여 $\overrightarrow{OR}=\overrightarrow{OP}+\overrightarrow{OQ}$이므로
$$(x, y)=(a, b)+(b, a)$$
$$=(a+b, a+b)$$
$$\therefore x=y=a+b$$
조건 ㈐에 의하여 $a^2+b^2=1$이므로
$x=a+b=(a, b) \cdot (1, 1)$에서 두 벡터 (a, b), $(1, 1)$이 이루는 각의 크기를 $\theta(0° \leq \theta \leq 180°)$라고 하면
$$x=\sqrt{a^2+b^2}\sqrt{2}\cos\theta$$
$$=\sqrt{2}\cos\theta$$
이때, $-1 \leq \cos\theta \leq 1$이므로 $-\sqrt{2} \leq x \leq \sqrt{2}$입니다. 즉, 점 R$(x, y)$는 선분 $y=x \ (|x| \leq \sqrt{2})$ 위를 움직입니다.

따라서 점 R가 나타내는 도형의 길이는 4입니다.

보충 설명 (1) 영벡터가 아닌 두 벡터 $\vec{a}, \vec{b}$가 이루는 각의 크기가 $\theta \ (0° \leq \theta \leq 180°)$일 때,
$$\vec{a} \cdot \vec{b}=|\vec{a}||\vec{b}|\cos\theta$$
를 두 벡터 $\vec{a}, \vec{b}$의 내적이라고 하며 두 벡터의 성분이 $\vec{a}=(a_1, a_2), \vec{b}=(b_1, b_2)$이면
$$\vec{a} \cdot \vec{b}=a_1b_1+a_2b_2$$
가 성립합니다.

(2) 수학Ⅰ **07 삼각** **함수의 그래프**에서 함수 $y = \cos\theta$ 의 그래프는 오른쪽 그림과 같으므로 $-1 \le \cos\theta \le 1$입니다.

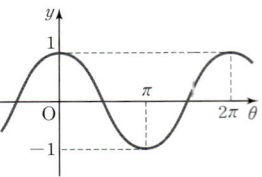

정답 **4**

07-**14**

접근 방법 조건 (가)에 의하여 점 A의 좌표를 구하고 조건 (나)에 의하여 좌표평면 위의 점 B가 나타내는 도형을 구하여 선분 MN의 길이를 구합니다.

상세 풀이 점 A의 좌표를 (a, b)라고 하면 조건 (가)에 의하여

$$\overrightarrow{OA} \cdot \vec{p} = (a, b) \cdot (1, 0) = a \qquad \therefore a = 1$$
$$\overrightarrow{OA} \cdot \vec{q} = (a, b) \cdot (0, 1) = b \qquad \therefore b = 1$$
$$\therefore A(1, 1)$$

또한 조건 (나)에서 $|\overrightarrow{AB}| = |\overrightarrow{OB} - \overrightarrow{OA}| = \sqrt{2}$이므로 점 B가 나타내는 도형은 중심이 점 $A(1, 1)$이고 반지름의 길이가 $\sqrt{2}$인 원입니다.

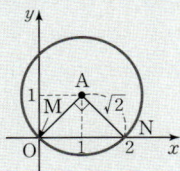

따라서 위의 그림과 같이 원 $(x-1)^2 + (y-1)^2 = 2$와 x축이 만나는 두 점 M, N 사이의 거리는

$$\overline{MN} = 2$$

보충 설명 점 C를 중심으로 하고 반지름의 길이가 r인 원의 방정식은 다음과 같습니다.

$$|\overrightarrow{CP}| = |\vec{p} - \vec{c}| = r$$

정답 **2**

07-**15**

접근 방법 점 P의 좌표를 (x, y)라 하고 조건에 맞도

록 성분으로 나타내어 종점 P가 나타내는 도형을 구하도록 합니다.

상세 풀이 점 P의 좌표를 (x, y)라고 하면 조건 (나)에 의하여

$$(x, y)$$
$$= \cos\theta(-3, 4) + (1 - \sin\theta)(4, 3)$$
$$= (-3\cos\theta, 4\cos\theta)$$
$$\qquad + (4 - 4\sin\theta, 3 - 3\sin\theta)$$
$$= (-3\cos\theta + 4 - 4\sin\theta, 4\cos\theta + 3 - 3\sin\theta)$$

이때,

$$(x-4)^2 + (y-3)^2$$
$$= (-3\cos\theta - 4\sin\theta)^2 + (4\cos\theta - 3\sin\theta)^2$$
$$= 25(\sin^2\theta + \cos^2\theta)$$
$$= 25$$

이므로 점 P가 나타내는 도형은 중심이 점 $(4, 3)$이고 반지름의 길이가 5인 원입니다.

따라서 점 P가 나타내는 도형의 넓이는

$$\pi \times 5^2 = 25\pi \qquad \therefore k = 25$$

보충 설명 오른쪽 그림과 같이 원점을 중심으로 하고 반지름의 길이가 1인 원 위의 한 점 $P(x, y)$에 대하여 $x = \cos\theta$, $y = \sin\theta$이므로 $x^2 + y^2 = 1$에서

$$\cos^2\theta + \sin^2\theta = 1$$

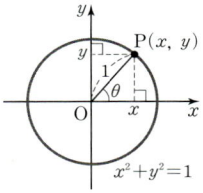

정답 **25**

07-**16**

접근 방법 주어진 조건을 성분으로 나타내어 벡터 $\vec{p}$의 종점이 나타내는 도형의 방정식을 구하도록 합니다.

상세 풀이 벡터 $\vec{p} = (x, y)$에 대하여
(1) $|\vec{p} - \vec{a}| = 2|\vec{p} - \vec{b}|$에서

$$|\vec{p} - \vec{a}|^2 = 4|\vec{p} - \vec{b}|^2$$
$$(x+1, y-3) \cdot (x+1, y-3)$$
$$= 4(x-2, y-6) \cdot (x-2, y-6)$$

$$(x+1)^2+(y-3)^2$$
$$=4\{(x-2)^2+(y-6)^2\}$$
$$3x^2-18x+3y^2-42y+150=0$$
$$x^2-6x+y^2-14y+50=0$$
$$\therefore (x-3)^2+(y-7)^2=8$$

(2) $|\vec{p}-\vec{b}|=|\vec{p}-(\vec{p}\cdot\vec{a})\vec{a}|$ 에서

$$|\vec{p}-\vec{b}|^2=|\vec{p}-(\vec{p}\cdot\vec{a})\vec{a}|^2$$
$$\vec{p}-\vec{b}=(x+2,\,y-2)$$ 이고
$$\vec{p}-(\vec{p}\cdot\vec{a})\vec{a}=(x,\,y)-y(0,\,1)$$
$$=(x,\,0)$$

이므로

$$(x+2,\,y-2)\cdot(x+2,\,y-2)$$
$$=(x,\,0)\cdot(x,\,0)$$
$$(x+2)^2+(y-2)^2=x^2$$
$$\therefore (y-2)^2=-4(x+1)$$

보충 설명 (1) $\overrightarrow{OA}=\vec{a}$, $\overrightarrow{OB}=\vec{b}$, $\overrightarrow{OP}=\vec{p}$ 라고 하면 $|\vec{p}-\vec{a}|=2|\vec{p}-\vec{b}|$ 를 만족시키는 점 P는 선분 AB를 $2:1$로 내분, 외분하는 두 점 C, D를 지름 의 양 끝으로 하는 아폴로니오스의 원 위를 움직 입니다.

$$\overrightarrow{OC}=\frac{2\vec{b}+\vec{a}}{2+1}=\frac{1}{3}(\vec{a}+2\vec{b})=(1,\,5)$$

$$\overrightarrow{OD}=\frac{2\vec{b}-\vec{a}}{2-1}=-\vec{a}+2\vec{b}=(5,\,9)$$

에서 중심의 좌표는 $(3,\,7)$이고, 반지름의 길이는

$$\frac{1}{2}\sqrt{(5-1)^2+(9-5)^2}=2\sqrt{2}$$

$$\therefore (x-3)^2+(y-7)^2=8$$

(2) 포물선 $(y-2)^2=-4(x+1)$은 포물선 $y^2=-4x$를 x축의 방향으로 -1만큼, y축의 방 향으로 2만큼 평행이동한 것입니다.

정답 (1) $(x-3)^2+(y-7)^2=8$
(2) $(y-2)^2=-4(x+1)$

07- 17

접근 방법 주어진 조건을 성분으로 나타내어 좌표평 면에서 두 도형을 구하고, 두 도형이 겹치는 부분의 넓이를 구하도록 합니다.

상세 풀이 점 P의 좌표를 $(x,\,y)$라고 하면 $|\vec{p}-\vec{a}|=1$에서 $|\vec{p}-\vec{a}|^2=1$이므로

$$(\vec{p}-\vec{a})\cdot(\vec{p}-\vec{a})=(x-1)^2+(y-1)^2$$
$$=1$$

따라서 점 P가 나타내는 도형은 중심이 점 $(1,\,1)$ 이고 반지름의 길이가 1인 원입니다.

또한 점 Q의 좌표를 $(x,\,y)$라고 하면 $|\vec{q}|=1$에서 $|\vec{q}|^2=1$이므로

$$\vec{q}\cdot\vec{q}=x^2+y^2=1$$

따라서 점 Q가 나타내는 도형은 중심이 원점이고 반지름의 길이가 1인 원입니다.

이때, 두 도형 A, B가 겹치는 부분은 다음 그림 의 어두운 부분과 같습니다.

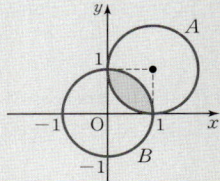

따라서 구하는 부분의 넓이는

$$2\left(\pi\times 1^2\times\frac{90}{360}-\frac{1}{2}\times 1\times 1\right)=\frac{\pi}{2}-1$$

보충 설명 $|\vec{p}-\vec{a}|=r$를 만족시키는 벡터 $\vec{p}$의 종점은 벡터 $\vec{a}$의 종점을 중심으로 하고 반지름의 길이가 r인 원을 나타냅니다.

정답 $\dfrac{\pi}{2}-1$

07- 18

접근 방법 주어진 조건을 성분으로 나타내어 좌표평 면에서 두 도형을 구하고, 두 도형이 만나는 경우를 구하도록 합니다.

상세 풀이 점 P의 좌표를 $(x,\,y)$라고 하면 $\overrightarrow{PA}=(3-x,\,1-y)$, $\overrightarrow{PB}=(1-x,\,3-y)$이므로 $\overrightarrow{PA}\cdot\overrightarrow{PB}=0$에서

$$(3-x, 1-y) \cdot (1-x, 3-y) = 0$$
$$(3-x)(1-x) + (1-y)(3-y) = 0$$
$$x^2 - 4x + 3 + y^2 - 4y + 3 = 0$$
$$\therefore (x-2)^2 + (y-2)^2 = 2$$

따라서 도형 C_1은 중심이 점 $(2, 2)$이고 반지름의 길이가 $\sqrt{2}$인 원입니다.

또한 $\overrightarrow{OA} + \overrightarrow{OB} = (3, 1) + (1, 3) = (4, 4)$이므로 점 Q의 좌표를 (x, y)라고 하면

$\overrightarrow{OQ} \cdot (\overrightarrow{OA} + \overrightarrow{OB}) = k$에서

$$\overrightarrow{OQ} \cdot (\overrightarrow{OA} + \overrightarrow{OB}) = (x, y) \cdot (4, 4)$$
$$= 4x + 4y = k$$

$$\therefore y = -x + \frac{k}{4}$$

따라서 도형 C_2는 기울기가 -1이고 y절편이 $\dfrac{k}{4}$인 직선입니다.

이때, 두 도형 C_1, C_2가 만나도록 하는 실수 k의 값이 최대가 되는 경우는 다음 그림과 같습니다.

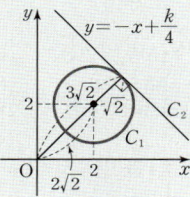

즉, 원점과 직선 $4x + 4y - k = 0$ 사이의 거리가 $3\sqrt{2}$일 때, k의 값이 최대이므로

$$\frac{|-k|}{\sqrt{4^2 + 4^2}} = 3\sqrt{2}$$
$$|-k| = 24$$
$$\therefore k = 24 \ (\because k > 0)$$

따라서 조건을 만족시키는 실수 k의 최댓값은 24입니다.

보충 설명 $\overrightarrow{PA} \cdot \overrightarrow{PB} = 0$을 만족시키는 점 P가 나타내는 도형은 두 점 A, B를 지름의 양 끝점으로 하는 원입니다.

정답 24

07-19

접근 방법 원 위의 두 점 A, B의 위치를 정하고 점 P가 나타내는 도형의 길이를 벡터의 내적을 이용하여 구하도록 합니다.

상세 풀이

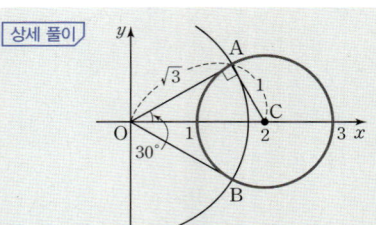

$|\overrightarrow{OA}| = |\overrightarrow{OB}| = \sqrt{3}$이므로 두 점 A, B는 중심이 원점이고 반지름의 길이가 $\sqrt{3}$인 원 위의 점이며, 원점에서 원 $(x-2)^2 + y^2 = 1$에 그은 두 접선의 접점입니다.

원의 중심을 C라고 하면 $\angle AOC = 30°$이므로 $\angle AOB = 60°$

$\overrightarrow{OP} = t\left(\dfrac{1}{3}\overrightarrow{OA}\right) + (1-t)\overrightarrow{OB} \ (0 \le t \le 1)$에서 선분 OA를 $1 : 2$로 내분하는 점을 A′이라고 하면 점 P가 나타내는 도형은 선분 A′B입니다.

$$|\overrightarrow{OA'}| = \frac{\sqrt{3}}{3},$$
$$|\overrightarrow{OB}| = \sqrt{3}$$

이므로

$$\overrightarrow{OA'} \cdot \overrightarrow{OB}$$
$$= \frac{\sqrt{3}}{3} \times \sqrt{3} \times \cos 60°$$
$$= \frac{1}{2}$$

$$\therefore |\overrightarrow{A'B}|^2 = |\overrightarrow{OB} - \overrightarrow{OA'}|^2$$
$$= |\overrightarrow{OB}|^2 + |\overrightarrow{OA'}|^2 - 2\overrightarrow{OA'} \cdot \overrightarrow{OB}$$
$$= 3 + \frac{1}{3} - 2 \times \frac{1}{2}$$
$$= \frac{7}{3}$$

따라서 구하는 도형의 길이는

$$\overrightarrow{A'B} = |\overrightarrow{A'B}| = \frac{\sqrt{21}}{3}$$

보충 설명 점 P가 나타내는 도형인 선분 A′B의 길이

는 코사인법칙에 의하여 다음과 같이 구할 수도 있습니다.

$$\overline{A'B}^2=\overline{OA'}^2+\overline{OB}^2-2\times\overline{OA'}\times\overline{OB}\times\cos 60°$$
$$=\frac{1}{3}+3-2\times\frac{\sqrt{3}}{3}\times\sqrt{3}\times\frac{1}{2}$$
$$=\frac{7}{3}$$
$$\therefore \overline{A'B}=\frac{\sqrt{21}}{3}$$

정답 $\dfrac{\sqrt{21}}{3}$

07-**20**

[접근 방법] 두 접점 P, Q의 위치벡터를 각각 $\vec{x_1}$, $\vec{x_2}$라 하고 접선이 점 A를 지난다는 것을 이용하여 직선의 벡터방정식을 구하도록 합니다.

[상세 풀이] 두 접점 P, Q의 위치벡터를 각각 $\vec{x_1}$, $\vec{x_2}$라고 하면 점 P에서의 접선의 방정식은
$$(\vec{x}-\vec{c})\cdot(\vec{x_1}-\vec{c})=r^2$$
이 직선이 점 A를 지나므로
$$(\vec{a}-\vec{c})\cdot(\vec{x_1}-\vec{c})=r^2 \qquad\cdots\cdots ㉠$$
마찬가지 방법으로 점 Q에 대하여
$$(\vec{a}-\vec{c})\cdot(\vec{x_2}-\vec{c})=r^2 \qquad\cdots\cdots ㉡$$

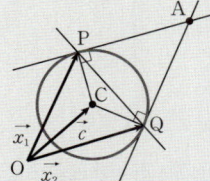

㉠, ㉡에서 $\vec{x_1}$, $\vec{x_2}$가 직선의 방정식
$$(\vec{a}-\vec{c})\cdot(\vec{x}-\vec{c})=r^2$$
을 만족시키므로 두 접점 P, Q를 이은 직선의 벡터방정식은
$$(\vec{a}-\vec{c})\cdot(\vec{x}-\vec{c})=r^2$$

[보충 설명] 원 $x^2+y^2=r^2$ 밖의 한 점 $A(x_1, y_1)$에서 이 원에 그은 접선의 두 접점을 각각 P, Q라고 할 때, 직선 PQ의 방정식이 $x_1 x+y_1 y=r^2$임을 증명해 봅시다.

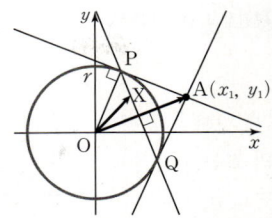

직선 PQ 위에 한 점 X를 잡고, $\overrightarrow{OX}=(x, y)$라고 하면 $\overline{PQ}\perp\overline{OA}$, $\overline{OP}\perp\overline{PA}$, $\overrightarrow{OA}=(x_1, y_1)$이므로
$$x_1 x+y_1 y=(x_1, y_1)\cdot(x, y)$$
$$=\overrightarrow{OA}\cdot\overrightarrow{OX}$$
$$=\overrightarrow{OA}\cdot(\overrightarrow{OP}+\overrightarrow{PX})$$
$$=\overrightarrow{OA}\cdot\overrightarrow{OP}+\overrightarrow{OA}\cdot\overrightarrow{PX}$$
$$=\overrightarrow{OA}\cdot\overrightarrow{OP}\ (\because \overrightarrow{OA}\perp\overrightarrow{PX})$$
$$=(\overrightarrow{OP}+\overrightarrow{PA})\cdot\overrightarrow{OP}$$
$$=\overrightarrow{OP}\cdot\overrightarrow{OP}+\overrightarrow{PA}\cdot\overrightarrow{OP}$$
$$=\overrightarrow{OP}\cdot\overrightarrow{OP}\ (\because \overrightarrow{PA}\perp\overrightarrow{OP})$$
$$=|\overrightarrow{OP}|^2=r^2$$

정답 $(\vec{a}-\vec{c})\cdot(\vec{x}-\vec{c})=r^2$

예제 01　평면으로 공간 나누기　　　p.257

01-**1**

(1) 공간에서 세 평면 α, β, γ가 하나의 교선을 가질 때, 세 평면 α, β, γ의 위치 관계는 오른쪽 그림과 같으므로 나누어지는 공간의 개수는 6입니다.

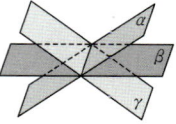

(2) 공간에서 세 평면 α, β, γ가 서로 수직일 때, 세 평면 α, β, γ의 위치 관계는 오른쪽 그림과 같으므로 나누어지는 공간의 개수는 8입니다.

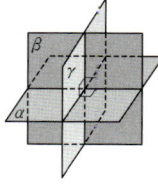

보충 설명 (1)의 경우 **예제 01**의 **보충 설명** 처럼 공간을 평면으로, 평면을 직선으로 생각하여 오른쪽 그림과 같이 나누어지는 공간의 개수를 셀 수 있습니다.

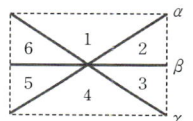

정답 (1) 6　(2) 8

01-**2**

공간에서 α와 β의 교선, β와 γ의 교선, γ와 α의 교선이 모두 평행할 때, 세 평면 α, β, γ의 위치 관계는 오른쪽 그림과 같으므로 나누어지는 공간의 개수는 7 입니다.

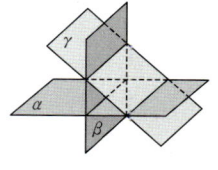

보충 설명 **예제 01**의 **보충 설명** 처럼 공간을 평면으로, 평면을 직선으로 생각하여 오른쪽 그림과 같이 나누어지는 공간의 개수를 셀 수 있습니다.

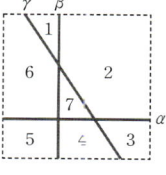

정답 ③

01-**3**

세 평면의 위치 관계에 따라 각각 나누어지는 공간의 개수는 다음과 같습니다.

(i) 세 평면이 평행할 때 : 4 개

(ii) 세 평면 중 두 개만 평행할 때 : 6 개

(iii) 세 평면이 하나의 교선을 가질 때 : 6 개

(iv) 세 평면 중 두 개씩 만나서 생기는 세 교선이 모두 평행할 때 : 7 개

(v) 세 평면 중 두 개씩 만나서 생기는 세 교선이 한 점에서 만날 때 : 8 개

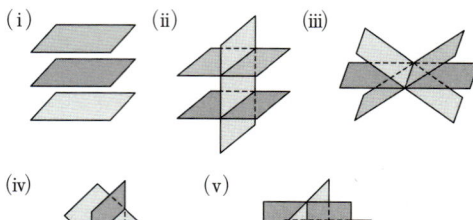

따라서 $m=8$, $n=4$이므로
$$10m+n=84$$

정답 84

예제 02　직선과 평면의 위치 관계　　　p.259

02-**1**

ㄱ. 오른쪽 그림의 직육면체에서 $l \perp \alpha$, $m \perp \alpha$이면 $l /\!/ m$입니다. (참)

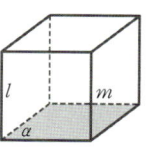

ㄴ. [반례] 오른쪽 그림의 직육면체에서 $\alpha \perp \beta$, $\alpha \perp \gamma$이지만 $\beta \perp \gamma$입니다. (거짓)

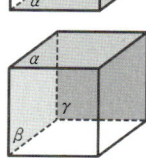

ㄷ. [반례] 오른쪽 그림의 직육면
체에서 $l /\!/ \alpha$, $\alpha \perp \beta$이지만
$l /\!/ \beta$입니다. (거짓)

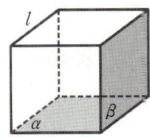

따라서 옳은 것은 ㄱ입니다.

다른 풀이 공간에서 직선과 평면의 위치 관계를 직접
그려서 파악할 수도 있습니다.

ㄱ.

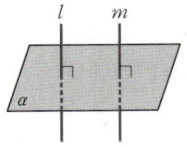

$l \perp \alpha$, $m \perp \alpha$이면 $l /\!/ m$입니다. (참)

ㄴ.

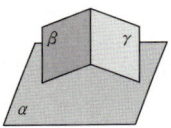

$\alpha \perp \beta$, $\alpha \perp \gamma$이지만 $\beta /\!/ \gamma$는 아닙니다. (거짓)

ㄷ.

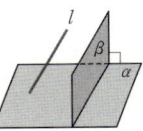

$l /\!/ \alpha$, $\alpha \perp \beta$이지만 $l \perp \beta$는 아닙니다. (거짓)

정답 ㄱ

02-2

ㄱ. [반례] 오른쪽 그림과 같이
평면 α 위에 있는 직선 l이
직선 m과 꼬인 위치에 있
더라도 직선 m은 평면 α
와 만날 수 있습니다.
따라서 직선 m은 평면 α와 항상 평행하다고 할
수 없습니다. (거짓)

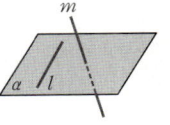

ㄴ. [반례] 오른쪽 그림과 같이
두 직선 l, n이 한 평면 위
에 있으면 l과 m, m과 n
이 각각 꼬인 위치에 있어

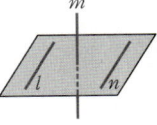

도 직선 l과 n이 반드시 꼬인 위치에 있다고 할
수 없습니다. (거짓)

ㄷ. 오른쪽 그림과 같이 꼬인
위치에 있는 두 직선 l, m
에 대하여 직선 l과 한 점
에서 만나고 직선 m에 평행한 직선을 n이라고
하면 두 직선 l, n에 의하여 하나의 평면이 정해
집니다. 그리고 이 평면은 직선 m과 만나지 않으
므로 평행합니다. 따라서 꼬인 위치에 있는 두 직
선 l, m에 대하여 직선 l을 포함하고 직선 m에
평행한 평면이 존재합니다. (참)

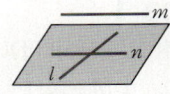

따라서 옳은 것은 ㄷ입니다.

정답 ㄷ

02-3

ㄱ. 직선 PQ는 평면 ABC와 한 점에서 만나고, 평면
ABC 위의 직선 BC와 만나지 않습니다.
따라서 직선 PQ와 직선 BC는 꼬인 위치에 있습
니다. (참)

ㄴ. 오른쪽 그림과 같이 직선
CP가 모서리 AB와 만나
는 점을 M, 직선 CQ가
모서리 AD와 만나는 점
을 N이라고 하면 두 점
P, Q가 각각 삼각형
ABC, ACD의 무게중심이므로 두 점 M, N은
각각 선분 AB, AD의 중점입니다.
따라서 직선 PQ는 직선 MN과 평행하고, 직선
MN은 직선 BD와 평행하므로 직선 PQ와 직선
BD는 평행합니다. (거짓)

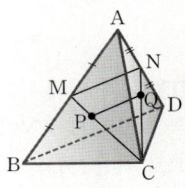

ㄷ. ㄴ에서 직선 PQ와 직선 BD는 평행하고, 평면
BCD는 직선 BD를 포함하지만 직선 PQ를 포함
하지 않으므로 직선 PQ와 평면 BCD는 평행합
니다. (참)

따라서 옳은 것은 ㄱ, ㄷ입니다.

정답 ㄱ, ㄷ

예제 03 꼬인 위치에 있는 두 직선이 이루는 각   p.261

03-1

점 M은 모서리 DH의 중점이므로

$$\overline{DM} = \overline{MH} = 1$$

따라서 직각삼각형 BMD에서

$$\overline{BM} = \sqrt{(\sqrt{3})^2 + 1^2 + 1^2} = \sqrt{5}$$

(1) 두 직선 FG, BC가 평행하므로 직선 BM과 직선 FG가 이루는 각의 크기는 직선 BM과 직선 BC가 이루는 각의 크기와 같습니다.

이때, 삼각형 CBM은 ∠BCM=90°인 직각삼각형이고, $\alpha = \angle CBM$이므로

$$\cos \alpha = \frac{\overline{BC}}{\overline{BM}} = \frac{1}{\sqrt{5}} = \frac{\sqrt{5}}{5}$$

(2) 두 직선 CD, BA가 평행하므로 직선 BM과 직선 CD가 이루는 각의 크기는 직선 BM과 직선 BA가 이루는 각의 크기와 같습니다.

이때, 삼각형 ABM은 ∠BAM=90°인 직각삼각형이고, $\beta = \angle ABM$이므로

$$\cos \beta = \frac{\overline{AB}}{\overline{BM}} = \frac{\sqrt{3}}{\sqrt{5}} = \frac{\sqrt{15}}{5}$$

정답 (1) $\dfrac{\sqrt{5}}{5}$ (2) $\dfrac{\sqrt{15}}{5}$

03-2

두 직선 MD, FN이 평행하므로 직선 MD와 직선 NH가 이루는 각의 크기는 직선 FN과 직선 NH가 이루는 각의 크기와 같습니다.

∴ $\theta = \angle FNH$

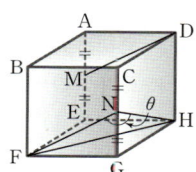

주어진 정육면체의 한 모서리의 길이를 $2a$라고 하면

$$\overline{NF} = \overline{NH} = \sqrt{5}a$$
$$\overline{FH} = 2\sqrt{2}a$$

선분 FH의 중점을 P라고 하면 $\angle FNP = \dfrac{\theta}{2}$이고,

$$\overline{NP} = \sqrt{(\sqrt{5}a)^2 - (\sqrt{2}a)^2} = \sqrt{3}a$$이므로

$$\cos \frac{\theta}{2} = \frac{\sqrt{3}a}{\sqrt{5}a} = \frac{\sqrt{15}}{5}$$

정답 ③

03-3

선분 AN의 중점을 P라고 하면 삼각형 ACN에서 $\overline{CN} /\!/ \overline{MP}$이므로 직선 BM과 직선 CN이 이루는 각의 크기는 직선 BM과 직선 MP가 이루는 각의 크기와 같습니다.

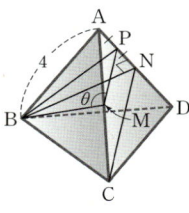

∴ $\theta = \angle BMP$

이때, 정사면체의 한 모서리의 길이가 4이므로

$$\overline{BM} = \overline{BN} = \overline{CN} = \frac{\sqrt{3}}{2} \times 4 = 2\sqrt{3}$$이고,

$$\overline{MP} = \frac{1}{2}\overline{CN} = \sqrt{3}$$

또한 직각삼각형 BNP에서

$$\overline{BP} = \sqrt{(2\sqrt{3})^2 + 1^2} = \sqrt{13}$$

오른쪽 그림과 같이 꼭짓점 B에서 선분 MP에 내린 수선의 발을 H라 하고, $\overline{MH} = k$라고 하면 $\overline{PH} = \sqrt{3} - k$이므로

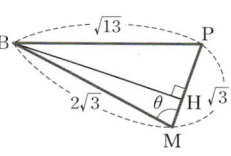

$$(2\sqrt{3})^2 - k^2 = (\sqrt{13})^2 - (\sqrt{3} - k)^2$$
$$12 - k^2 = 13 - (3 - 2\sqrt{3}k + k^2)$$
$$2\sqrt{3}k = 2$$
$$\therefore k = \frac{\sqrt{3}}{3}$$
$$\therefore \overline{MH} = \frac{\sqrt{3}}{3}$$

따라서 직각삼각형 BMH에서

$$\cos \theta = \frac{\overline{MH}}{\overline{BM}} = \frac{\frac{\sqrt{3}}{3}}{2\sqrt{3}} = \frac{1}{6}$$

다른 풀이 선분 AN의 중점을 P라고 하면 삼각형 BMP에서 코사인법칙에 의하여

$$\cos \theta = \cos(\angle BMP) = \frac{\overline{BM}^2 + \overline{MP}^2 - \overline{BP}^2}{2\overline{BM} \times \overline{MP}}$$

$$= \frac{(2\sqrt{3})^2+(\sqrt{3})^2-(\sqrt{13})^2}{2\times 2\sqrt{3}\times\sqrt{3}}=\frac{1}{6}$$

정답 $\dfrac{1}{6}$

예제 04 직선과 평면의 수직 p.263

04-1

삼각형의 세 중선의 교점
이 무게중심이므로 점 H
가 삼각형 BCD의 두 중
선 위에 있음을 보이면 됩
니다. 이때, 선분 DM은
삼각형 BCD의 중선이므

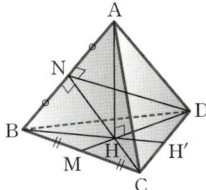

로 선분 BH의 연장선이 모서리 CD와 만나는 점 H′
에 대하여 선분 BH′이 삼각형 BCD의 중선임을 보
이면 됩니다.

선분 AB의 중점을 N이라고 하면 두 삼각형 ABC,
ABD는 정삼각형이므로

$$\overline{CN}\perp\overline{AB},\ \overline{DN}\perp\overline{AB}$$
$$\therefore \overline{AB}\perp(\text{평면 } NCD)$$

그런데 모서리 CD는 평면 NCD 위에 있으므로

$$\overline{AB}\perp\overline{CD} \qquad\qquad \cdots\cdots\ \text{㉠}$$

또한 직선 AH가 평면 BCD와 수직이므로

$$\overline{AH}\perp\overline{CD} \qquad\qquad \cdots\cdots\ \text{㉡}$$

㉠, ㉡에서 모서리 CD는 평면 ABH 위의 두 직선
AB, AH와 수직이므로

$$\overline{CD}\perp(\text{평면 } ABH)$$

그런데 선분 BH는 평면 ABH 위에 있으므로

$$\overline{BH}\perp\overline{CD}, \text{ 즉 } \overline{BH'}\perp\overline{CD}$$

이때, 삼각형 BCD는 정삼각형이므로 선분 BH′은
삼각형 BCD의 중선이고, 선분 DM도 삼각형 BCD
의 중선이므로 점 H는 삼각형 BCD의 무게중심입
니다.

정답 풀이 참조

04-2

$\overline{FD}\perp$(평면 ACH)임을 보이기 위하여 선분 FD가

평면 ACH 위의 평행하지 않은 두 직선 AC, CH와
각각 수직임을 보이면 됩니다.

(i) $\overline{FD}\perp\overline{AC}$

$\overline{BF}\perp\overline{BA}$, $\overline{BF}\perp\overline{BC}$이므로 선분 BF는 두 선분
BA, BC를 포함하는 평면 ABC와 수직입니다.

$$\therefore \overline{BF}\perp(\text{평면 } \boxed{ABC}) \qquad \cdots\cdots\ \text{㉠}$$

㉠에서 $\overline{AC}\perp\overline{BF}$이고, 사각형 ABCD는 정사
각형이므로 $\overline{AC}\perp\boxed{BD}$입니다. 따라서 선분
AC는 두 선분 BF, BD를 포함하는 평면 BFD
와 수직입니다.

$$\therefore \overline{AC}\perp(\text{평면 } BFD) \qquad \cdots\cdots\ \text{㉡}$$

따라서 ㉡에서 $\boxed{FD}\perp\overline{AC}$임을 알 수 있습니다.

(ii) $\overline{FD}\perp\overline{CH}$

$\overline{FG}\perp\overline{CG}$, $\overline{FG}\perp\overline{GH}$이므로 선분 FG는 두 선분
CG, GH를 포함하는 평면 CGH와 수직입니다.

$$\therefore \overline{FG}\perp(\text{평면 } CGH) \qquad \cdots\cdots\ \text{㉢}$$

㉢에서 $\overline{FG}\perp\overline{CH}$이고, 사각형 CGHD는 정사각
형이므로 $\overline{CH}\perp\overline{GD}$입니다. 따라서 선분 CH는
두 선분 FG, GD를 포함하는 평면 FGD와 수직
입니다.

$$\therefore \overline{CH}\perp(\text{평면 } FGD) \qquad \cdots\cdots\ \text{㉣}$$

따라서 ㉣에서 $\boxed{FD}\perp\overline{CH}$임을 알 수 있습니다.

(i), (ii)에서 $\overline{FD}\perp\overline{AC}$, $\overline{FD}\perp\overline{CH}$이므로

$$\overline{FD}\perp(\text{평면 } ACH)$$

정답 ㈎ ABC ㈏ $\overline{BD}$ ㈐ $\overline{FD}$

04-3

수심의 정의에 의하여 점
H는 삼각형 BCD의 각
꼭짓점에서 대변에 내린 세
수선이 만나는 점이므로

$$\overline{DH}\perp\overline{BC}\quad\cdots\cdots\ \text{㉠}$$

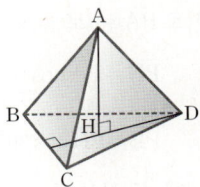

또한 선분 AH는 평면
BCD와 수직이므로

$$\overline{AH}\perp\overline{BC} \qquad\qquad \cdots\cdots\ \text{㉡}$$

㉠, ㉡에 의하여 모서리 BC는 두 선분 AH, DH를
포함하는 평면 AHD와 수직입니다.

따라서 $\overline{BC}\perp$(평면 AHD)이므로

$\overline{BC} \perp \overline{AD}$

또한 가정에서 $\overline{AB} \perp \overline{AD}$이므로 모서리 AD는 두 선분 AB, BC를 포함하는 평면 ABC와 수직입니다. 따라서 $\overline{AD} \perp$ (평면 ABC)이므로

$\overline{AD} \perp \overline{AC}$

보충 설명 삼각형의 각 꼭짓점에서 대변 또는 그 연장선에 내린 세 수선의 교점을 삼각형의 수심이라고 합니다. 수심의 위치는 예각삼각형인 경우 삼각형의 내부에, 둔각삼각형인 경우 삼각형의 외부에 있고, 직각삼각형인 경우 직각의 꼭짓점이 됩니다.

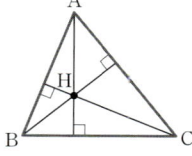

정답 풀이 참조

예제 05 삼수선의 정리　　　　p.265

05-**1**

직선 m 위의 한 점 A에서 직선 l에 내린 수선의 발을 H라 하고, 점 H에서 직선 n에 내린 수선의 발을 B라고 하면 삼수선의 정리에 의하여

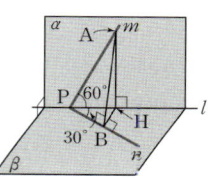

$\overline{AB} \perp \overline{PB}$

한편, 두 삼각형 APH, HPB가 모두 직각삼각형이므로 $\overline{PA} = a$로 놓으면

$\overline{PH} = \overline{PA} \cos 60° = \dfrac{a}{2}$

$\overline{PB} = \overline{PH} \cos 30° = \dfrac{\sqrt{3}}{4} a$

이때, 두 직선 m, n이 이루는 각의 크기 θ는 $\angle APB$의 크기와 같으므로

$\cos \theta = \dfrac{\overline{PB}}{\overline{PA}} = \dfrac{\dfrac{\sqrt{3}}{4} a}{a} = \dfrac{\sqrt{3}}{4}$

정답 $\dfrac{\sqrt{3}}{4}$

05-**2**

직선 l 위의 점 A에서 교선에 내린 수선의 발을 H라 하고, 점 H에서 직선 m에 내린 수선의 발을 Q라고 하면 삼수선의 정리에 의하여

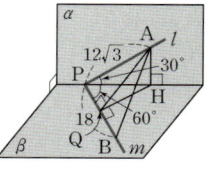

$\overline{AQ} \perp \overline{PQ}$

이때, 두 삼각형 APH, HPQ가 모두 직각삼각형이므로

$\overline{PH} = \overline{PA} \cos 30° = 18$

$\overline{PQ} = \overline{PH} \cos 60° = 9$

따라서 $\overline{PQ} = \overline{QB} = 9$, $\overline{AQ} \perp \overline{PB}$이므로 삼각형 APB는 $\overline{AP} = \overline{AB}$인 이등변삼각형입니다.

$\therefore \overline{AB} = \overline{AP} = 12\sqrt{3}$

정답 $12\sqrt{3}$

05-**3**

점 P에서 선분 AB에 내린 수선의 발을 H라고 하면 삼수선의 정리에 의하여

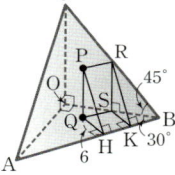

$\overline{QH} \perp \overline{AB}$

면 ABC 위에서 점 P를 지나고 선분 AB와 평행한 직선이 선분 BC와 만나는 점을 R라 하고, 점 R에서 두 선분 OB, AB에 내린 수선의 발을 각각 S, K 라고 하면

$\overline{SK} = \overline{QH} = 6$

이때, $\angle OBA = 30°$이므로 직각삼각형 SKB에서

$\overline{SB} = \dfrac{\overline{SK}}{\sin 30°} = \dfrac{6}{\dfrac{1}{2}} = 12$

또한 $\angle OBC = 45°$이므로 직각삼각형 RSB에서

$\overline{RS} = \overline{SB} = 12$

따라서 $\overline{PQ} = \overline{RS}$이므로 $\overline{PQ} = 12$

정답 12

06-1

꼭짓점 A에서 선분 FH
에 내린 수선의 발을 M
이라고 하면 삼수선의 정
리에 의하여

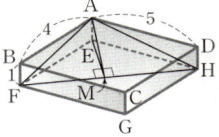

$$\overline{EM}\perp\overline{FH}$$

따라서 직각삼각형 AEM에서 두 선분 AM, EM이
이루는 각의 크기는 평면 AFH와 평면 EFGH가
이루는 각의 크기와 같습니다.

$$\therefore \angle AME=\theta$$

한편, 삼각형 EFH는 $\overline{FH}=\sqrt{4^2+5^2}=\sqrt{41}$인 직각삼
각형이므로 직각삼각형 EFH의 넓이에서

$$\frac{1}{2}\times\overline{FH}\times\overline{EM}=\frac{1}{2}\times\overline{EF}\times\overline{EH}$$

$$\frac{1}{2}\times\sqrt{41}\times\overline{EM}=\frac{1}{2}\times4\times5$$

$$\therefore \overline{EM}=\frac{20}{\sqrt{41}}$$

또한 직각삼각형 AEM에서

$$\overline{AM}=\sqrt{1^2+\left(\frac{20}{\sqrt{41}}\right)^2}=\frac{21}{\sqrt{41}}$$

$$\therefore \cos\theta=\frac{\overline{EM}}{\overline{AM}}=\frac{\frac{20}{\sqrt{41}}}{\frac{21}{\sqrt{41}}}=\frac{20}{21}$$

정답 $\dfrac{20}{21}$

06-2

꼭짓점 A에서 선분 PH에
내린 수선의 발을 M이라고
하면 삼수선의 정리에 의하여

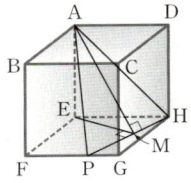

$$\overline{EM}\perp\overline{PH}$$

따라서 직각삼각형 AEM
에서 두 선분 AM, EM이
이루는 각의 크기는 평면 APH와 평면 EFGH가
이루는 각의 크기와 같습니다.

$$\therefore \angle AME=\theta$$

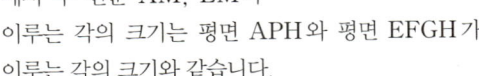

오른쪽 그림과 같이 밑면인 정
사각형 EFGH를 살펴보면 직
각삼각형 EMH와 직각삼각
형 HGP는 두 쌍의 대응하는
각의 크기가 같으므로 닮음입
니다.

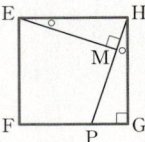

즉, $\overline{EM}:\overline{HG}=\overline{EH}:\overline{HP}$에서

$$\overline{EM}:3=3:\sqrt{10} \quad \leftarrow \overline{HP}=\sqrt{1^2+3^2}=\sqrt{10}$$

$$\therefore \overline{EM}=\frac{9}{\sqrt{10}}$$

이때, 직각삼각형 AEM에서

$$\overline{AM}=\sqrt{3^2+\left(\frac{9}{\sqrt{10}}\right)^2}=\frac{3\sqrt{19}}{\sqrt{10}}$$

이므로

$$\cos\theta=\frac{\overline{EM}}{\overline{AM}}=\frac{\frac{9}{\sqrt{10}}}{\frac{3\sqrt{19}}{\sqrt{10}}}=\frac{3}{\sqrt{19}}=\frac{3\sqrt{19}}{19}$$

정답 ②

06-3

꼭짓점 A에서 모서리
BC에 내린 수선의 발
을 E라 하고, 꼭짓점 A
에서 평면 BCD에 내린

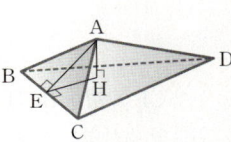

수선의 발을 H라고 하면 삼수선의 정리에 의하여

$$\overline{HE}\perp\overline{BC}$$

따라서 평면 ABC와 평면 BCD가 이루는 각의 크기
는 두 선분 AE, HE가 이루는 각의 크기와 같으므로

$$\angle AEH=30°$$

한편, 삼각형 ABC의 넓이는 24이고, 모서리 BC의
길이는 6이므로

$$\frac{1}{2}\times6\times\overline{AE}=24 \quad \therefore \overline{AE}=8$$

따라서 직각삼각형 AEH에서

$$\overline{AH}=\overline{AE}\sin30°=8\times\frac{1}{2}=4$$

이므로 구하는 사면체 ABCD의 부피는

$$\frac{1}{3} \times \triangle BCD \times \overline{AH}$$

$$= \frac{1}{3} \times 48 \times 4 = 64$$

정답 64

따라서 직각삼각형 E′CP에서

$$\overline{CE'} = \sqrt{\left(\frac{5\sqrt{3}}{9}\right)^2 + 1^2} = \frac{2\sqrt{39}}{9}$$

정답 (1) $\dfrac{2\sqrt{3}}{9}$ (2) $\dfrac{2\sqrt{39}}{9}$

예제 07 정사영의 길이와 넓이   p.275

07-**1**

(1) 오른쪽 그림과 같이 두 점
A, E의 평면 BCD 위로
의 정사영을 각각 H, E′
이라고 하면 삼각형
BCE의 평면 BCD 위로
의 정사영은 삼각형
BCE′입니다.

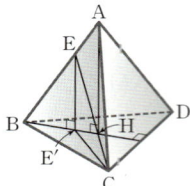

이때, 점 H는 정삼각형 BCD의 무게중심이고,
점 E′은 선분 HB를 1 : 2로 내분하는 점이므로
구하는 정사영의 넓이는

$$\triangle BCE' = \frac{2}{3}\triangle BCH$$

$$= \frac{2}{3} \times \frac{1}{3}\triangle BCD$$

$$= \frac{2}{3} \times \frac{1}{3} \times \left(\frac{\sqrt{3}}{4} \times 2^2\right) = \frac{2\sqrt{3}}{9}$$

(2) 선분 CE의 평면 BCD
위로의 정사영은 선분
CE′입니다.
이때, 선분 CD의 중점을
P라고 하면

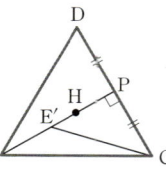

$$\overline{E'H} = \frac{1}{3}\overline{BH} = \frac{1}{3} \times \frac{2}{3}\overline{BP} = \frac{2}{9}\overline{BP}$$

$$\overline{HP} = \frac{1}{3}\overline{BP}$$

이므로

$$\overline{E'P} = \overline{E'H} + \overline{HP} = \frac{2}{9}\overline{BP} + \frac{1}{3}\overline{BP}$$

$$= \frac{5}{9}\overline{BP} = \frac{5}{9} \times \left(\frac{\sqrt{3}}{2} \times 2\right)$$

$$= \frac{5\sqrt{3}}{9}$$

07-**2**

오른쪽 그림과 같이 세 점
A, E, G의 평면 BCD 위
로의 정사영을 각각 H, E′,
G′이라고 하면 점 H는 정
삼각형 BCD의 무게중심
이고, 두 점 E′, G′은 각
각 두 선분 BH, DH의 중점입니다.

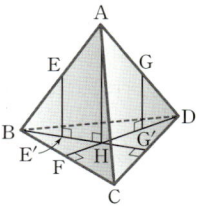

(1) 선분 FG의 평면 BCD 위로의 정사영은 선분
FG′이므로

$$\overline{FG'} = \frac{2}{3}\overline{DF}$$

$$= \frac{2}{3} \times \left(\frac{\sqrt{3}}{2} \times 2\right) = \frac{2\sqrt{3}}{3}$$

(2) 삼각형 EFG의 평면
BCD 위로의 정사영은
삼각형 E′FG′입니다.
이때,

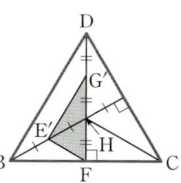

$$\triangle E'FH = \triangle E'HG'$$

이므로 구하는 정사영의 넓이는

$$\triangle E'FG' = \triangle E'FH + \triangle E'HG'$$

$$= 2\triangle E'FH$$

$$= 2 \times \frac{1}{2}\triangle BFH$$

$$= \frac{1}{2}\triangle BCH$$

$$= \frac{1}{2} \times \frac{1}{3}\triangle BCD$$

$$= \frac{1}{2} \times \frac{1}{3} \times \left(\frac{\sqrt{3}}{4} \times 2^2\right)$$

$$= \frac{\sqrt{3}}{6}$$

정답 (1) $\dfrac{2\sqrt{3}}{3}$ (2) $\dfrac{\sqrt{3}}{6}$

07-3

꼭짓점 A의 평면 BCDE 위 로의 정사영을 A′, 세 점 P, Q, R의 평면 BCDE 위로의 정사영을 각각 P′, Q′, R′이 라고 하면 점 P′은 선분 A′B

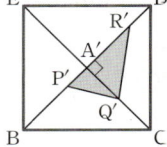

를 1 : 2로 내분하는 점이고, 점 Q′은 선분 A′C의 중 점이며, 점 R′은 선분 A′D를 2 : 1로 내분하는 점입 니다.

이때, 삼각형 PQR의 평면 BCDE 위로의 정사영은 삼각형 P′Q′R′이고, $\overline{BD}=\overline{CE}=4\sqrt{2}$이므로

$$\overline{P'R'}=\frac{1}{2}\overline{BD}=\frac{1}{2}\times 4\sqrt{2}=2\sqrt{2}$$

$$\overline{A'Q'}=\frac{1}{4}\overline{CE}=\frac{1}{4}\times 4\sqrt{2}=\sqrt{2}$$

따라서 구하는 정사영의 넓이는

$$\triangle P'Q'R'=\frac{1}{2}\overline{P'R'}\times\overline{A'Q'}$$
$$=\frac{1}{2}\times 2\sqrt{2}\times\sqrt{2}=2$$

정답　2

예제 08 **정사영에 의한 각의 결정** p.277

08-1

오른쪽 그림과 같이 선분 FG 의 중점을 N이라고 하면 삼 각형 AFM의 평면 EFGH 위로의 정사영은 삼각형 EFN이므로

$$\triangle EFN$$
$$=\triangle AFM\cos\theta \qquad\cdots\cdots\text{㉠}$$

한편, $\overline{AF}=2\sqrt{2}$, $\overline{AM}=\overline{MF}=\sqrt{2^2+1^2}=\sqrt{5}$이므 로 오른쪽 그림과 같이 삼각형 AFM의 꼭짓점 M에서 선분 AF에 내린 수선의 발을 P라고

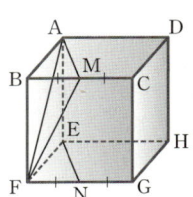

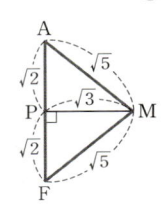

하면

$$\overline{MP}=\sqrt{(\sqrt{5})^2-(\sqrt{2})^2}=\sqrt{3}$$

$$\therefore \triangle AFM=\frac{1}{2}\times 2\sqrt{2}\times\sqrt{3}=\sqrt{6}$$

이때, $\triangle EFN=\frac{1}{2}\times 2\times 1=1$이므로 ㉠에서

$$\cos\theta=\frac{\triangle EFN}{\triangle AFM}=\frac{1}{\sqrt{6}}=\frac{\sqrt{6}}{6}$$

정답　$\dfrac{\sqrt{6}}{6}$

08-2

사각형 BMHN은 마름모이고

$$\overline{BH}=\sqrt{2^2+2^2+2^2}=2\sqrt{3}$$
$$\overline{MN}=\overline{DG}=2\sqrt{2}$$

이므로

$$\square BMHN=\frac{1}{2}\times 2\sqrt{3}\times 2\sqrt{2}=2\sqrt{6}$$

한편, 오른쪽 그림과 같이 점 N에서 밑면 EFGH에 내린 수선의 발을 N′이라고 하면 사각형 FMHN′은 평행사 변형이므로

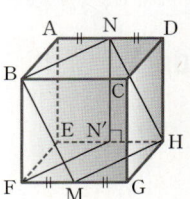

$$\square FMHN'=1\times 2=2$$

이때, 사각형 BMHN의 평면 EFGH 위로의 정사 영은 사각형 FMHN′이므로

$$\square FMHN'=\square BMHN\cos\theta$$
$$2=2\sqrt{6}\times\cos\theta$$

$$\therefore \cos\theta=\frac{1}{\sqrt{6}}=\frac{\sqrt{6}}{6}$$

보충 설명 선분 AD의 중점 N의 평면 EFGH 위로 의 정사영은 선분 EH의 중점이 됩니다.
즉, $\overline{N'H}=\overline{FM}=1$이고, $\overline{N'H}\,/\!/\,\overline{FM}$이므로 사각형 FMHN′은 평행사변형입니다.

정답　$\dfrac{\sqrt{6}}{6}$

08-3

변 BC를 삼등분하는 점 중에서 점 C에 가까운 점을 A′이라고 하면 선분 CD를 접는 선으로

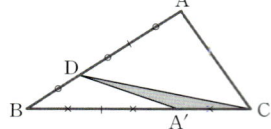

하여 삼각형 ABC를 접을 때, 꼭짓점 A의 평면 BCD 위로의 정사영이 점 A′이므로 위의 그림에서 삼각형 ADC의 평면 BCD 위로의 정사영은 삼각형 A′DC입니다.

즉, $\triangle \text{ADC} \cos\theta = \triangle \text{A′DC}$ ...... ㉠

이때, $\triangle \text{A′DC} = S$라고 하면 $\triangle \text{BCD} = 3S$이므로

$$\triangle \text{ADC} = 2\triangle \text{BCD} = 6S$$

따라서 ㉠에서

$$\cos\theta = \frac{\triangle \text{A′DC}}{\triangle \text{ADC}} = \frac{S}{6S} = \frac{1}{6}$$

정답 $\dfrac{1}{6}$

예제 09 정사영과 그림자의 넓이   p.279

09-1

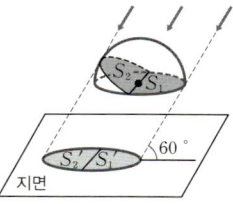

위의 그림과 같이 반원 S_1의 그림자를 $S_1{}′$이라고 하면 S_1을 포함하는 평면과 지면은 평행하므로 $S_1{}′$의 넓이는

$$\frac{1}{2} \times \pi \times 6^2 = 18\pi$$

또한 반구에서 태양광선과 수직인 평면 위의 반원 S_2의 그림자를 $S_2{}′$이라 하고, S_2, $S_2{}′$의 넓이를 각각 T, $T′$이라고 하면 S_2를 포함하는 평면이 지면과 이루는 각의 크기는 $30°$이므로

$$T = T′ \cos 30°$$

$$\therefore T′ = \frac{T}{\cos 30°} = \frac{\dfrac{1}{2} \times \pi \times 6^2}{\dfrac{\sqrt{3}}{2}} = 12\sqrt{3}\,\pi$$

따라서 구하는 그림자의 넓이는

$$18\pi + 12\sqrt{3}\,\pi = (18 + 12\sqrt{3})\pi$$

정답 $(18 + 12\sqrt{3})\pi$

09-2

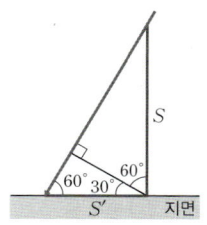

위의 그림과 같이 판의 넓이를 S, 지면에 생기는 그림자의 넓이를 $S′$이라고 하면

$$S = 4^2 - \pi \times 1^2 = 16 - \pi$$

이때, 태양광선과 수직인 평면으로의 정사영을 생각하면

$$S′ \cos 30° = S \cos 60°$$

가 성립합니다.

$$\therefore S′ = S \times \frac{\cos 60°}{\cos 30°}$$

$$= (16 - \pi) \times \frac{1}{\sqrt{3}}$$

$$= \frac{(16 - \pi)\sqrt{3}}{3}$$

정답 $\dfrac{(16 - \pi)\sqrt{3}}{3}$

09-3

ㄱ. 그림자와 교선 l의 공통부분의 길이는 구의 중심을 지나고 교선 l과 평행한 지름의 그림자의 길이와 같습니다. 그런데 이 지름은 태양광선에 수직이고 교선 l과 평행하므로 이 지름의 그림자의 길이는 변하지 않습니다. 따라서 그림자와 교선 l의 공통부분의 길이는 구의 지름의 길이인 $2r$와 같습니다. (참)

ㄴ. 오른쪽 그림에서

$$r = a\cos\theta$$
$$= b\sin\theta$$

이므로

$$a = \frac{r}{\cos\theta}$$

$$b = \frac{r}{\sin\theta}$$

이때, $\theta = 60°$이면

$$a = \frac{r}{\cos 60°} = 2r$$

$$b = \frac{r}{\sin 60°} = \frac{2\sqrt{3}}{3}r$$

$$\therefore a > b \ (참)$$

ㄷ. $\dfrac{1}{a^2} + \dfrac{1}{b^2} = \dfrac{\cos^2\theta}{r^2} + \dfrac{\sin^2\theta}{r^2}$

$$= \frac{\cos^2\theta + \sin^2\theta}{r^2}$$

$$= \frac{1}{r^2} \ (참)$$

따라서 옳은 것은 ㄱ, ㄴ, ㄷ입니다.

정답 ㄱ, ㄴ, ㄷ

p.280~281

기본 다지기

08-1 ㄱ, ㄴ, ㄷ   2 ㄱ, ㄴ, ㄷ   3 12

4 $\dfrac{7}{2}$ 5 $\dfrac{13}{5}$ 6 $\dfrac{\sqrt{14}}{4}$ 7 ⑤   8 $\dfrac{\sqrt{10}}{4}$

9 $\dfrac{\sqrt{6}}{3}$ 10 47

08-1

접근 방법 직선과 직선, 직선과 평면의 위치 관계에서 수직, 평행, 꼬인 위치의 의미를 정확하게 파악하여 문제에 적용합니다.

상세 풀이 ㄱ. 두 선분 BC, FG는 평행하고 두 선분 EF, FG는 수직이므로 두 선분 BC, EF는 수직입니다. (참)

ㄴ. 두 선분 BC, DH는 만나지도 않고 평행하지도 않으므로 꼬인 위치에 있습니다. (참)

ㄷ. 선분 BC와 평면 AEHD는 만나지 않으므로 평행합니다. (참)

따라서 옳은 것은 ㄱ, ㄴ, ㄷ입니다.

보충 설명 공간에서는 두 직선이 만나지 않아도 수직일 수 있습니다. 따라서 꼬인 위치에 있는 두 직선도 수직일 수 있습니다.

정답 ㄱ, ㄴ, ㄷ

08-2

접근 방법 한 직선이 어떤 평면과 수직이면 그 평면 위의 모든 직선과도 수직임을 이용합니다.

상세 풀이 ㄱ. 두 삼각형 ABC, DBC는 정삼각형이고, 점 M은 모서리 BC의 중점이므로

$$\overline{BC} \perp \overline{AM}$$
$$\overline{BC} \perp \overline{DM}$$

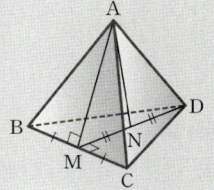

따라서 모서리 BC는 두 선분 AM, DM을 포함하는 평면 AMD와 수직입니다.

이때, 모서리 AD는 평면 AMD 위에 있으므로 직선 BC와 직선 AD는 수직입니다. (참)

ㄴ. ㄱ에서 모서리 BC는 평면 AMD와 수직이고, 선분 AN은 평면 AMD 위에 있으므로 직선 BC와 직선 AN은 수직입니다. (참)

ㄷ. 삼각형 AMD는 $\overline{AM}=\overline{DM}=\dfrac{\sqrt{3}}{2}$인 이등변삼각형입니다.

오른쪽 그림과 같이 점 M에서 변 AD에 내린 수선의 발을 E라고 하면 삼각형 MDE는 직각삼각형이므로

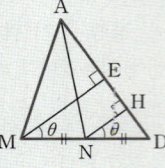

$$\overline{ME}=\sqrt{\left(\dfrac{\sqrt{3}}{2}\right)^2-\left(\dfrac{1}{2}\right)^2}=\dfrac{\sqrt{2}}{2}$$

이때, $\angle EMD=\theta$라고 하면

$$\cos\theta=\dfrac{\overline{ME}}{\overline{DM}}=\dfrac{\sqrt{2}}{\sqrt{3}}$$

점 N에서 직선 AD에 내린 수선의 발을 H라고 하면 점 N과 직선 AD 사이의 거리는 선분 NH의 길이이므로

$$\overline{NH}=\overline{ND}\cos\theta$$
$$=\dfrac{\sqrt{3}}{4}\times\dfrac{\sqrt{2}}{\sqrt{3}}=\dfrac{\sqrt{2}}{4}\ (참)$$

따라서 옳은 것은 ㄱ, ㄴ, ㄷ입니다.

다른 풀이 ㄷ에서 점 H는 선분 ED의 중점이고 점 N은 선분 MD의 중점이므로

$$\overline{NH}=\dfrac{1}{2}\overline{EM}=\dfrac{1}{2}\times\dfrac{\sqrt{2}}{2}=\dfrac{\sqrt{2}}{4}$$

와 같이 풀 수도 있습니다.

정답 ㄱ, ㄴ, ㄷ

08-3

접근 방법 주어진 사면체를 두 모서리 AC, BD에 평행한 평면으로 잘랐으므로 $\overline{PS}\,/\!/\,\overline{BD}\,/\!/\,\overline{QR}$, $\overline{PQ}\,/\!/\,\overline{AC}\,/\!/\,\overline{SR}$입니다. 따라서 사면체의 각 면에 대하여 도형의 닮음을 이용하여 네 선분 PS, QR, PQ, SR의 길이를 구할 수 있습니다.

상세 풀이 면 ABD에서 $\overline{PS}\,/\!/\,\overline{BD}$이므로 두 삼각형 ABD, APS는 닮음입니다.

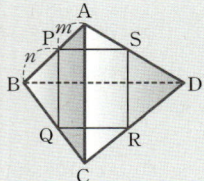

따라서

$$\overline{AP}:\overline{PB}=m:n$$

으로 놓으면

$$\overline{BD}:\overline{PS}=(m+n):m$$
$$\therefore \overline{PS}=\dfrac{m}{m+n}\overline{BD}$$

또한 면 ABC에서 두 삼각형 ABC, PBQ는 닮음이므로

$$\overline{AC}:\overline{PQ}=(m+n):n$$
$$\therefore \overline{PQ}=\dfrac{n}{m+n}\overline{AC}$$

마찬가지로 각 면에서 도형의 닮음을 이용하면 다음을 얻을 수 있습니다.

$$\overline{QR}=\dfrac{m}{m+n}\overline{BD},\ \overline{SR}=\dfrac{n}{m+n}\overline{AC}$$

따라서 사각형 PQRS의 둘레의 길이는

$$\overline{PS}+\overline{QR}+\overline{PQ}+\overline{SR}$$
$$=\dfrac{2m}{m+n}\overline{BD}+\dfrac{2n}{m+n}\overline{AC}$$
$$=\dfrac{12(m+n)}{m+n}=12$$

보충 설명 $\overline{PS}\,/\!/\,\overline{BD}$이므로 두 삼각형 ABD, APS에서 $\angle ABD=\angle APS$, $\angle ADB=\angle ASP$입니다. 따라서 두 삼각형은 AA 닮음입니다.

정답 12

08-4

접근 방법 삼각형 ABC의 넓이를 구하려면 밑변의 길이와 높이를 구해야 합니다. 꼭짓점 A에서 밑변 BC에 수선의 발 H를 내리면 삼수선의 정리에 의하여 $\overline{OH}\perp\overline{BC}$이므로 삼각형 OBC의 넓이를 이용하여 먼저 선분 OH의 길이를 구한 후 삼각형 ABC의 높이인 선분 AH의 길이를 구합니다.

상세 풀이 오른쪽 그
림과 같이 꼭짓점 A
에서 모서리 BC에
내린 수선의 발을 H
라고 하면

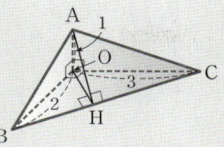

$$\overline{AH} \perp \overline{BC}, \ \overline{AO} \perp (평면\ OBC)$$

이므로 삼수선의 정리에 의하여

$$\overline{OH} \perp \overline{BC}$$

이때, $\overline{BC} = \sqrt{2^2 + 3^2} = \sqrt{13}$이므로 직각삼각형 OBC의 넓이에서

$$\frac{1}{2} \times \overline{BC} \times \overline{OH} = \frac{1}{2} \times \overline{OB} \times \overline{OC}$$

$$\frac{1}{2} \times \sqrt{13} \times \overline{OH} = \frac{1}{2} \times 2 \times 3$$

$$\therefore \overline{OH} = \frac{6}{\sqrt{13}}$$

따라서 직각삼각형 AOH에서

$$\overline{AH} = \sqrt{1^2 + \left(\frac{6}{\sqrt{13}}\right)^2} = \frac{7}{\sqrt{13}}$$

이므로 구하는 삼각형 ABC의 넓이는

$$\frac{1}{2} \times \overline{BC} \times \overline{AH} = \frac{1}{2} \times \sqrt{13} \times \frac{7}{\sqrt{13}} = \frac{7}{2}$$

정답 $\dfrac{7}{2}$

08-5

접근 방법 선분 DA와 평면 α가 수직이므로 삼각형 DEA는 직각삼각형입니다. 따라서 먼저 선분 AE의 길이를 구한 후 피타고라스 정리를 이용하면 선분 DE의 길이를 구할 수 있습니다. 이때, 선분 AE의 길이는 삼수선의 정리와 삼각형 ABC의 넓이를 이용하여 구합니다.

상세 풀이 $\overline{AB}^2 + \overline{AC}^2 = \overline{BC}^2$이므로 삼각형 ABC는 $\angle BAC = 90°$인 직각삼각형입니다. 한편, 점 A와 점 E
를 연결하면

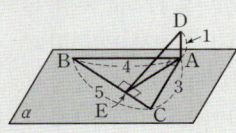

$$\overline{DA} \perp \alpha$$
$$\overline{DE} \perp \overline{BC}$$

이므로 삼수선의 정리에 의하여

$$\overline{AE} \perp \overline{BC}$$

입니다.
이때, 직각삼각형 ABC의 넓이에서

$$\frac{1}{2} \times \overline{AB} \times \overline{AC} = \frac{1}{2} \times \overline{BC} \times \overline{AE}$$

$$\frac{1}{2} \times 4 \times 3 = \frac{1}{2} \times 5 \times \overline{AE}$$

$$\therefore \overline{AE} = \frac{12}{5}$$

따라서 직각삼각형 DEA에서

$$\overline{DE} = \sqrt{1^2 + \left(\frac{12}{5}\right)^2} = \frac{13}{5}$$

정답 $\dfrac{13}{5}$

08-6

접근 방법 삼각형 AHP에서 피타고라스 정리를 이용하여 선분 HP의 길이를 구하려면 선분 AP의 길이를 알아야 하는데, 선분 AP의 길이를 구하는 것은 쉽지 않습니다. 따라서 점 A에서 선분 CD에 수선의 발을 내리고 삼각형의 닮음을 이용하여 선분 HP의 길이를 구합니다.

상세 풀이 점 A에서 선
분 CD에 내린 수선의
발을 Q라고 하면 점 P
는 선분 AQ 위에 있습
니다.

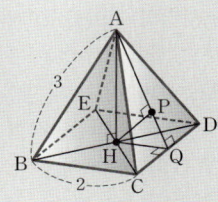

또한 점 H에서 선분 CD에 내린 수선의 발은 점 Q이고, 정사각형 BCDE의 두 대각선 BD, CE의 교점은 점 H입니다.
이때, 직각삼각형 AQD에서 $\overline{AD} = 3$, $\overline{DQ} = 1$
이므로

$$\overline{AQ} = \sqrt{3^2 - 1^2} = 2\sqrt{2}$$

이고, 직각삼각형 AHQ에서 $\overline{HQ} = 1$,
$\overline{AQ} = 2\sqrt{2}$이므로

$$\overline{AH}=\sqrt{(2\sqrt{2})^2-1^2}=\sqrt{7}$$

따라서 두 삼각형 AHQ, APH는 닮음이므로

$$\overline{AQ}:\overline{AH}=\overline{HQ}:\overline{HP}$$

$$2\sqrt{2}:\sqrt{7}=1:\overline{HP}$$

$$\therefore \overline{HP}=\frac{\sqrt{7}}{2\sqrt{2}}=\frac{\sqrt{14}}{4}$$

보충 설명 오른쪽 그림
과 같이 직각삼각형의
꼭짓점 A에서 변 BC
에 내린 수선의 발을
H라고 하면

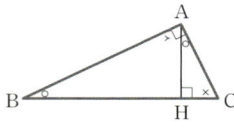

$$\triangle ABC \backsim \triangle HBA \backsim \triangle HAC$$

가 성립합니다.

정답 $\dfrac{\sqrt{14}}{4}$

08-7

접근 방법 두 삼각형 AFG, AHG는 합동이므로 두
점 F, H에서 선분 AG에 내린 수선의 발은 일치합
니다. 따라서 두 점 F, H와 수선의 발이 이루는 삼각
형을 이용하여 코사인 값을 구할 수 있습니다.

상세 풀이 정육면체의 한
모서리의 길이를 1이라
하고, 점 F에서 선분
AG에 내린 수선의 발을
P라고 하면 직각삼각형
AFG의 넓이에서

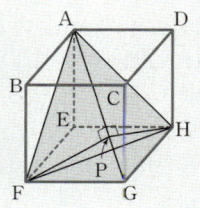

$$\frac{1}{2}\times\overline{AF}\times\overline{FG}=\frac{1}{2}\times\overline{AG}\times\overline{FP}$$

$$\frac{1}{2}\times\sqrt{2}\times1=\frac{1}{2}\times\sqrt{3}\times\overline{FP}$$

$$\therefore \overline{FP}=\frac{\sqrt{2}}{\sqrt{3}}=\frac{\sqrt{6}}{3}$$

이때, 점 H에서 선분 AG에 내린 수선의 발도 점
P이므로 평면 AFG와 평면 AGH가 이루는 각
의 크기는 선분 FP와 선분 HP가 이루는 각의 크
기와 같습니다.

$$\therefore \angle FPH=\theta$$

삼각형 PFH에서

$$\overline{FH}=\sqrt{1^2+1^2}$$
$$=\sqrt{2}$$
$$\overline{FP}=\overline{HP}$$
$$=\frac{\sqrt{6}}{3}$$

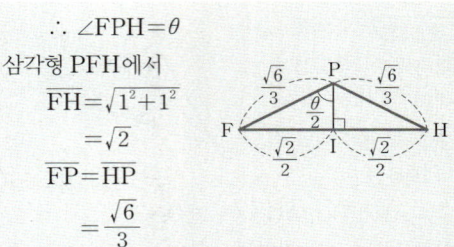

이고, 점 P에서 선분 FH에 내린 수선의 발을 I라
고 하면

$$\overline{PI}=\sqrt{\left(\frac{\sqrt{6}}{3}\right)^2-\left(\frac{\sqrt{2}}{2}\right)^2}=\frac{\sqrt{6}}{6}$$

$$\angle FPI=\frac{\theta}{2}$$

$$\therefore \cos\frac{\theta}{2}=\frac{\overline{PI}}{\overline{FP}}=\frac{\frac{\sqrt{6}}{6}}{\frac{\sqrt{6}}{3}}=\frac{1}{2}$$

보충 설명 코사인 값은 두 변의 길이의 비율이므로 정
육면체의 한 모서리의 길이를 a로 놓든, 상세 풀이 에
서처럼 1로 놓든 결과는 같습니다.

정답 ⑤

08-8

접근 방법 꼭짓점 A와 꼭짓점 D에서 모서리 BC에
각각 수선의 발을 내리면 두 삼각형 ABC, DBC는
이등변삼각형이므로 두 수선의 발이 일치하게 됩니
다. 이 점을 H라고 할 때, 두 평면이 이루는 각은 두
선분 AH, DH가 이루는 각과 같으므로 선분의 길이
를 이용하여 코사인 값을 구합니다.

상세 풀이 꼭짓점 A에서
모서리 BC에 내린 수선
의 발을 H라고 하면 꼭
짓점 D에서 모서리 BC
에 내린 수선의 발도 점
H이므로 평면 ABC와

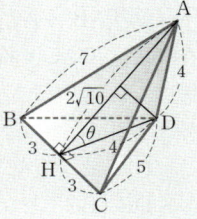

평면 BCD가 이루는 각의 크기는 두 선분 AH, DH가 이루는 각의 크기와 같습니다. 이때,
$$\overline{AH}=\sqrt{7^2-3^2}=2\sqrt{10}$$
$$\overline{DH}=\sqrt{5^2-3^2}=4$$
이므로 삼각형 AHD는 $\overline{DH}=\overline{AD}=4$인 이등변삼각형입니다.
$$\therefore \cos\theta=\frac{\frac{1}{2}\overline{AH}}{\overline{DH}}=\frac{\sqrt{10}}{4}$$

보충 설명 이등변삼각형의 꼭지각의 이등분선은 밑변을 수직이등분합니다.

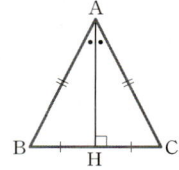

정답 $\dfrac{\sqrt{10}}{4}$

08- 9

접근 방법 모서리 OA를 2 : 1로 내분하는 점을 S라고 하면 두 평면 ABC, SQR는 평행하므로 두 평면 ABC, PQR 대신 두 평면 SQR, PQR가 이루는 각의 크기에 대한 코사인 값을 구합니다.

상세 풀이 정사면체의 모서리 OA를 2 : 1로 내분하는 점을 S라고 하면 두 평면 ABC, SQR는 평행하므로 두 평면 PQR, ABC가 이루는 각의 크기는 두 평면 PQR, SQR가 이루는 각의 크기와 같습니다.

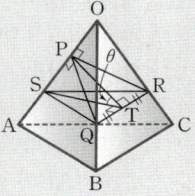

선분 QR의 중점을 T라고 하면 두 삼각형 PQR, SQR는 이등변삼각형이므로
$$\overline{PT}\perp\overline{QR}, \overline{ST}\perp\overline{QR}$$
따라서 두 선분 PT, ST가 이루는 각의 크기가 두 평면 PQR, SQR가 이루는 각의 크기와 같습니다.

$$\therefore \angle PTS=\theta$$
정사면체 OSQR에서 점 P는 선분 OS의 중점이므로 $\overline{OS}\perp\overline{QP}, \overline{OS}\perp\overline{RP}$입니다.
즉, $\overline{OS}\perp$(평면 PQR)이므로
$$\overline{OS}\perp\overline{PT}$$
이때, $\overline{OA}=3a$로 놓으면
$$\overline{SQ}=2a, \overline{PS}=a, \overline{QT}=a$$
이므로 직각삼각형 SQT에서
$$\overline{ST}=\sqrt{(2a)^2-a^2}=\sqrt{3}a$$
직각삼각형 SPT에서
$$\overline{PT}=\sqrt{(\sqrt{3}a)^2-a^2}=\sqrt{2}a$$
$$\therefore \cos\theta=\frac{\overline{PT}}{\overline{ST}}=\frac{\sqrt{2}a}{\sqrt{3}a}=\frac{\sqrt{6}}{3}$$

보충 설명 두 삼각형 SQR, PQR의 넓이를 이용하여 두 면이 이루는 각의 크기 θ에 대한 코사인 값을 구해도 상관이 없습니다.
즉, 삼각형 SQR의 평면 PQR 위로의 정사영이 삼각형 PQR이므로
$$\triangle SQR \cos\theta=\triangle PQR$$
에서 각각의 넓이를 계산하면 $\cos\theta$의 값을 얻을 수 있습니다.

정답 $\dfrac{\sqrt{6}}{3}$

08- 10

접근 방법 사각형 ANMH의 평면 EFGH 위로의 정사영이 사각형 EFMH이므로 사각형 EFMH와 사각형 ANMH가 이루는 각의 크기에 대한 코사인 값과 사각형 EFMH의 넓이를 구하면 사각형 ANMH의 넓이를 구할 수 있습니다.

상세 풀이 오른쪽 그림과 같이 사각형 EFGH에서 선분 EF의 연장선과 선분 HM의 연장선의 교점을 K라고 하면
$$\overline{EK}=4, \overline{HK}=5$$

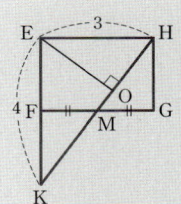

이때, 점 E에서 선분 HK에 내린 수선의 발을 O 라고 하면 두 삼각형 EOH, KEH는 닮음이므로

$$\overline{EO} : \overline{EK} = \overline{EH} : \overline{HK}$$

$$\overline{EO} : 4 = 3 : 5 \quad \therefore \overline{EO} = \frac{12}{5}$$

점 A와 점 O를 연결하 면 삼수선의 정리에 의 하여

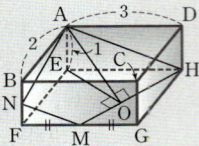

$$\overline{AO} \perp \overline{HM}$$

이때, 직각삼각형 AEO에서

$$\overline{AO} = \sqrt{1^2 + \left(\frac{12}{5}\right)^2} = \frac{13}{5}$$

평면 ANMH와 평면 EFGH가 이루는 각의 크 기를 θ라고 하면

$$\cos\theta = \frac{\overline{EO}}{\overline{AO}} = \frac{12}{13}$$

이고, $\Box EFMH = \frac{1}{2} \times \left(\frac{3}{2} + 3\right) \times 2 = \frac{9}{2}$이므로

$\Box ANMH \cos\theta = \Box EFMH$에서

$$\Box ANMH = \frac{\Box EFMH}{\cos\theta} = \frac{\frac{9}{2}}{\frac{12}{13}} = \frac{39}{8}$$

따라서 $a=39$, $b=8$이므로

$$a+b=47$$

정답 47

08-11

접근 방법 보기에 주어진 모서리나 평면은 서로 만나 지 않으므로 위치 관계를 파악하기 쉽도록 주어진 모 서리와 평행한 모서리를 이용하거나 두 모서리가 포 함된 평면을 그려 봅니다.

상세 풀이 ㄱ. 두 선분 CD, BE는 평행하므로 두 선분 AB, CD가 이루는 각의 크기는 두 선분 AB, BE가 이루는 각의 크기와 같습니다. 이때, 삼각형 ABE는 정삼각형이므로

∠ABE=60°

따라서 두 선분 AB, CD가 이루는 각의 크기 는 60°입니다. (거짓)

ㄴ. 사각형 ABFD는 정사각형이므로 두 선분 AB, DF는 평행합니다. (거짓)

ㄷ. ㄴ에서 $\overline{AB} /\!/ \overline{DF}$ …… ㉠

또한 두 사각형 BCDE, AEFC도 모두 정사 각형이므로 $\overline{BE} /\!/ \overline{CD}$, $\overline{AE} /\!/ \overline{CF}$ …… ㉡

㉠, ㉡에서 평면 ABE와 평면 CFD는 평행합 니다. 그런데 평면 ABE는 선분 AB를 포함하 므로 선분 AB와 평면 CFD는 평행합니다. (참)

따라서 옳은 것은 ㄷ입니다.

보충 설명 정팔면체에서 세 사 각형 BCDE, ABFD, AEFC가 정사각형입니다. 오른쪽 그림과 같이 정팔면 체를 돌려놓고 보면 더 쉽게 이해할 수 있습니다.

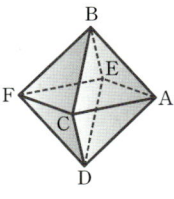

정답 ㄷ

08-12

접근 방법 선분 PQ가 두 선분 AC, BH에 수직이므로 먼저 선분 AC와 수직인 평면을 생각하고 그중에서 선분 BH를 포함하는 평면을 찾아 점 P와 점 Q의 위치를 알아내면 선분 PQ의 길이를 구할 수 있습니다.

상세 풀이 $\overline{DH} \perp$(평면 ACD)이므로 $\overline{AC} \perp \overline{DH}$이고, $\overline{AC} \perp \overline{BD}$이므로 $\overline{AC} \perp$(평면 BHD)입니다.

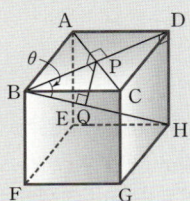

따라서 위의 그림과 같이 두 선분 AC, BD의 교점을 P라 하고, 점 P에서 선분 BH에 내린 수선의 발을 Q라고 하면 $\overline{PQ} \perp \overline{AC}$, $\overline{PQ} \perp \overline{BH}$입니다.
선분 PQ의 길이를 구하기 위하여 $\angle DBH = \theta$라고 하면 직각삼각형 BHD에서

$$\sin\theta = \frac{\overline{DH}}{\overline{BH}} = \frac{6}{6\sqrt{3}} = \frac{1}{\sqrt{3}}$$

이므로 직각삼각형 PBQ에서

$$\overline{PQ} = \overline{BP} \sin\theta = 3\sqrt{2} \times \frac{1}{\sqrt{3}} = \sqrt{6}$$

보충 설명 선분 BH를 포함하는 평면은 무수히 많지만 그중에서 선분 AC와 수직인 것은 하나뿐입니다. 따라서 두 점 P, Q는 유일하게 결정됩니다.

정답 $\sqrt{6}$

08-13

접근 방법 선분 AB의 평면 β 위로의 정사영을 이용합니다.

상세 풀이 점 B의 평면 β 위로의 정사영을 B′, 점 B에서 두 평면 α, β의 교선에 내린 수선의 발을

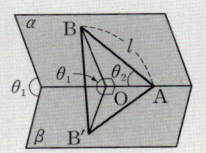

O라 하고 $\overline{AB} = l$이라고 하면

$$\overline{BO} = \overline{AB} \sin\theta_2 = \frac{3}{4} l$$

$$\overline{BB'} = \overline{BO} \sin\theta_1 = \frac{3}{4} l \times \frac{2}{3} = \frac{1}{2} l$$

삼각형 ABB′은 직각삼각형이므로

$$\overline{AB'} = \sqrt{l^2 - \left(\frac{1}{2}l\right)^2} = \frac{\sqrt{3}}{2} l$$

이때, 선분 AB′은 선분 AB의 평면 β 위로의 정사영이므로

$$\overline{AB} \cos\theta = \overline{AB'}$$

$$\therefore \cos\theta = \frac{\overline{AB'}}{\overline{AB}} = \frac{\frac{\sqrt{3}}{2}l}{l} = \frac{\sqrt{3}}{2}$$

정답 $\frac{\sqrt{3}}{2}$

08-14

접근 방법 사각형 PQRS의 각 꼭짓점에서 평면 BCDE에 수선을 내려 정사영시킨 도형의 넓이를 구합니다.

상세 풀이 오른쪽 그림과 같이 네 점 P, Q, R, S에서 평면 BCDE에 내린 수선의 발을 각각 P′, Q′, R′, S′이라고 하면 사각형 PQRS의 평면 BCDE 위로의 정사영은 사각형 P′Q′R′S′입니다.

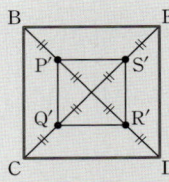

이때, 사각형 P′Q′R′S′은 한 변의 길이가 4인 정사각형이므로 구하는 정사영의 넓이는

$$4 \times 4 = 16$$

보충 설명 평면 PQRS와 평면 BCDE가 이루는 각의 크기와 사각형 PQRS의 넓이를 구하여 정사영의 넓이 공식을 이용하기보다는 사각형 PQRS의 각 꼭짓점에서 평면 BCDE에 수선을 내려 정사영시킨 도형의 넓이를 직접 구합니다.

정답 16

08-15

접근 방법 사면체 ABCF는 평면 HDBF에 대하여 대칭이므로 내접하는 구의 중심은 평면 HDBF 위에 있습니다. 또한 구는 평면 FCA와 접하므로 구의 중심과 접점을 잇는 직선이 평면 FCA와 수직으로 만난다는 사실을 이용하면 구의 반지름의 길이를 구할 수 있습니다.

상세 풀이 오른쪽 그림과 같은 직사각형 HDBF에서 선분 BD의 중점을 M, 두 선분 HB, FM의 교점을 P라고 하면

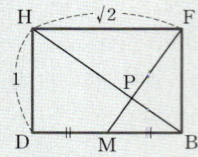

$$\triangle HPF \sim \triangle BPM$$

이고 닮음비는 $2:1$이므로

$$\overline{BP} = \frac{1}{3}\overline{BH}$$

$$= \frac{1}{3}\sqrt{1^2 + (\sqrt{2})^2} = \frac{\sqrt{3}}{3} \quad \cdots\cdots \ \bigcirc$$

$$\overline{PM} = \frac{1}{3}\overline{FM}$$

$$= \frac{1}{3}\sqrt{1^2 + \left(\frac{\sqrt{2}}{2}\right)^2} = \frac{\sqrt{6}}{6} \quad \cdots\cdots \ \bigcirc$$

$\bigcirc$, $\bigcirc$과 $\overline{BM} = \frac{\sqrt{2}}{2}$에 의하여

$$\overline{PM}^2 + \overline{BP}^2 = \left(\frac{\sqrt{6}}{6}\right)^2 + \left(\frac{\sqrt{3}}{3}\right)^2$$

$$= \left(\frac{\sqrt{2}}{2}\right)^2 = \overline{BM}^2$$

이므로 $\angle BPM = 90°$에서

$$\overline{BP} \perp \overline{PM}$$

따라서 평면 FCA와 접하는 구의 중심 O는 선분 BP 위에 있습니다.

구하는 구의 반지름의 길이를 r, 점 O에서 선분 BM에 내린 수선의 발을 Q라고 하면

$$\triangle BOQ \sim \triangle BMP$$

이므로

$$\overline{OQ} : \overline{PM} = \overline{BO} : \overline{BM}$$

$$r : \frac{\sqrt{6}}{6} = \left(\frac{\sqrt{3}}{3} - r\right) : \frac{\sqrt{2}}{2}$$

$$\frac{\sqrt{6}}{6}\left(\frac{\sqrt{3}}{3} - r\right) = \frac{\sqrt{2}}{2}r$$

$$\frac{\sqrt{2}}{6} - \frac{\sqrt{6}}{6}r = \frac{\sqrt{2}}{2}r$$

$$\frac{3\sqrt{2} + \sqrt{6}}{6}r = \frac{\sqrt{2}}{6}$$

$$\therefore r = \frac{\sqrt{2}}{3\sqrt{2} + \sqrt{6}} = \frac{1}{3 + \sqrt{3}} = \frac{3 - \sqrt{3}}{6}$$

정답 $\dfrac{3-\sqrt{3}}{6}$

08-16

접근 방법 평면 α 위에 있지 않은 두 점 A, D에서 평면 α에 수선의 발을 내린 후, 원래 도형과 정사영이 이루는 각의 크기를 구하여 정사영의 넓이와 길이를 구합니다.

상세 풀이 오른쪽 그림과 같이 두 점 A, D에서 평면 α에 내린 수선의 발을 각각 H, K라고 합시다.

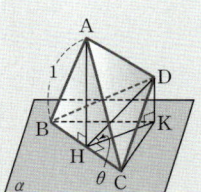

$\angle DHK = \theta$라고 하면

$$\angle AHD = 90° - \theta$$

이므로 삼각형 AHD에서

$$\cos(90° - \theta) = \frac{1}{3}$$

즉, $\sin\theta = \frac{1}{3}$이므로 $\cos\theta = \frac{2\sqrt{2}}{3}$

(1) 삼각형 BCD의 평면 α 위로의 정사영은 삼각형 BCK이므로

$$\triangle BCK = \triangle BCD \cos\theta$$

$$= \frac{\sqrt{3}}{4} \times \frac{2\sqrt{2}}{3} = \frac{\sqrt{6}}{6}$$

(2) $\overline{DK} = \overline{DH}\sin\theta = \frac{\sqrt{3}}{2} \times \frac{1}{3} = \frac{\sqrt{3}}{6}$이고,

선분 CD의 평면 α 위로의 정사영은 선분 CK이므로 그 길이는

$$\overline{CK} = \sqrt{1^2 - \left(\frac{\sqrt{3}}{6}\right)^2} = \frac{\sqrt{33}}{6}$$

보충 설명 (1) 꼭짓점 A에서 면 BCD에 내린 수선의 발을 I라고 하면 점 I는 삼각형 BCD의 무게중심입니다.

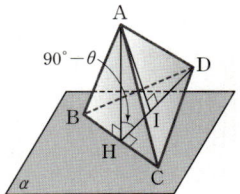

따라서

$$\overline{AH}=\overline{DH}=\frac{\sqrt{3}}{2}\times 1=\frac{\sqrt{3}}{2}$$

$$\overline{HI}=\frac{1}{3}\overline{DH}=\frac{1}{3}\times\frac{\sqrt{3}}{2}=\frac{\sqrt{3}}{6}$$

이므로 직각삼각형 AHI에서

$$\cos(90°-\theta)=\frac{\overline{HI}}{\overline{AH}}=\frac{1}{3}$$

(2) 오른쪽 그림에서

$$\cos(90°-\theta)=\frac{b}{c}$$ 이고

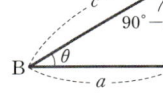

$$\sin(90°-\theta)=\frac{b}{c}$$ 이므로

$\cos(90°-\theta)=\sin\theta$ 가 항상 성립합니다.

정답 (1) $\frac{\sqrt{6}}{6}$ (2) $\frac{\sqrt{33}}{6}$

08- **17**

접근 방법 정사영을 이용하여 두 평면이 이루는 각의 크기를 구할 수 있습니다. 삼각형 PQR의 넓이와 삼각형 PQR의 평면 CDHG 위로의 정사영의 넓이 사이의 관계를 이용합니다.

상세 풀이 정육면체 ABCD−EFGH와 정사면체 PQRS의 한 모서리의 길이를 a라 하고, 평면 CDHG 위에 삼각형 PQR를 정사영시킨 도형을 삼각형 P′Q′R′이라고 하면

$$\overline{Q'R'}=\overline{QR}\cos(90°-60°)$$
$$=\overline{QR}\cos 30°=\frac{\sqrt{3}}{2}a$$

정사면체 PQRS의 꼭짓점 P에서 밑면 QRS에 내린 수선의 발을 I라 하고, 삼각형 P′Q′R′의 꼭

짓점 P′에서 선분 Q′R′에 내린 수선의 발을 I′이라고 하면

$$\overline{P'I'}=\overline{PI}=\frac{\sqrt{6}}{3}a$$

즉, 삼각형 P′Q′R′의 넓이는

$$\frac{1}{2}\times\frac{\sqrt{3}}{2}a\times\frac{\sqrt{6}}{3}a=\frac{\sqrt{2}}{4}a^2$$

또한 정삼각형 PQR의 넓이는 $\frac{\sqrt{3}}{4}a^2$

이때, 평면 CDHG와 평면 PQR가 이루는 각의 크기는 θ이므로

$$\triangle PQR\cos\theta=\triangle P'Q'R'$$
$$\frac{\sqrt{3}}{4}a^2\times\cos\theta=\frac{\sqrt{2}}{4}a^2$$
$$\therefore\cos\theta=\frac{\sqrt{2}}{\sqrt{3}}=\frac{\sqrt{6}}{3}$$

정답 $\frac{\sqrt{6}}{3}$

08- **18**

접근 방법 주어진 문제 상황에 맞게 구와 정사면체를 그리고, 삼각형의 무게중심의 성질을 이용합니다.

상세 풀이 (1) 중심이 O이고 반지름의 길이가 1인 구에 내접하는 정사면체 ABCD를 그려 보면 오른쪽 그림과 같습니다.

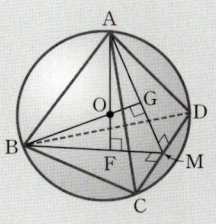

이때, 점 A에서 선분 CD에 내린 수선의 발을 M이라고 하면 점 B에서 선분 CD에 내린 수선의 발도 M입니다.

또한 두 점 F, G가 각각 두 삼각형 BCD, ACD의 무게중심이므로

$$\overline{AF}\perp\overline{BM},\ \overline{BG}\perp\overline{AM}$$

이때, $\overline{AF}=\overline{BG}$이고, $\overline{AO}=\overline{BO}=1$이므로

$$\overline{AO}:\overline{OF}=\overline{AO}:\overline{OG} \quad \cdots\cdots ㉠$$

또한 두 삼각형 AOG, AMF는 닮음이므로

$$\overline{AO}:\overline{OG}=\overline{AM}:\overline{MF}$$
$$=3:1 \quad \cdots\cdots ㉡$$

㉠, ㉡에서 $\overline{AO}=1$, $\overline{OF}=\dfrac{1}{3}$이므로

$\overline{AF}=\dfrac{4}{3}$이고, 이것은 정사면체 ABCD의

높이 $\dfrac{\sqrt{6}}{3}\overline{AB}$와 같습니다.

즉, $\dfrac{4}{3}=\dfrac{\sqrt{6}}{3}\overline{AB}$이므로

$$\overline{AB}=\dfrac{4}{\sqrt{6}}$$

따라서 구하는 삼각형 ABC의 넓이는

$$\dfrac{\sqrt{3}}{4}\times\left(\dfrac{4}{\sqrt{6}}\right)^2=\dfrac{2\sqrt{3}}{3}$$

(2) 직각삼각형 AOG에서 $\angle AOG=\theta$일 때

$$\cos\theta=\dfrac{\overline{OG}}{\overline{AO}}=\dfrac{\overline{MF}}{\overline{AM}}=\dfrac{1}{3} \ (\because ㉡)$$

보충 설명 구에 내접하는 정사면체에 대하여 정사면체의 높이를 $3:1$로 내분하는 점에 구의 중심이 있다는 것을 기억하도록 합니다.

정답 (1) $\dfrac{2\sqrt{3}}{3}$ (2) $\dfrac{1}{3}$

상세 풀이 원판과 평면 α와의 교점을 A, 원판과 평면 β와의 교점을 B라고 하면 주어진 조건에 의하여 오른쪽 그림과 같이 나타낼 수 있습니다.

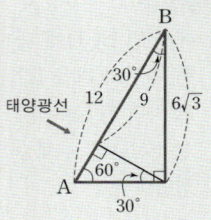

이때, 평면 β 위에 그림자가 생기게 하는 원판의 부분은 오른쪽 그림과 같이 활꼴 PBQ입니다.

$$\angle POQ=120°,$$
$$\overline{PQ}=6\sqrt{3}$$

이므로 활꼴 PBQ의 넓이는

$$36\pi\times\dfrac{2}{3}+\dfrac{1}{2}\times6\sqrt{3}\times3=24\pi+9\sqrt{3}$$

이므로

$$S\cos30°=24\pi+9\sqrt{3}$$
$$\therefore S=\dfrac{2}{\sqrt{3}}(24\pi+9\sqrt{3})=18+16\sqrt{3}\pi$$

따라서 $a=18$, $b=16$이므로

$$a+b=34$$

보충 설명 위와 같은 정사영 문제에서 활꼴 PBQ의 평면 β 위로의 정사영이 평면 β에 나타난 그림자라고 착각하여

$$S=(활꼴\ PBQ의\ 넓이)\times\cos30°$$

로 잘못 생각할 수도 있다는 점에 주의해야 합니다.

정답 34

08-19

접근 방법 태양광선이 평면 α와 $30°$의 각을 이루면서 원판의 면에 수직으로 비추므로 원판과 평면 α는 $60°$의 각을 이루고 있습니다. 주어진 상황을 단면으로 그려 보고 원판의 어느 부분이 평면 β에 나타나는 원판의 그림자가 되는지를 파악하여 그 넓이를 구하면 정사영의 넓이 또한 구할 수 있습니다.

08-20

접근 방법 직원기둥의 정사영을 직원기둥의 옆면에 의한 정사영, 즉 직사각형의 정사영과 두 밑면에 의한 정사영, 즉 원의 정사영으로 나누어 생각합니다. 이때, 옆면이 평면 α와 이루는 각의 크기와 밑면이 평면 α와 이루는 각의 크기가 서로 다르다는 것에 주의합니다.

상세 풀이 직원기둥을 두 밑면의 중심을 포함하는
평면으로 자른 단면인 직사각형의 넓이를 S_1이라
하고, 이 직사각형의 평면 α 위로의 정사영의 넓
이를 S_1'이라고 하면

$$S_1' = S_1 \cos 60^\circ$$
$$= (4 \times 10) \times \cos 60^\circ = 20$$

두 밑면의 반원의 넓이의
합을 S_2라 하고, 두 반원
의 평면 α 위로의 정사영
의 넓이의 합을 S_2'이라고
하면 직원기둥의 밑면은
오른쪽 그림과 같이 평면
α와 30°의 각을 이루므로

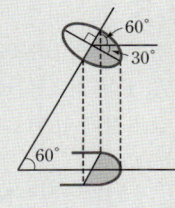

$$S_2' = S_2 \cos 30^\circ$$
$$= (\pi \times 2^2) \times \cos 30^\circ = 2\sqrt{3}\pi$$

따라서 직원기둥의 평면 α 위로의 정사영의 넓이는

$$S_1' + S_2' = 20 + 2\sqrt{3}\pi$$

이므로 $m = 20$, $n = 2$

$$\therefore m + n = 22$$

보충 설명 직원기둥의 옆면과 밑면은 수직을 이루고,
평면 α와 60°의 각을 이루는 선분과 옆면은 평행하
고 밑면은 수직입니다. 따라서 직원기둥의 밑면에 의
한 정사영을 구할 때 평면 α와 60°가 아닌 30°의 각
을 이루고 있다고 생각해야 합니다.

정답 22

01-1

점 $P(2, 3, -1)$을 xy평면에 대하여 대칭이동한 점 A는 z좌표의 부호가 바뀌므로

$A(2, 3, 1)$

점 $P(2, 3, -1)$을 yz평면에 대하여 대칭이동한 점 B는 x좌표의 부호가 바뀌므로

$B(-2, 3, -1)$

점 $P(2, 3, -1)$을 zx평면에 대하여 대칭이동한 점 C는 y좌표의 부호가 바뀌므로

$C(2, -3, -1)$

따라서 점 $P(2, 3, -1)$과 세 점 $A(2, 3, 1)$, $B(-2, 3, -1)$, $C(2, -3, -1)$에 대하여

$\overline{PA}=\sqrt{(2-2)^2+(3-3)^2+\{1-(-1)\}^2}=2$
$\overline{PB}=\sqrt{(-2-2)^2+(3-3)^2+\{-1-(-1)\}^2}=4$
$\overline{PC}=\sqrt{(2-2)^2+(-3-3)^2+\{-1-(-1)\}^2}=6$
$\therefore \overline{PC}>\overline{PB}>\overline{PA}$

정답 $\overline{PC}>\overline{PB}>\overline{PA}$

01-2

두 점 A, B의 z좌표의 부호가 같으므로 두 점 A, B는 모두 xy평면을 기준으로 같은 쪽에 있습니다.

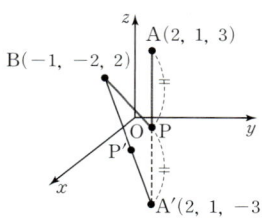

위의 그림과 같이 점 $A(2, 1, 3)$을 xy평면에 대하여 대칭이동한 점을 A'이라고 하면

$A'(2, 1, -3)$

이때, 선분 $A'B$와 xy평면의 교점을 P'이라고 하면 xy평면 위를 움직이는 점 P에 대하여

$\overline{AP}+\overline{BP}=\overline{A'P}+\overline{BP}$
$\qquad\qquad\quad \geq \overline{A'P'}+\overline{BP'}$
$\qquad\qquad\quad = \overline{A'B}$

따라서 $\overline{AP}+\overline{BP}$의 최솟값은 선분 $A'B$의 길이와 같으므로

$\overline{A'B}=\sqrt{(-1-2)^2+(-2-1)^2+\{2-(-3)\}^2}$
$\qquad\quad =\sqrt{43}$

정답 $\sqrt{43}$

01-3

두 점 A, B의 y좌표와 z좌표의 부호가 같으므로 두 점 A, B는 좌표공간에서 xy평면, zx평면을 기준으로 같은 쪽에 있습니다.

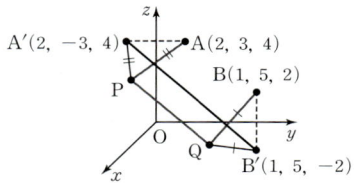

위의 그림과 같이 점 $A(2, 3, 4)$를 zx평면에 대하여 대칭이동한 점을 A', 점 $B(1, 5, 2)$를 xy평면에 대하여 대칭이동한 점을 B'이라고 하면

$A'(2, -3, 4)$, $B'(1, 5, -2)$

이므로 zx평면 위를 움직이는 점 P, xy평면 위를 움직이는 점 Q에 대하여

$\overline{AP}+\overline{PQ}+\overline{QB}=\overline{A'P}+\overline{PQ}+\overline{QB'}$
$\qquad\qquad\qquad\qquad \geq \overline{A'B'}$

따라서 $\overline{AP}+\overline{PQ}+\overline{QB}$의 최솟값은 선분 $A'B'$의 길이와 같으므로

$\overline{A'B'}=\sqrt{(1-2)^2+\{5-(-3)\}^2+(-2-4)^2}$
$\qquad\quad =\sqrt{101}$

정답 $\sqrt{101}$

02-1

점 C가 xy평면 위에 있으므로 $C(a, b, 0)$이라고 하면 두 점 $A(-1, 2, 3)$, $B(2, 4, 2)$에서

$\overline{AB}^2=\{2-(-1)\}^2+(4-2)^2+(2-3)^2=14$

두 점 $A(-1, 2, 3)$, $C(a, b, 0)$에서
$$\overline{AC}^2 = \{a-(-1)\}^2 + (b-2)^2 + (0-3)^2$$
$$= a^2 + b^2 + 2a - 4b + 14$$
두 점 $B(2, 4, 2)$, $C(a, b, 0)$에서
$$\overline{BC}^2 = (a-2)^2 + (b-4)^2 + (0-2)^2$$
$$= a^2 + b^2 - 4a - 8b + 24$$
이때, 삼각형 ABC가 정삼각형이므로
$\overline{AB} = \overline{AC} = \overline{BC}$, 즉 $\overline{AB}^2 = \overline{AC}^2 = \overline{BC}^2$
$\overline{AB}^2 = \overline{AC}^2$에서
$$14 = a^2 + b^2 + 2a - 4b + 14$$
$$\therefore a^2 + b^2 + 2a - 4b = 0 \qquad \cdots\cdots \bigcirc$$
$\overline{AC}^2 = \overline{BC}^2$에서
$$a^2 + b^2 + 2a - 4b + 14 = a^2 + b^2 - 4a - 8b + 24$$
$$\therefore 3a + 2b = 5 \qquad \cdots\cdots \bigcirc$$
$\bigcirc$, $\bigcirc$을 연립하여 풀면
$$a = -\frac{15}{13}, b = \frac{55}{13} \text{ 또는 } a = 1, b = 1$$
$$\therefore C\left(-\frac{15}{13}, \frac{55}{13}, 0\right) \text{ 또는 } C(1, 1, 0)$$

정답 $C\left(-\frac{15}{13}, \frac{55}{13}, 0\right)$ 또는 $C(1, 1, 0)$

02-2

점 P가 yz평면 위에 있으므로 $P(0, b, c)$라고 하면
두 점 $O(0, 0, 0)$, $P(0, b, c)$에서
$$\overline{OP}^2 = b^2 + c^2$$
두 점 $A(1, 2, 1)$, $P(0, b, c)$에서
$$\overline{AP}^2 = (0-1)^2 + (b-2)^2 + (c-1)^2$$
$$= b^2 + c^2 - 4b - 2c + 6$$
두 점 $B(-1, 0, 1)$, $P(0, b, c)$에서
$$\overline{BP}^2 = \{0-(-1)\}^2 + (b-0)^2 + (c-1)^2$$
$$= b^2 + c^2 - 2c + 2$$
이때, 점 P는 세 점 O, A, B로부터 같은 거리에 있으므로 $\overline{OP} = \overline{AP} = \overline{BP}$, 즉 $\overline{OP}^2 = \overline{AP}^2 = \overline{BP}^2$
$\overline{OP}^2 = \overline{AP}^2$에서
$$b^2 + c^2 = b^2 + c^2 - 4b - 2c + 6$$
$$\therefore 2b + c = 3 \qquad \cdots\cdots \bigcirc$$

$\overline{OP}^2 = \overline{BP}^2$에서
$$b^2 + c^2 = b^2 + c^2 - 2c + 2 \qquad \therefore c = 1$$
$c = 1$을 $\bigcirc$에 대입하여 풀면 $b = 1$
따라서 점 P의 좌표는 $(0, 1, 1)$입니다.

정답 $P(0, 1, 1)$

02-3

삼각형 OAP에서 선분 OA는 y축 위에 있고, 점 $P(x, y, z)$에서 y축에 내린 수선의 발을 H라고 하면
$$H(0, y, 0)$$
그런데 삼각형 OAP의 넓이가 6이므로
$$\frac{1}{2} \times \overline{OA} \times \overline{PH} = 6$$
$$\frac{1}{2} \times 3 \times \overline{PH} = 6$$
$$\therefore \overline{PH} = 4 \text{ (단, } 0 \le y \le 3)$$
즉, 다음 그림과 같이 점 P가 나타내는 도형은 밑면의 반지름의 길이가 4이고 높이가 3인 원기둥의 옆면입니다.

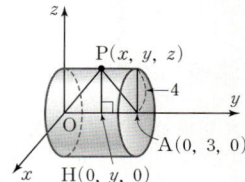

따라서 점 P가 나타내는 도형의 넓이는
$$2\pi \times 4 \times 3 = 24\pi$$

정답 24π

예제 03 선분의 내분점과 외분점   p.303

03-1

두 점 $A(2, -1, 4)$, $B(-4, 3, 2)$에 대하여
(1) 선분 AB를 $3 : 1$로 내분하는 점 P의 좌표는
$$\left(\frac{3 \times (-4) + 1 \times 2}{3+1}, \frac{3 \times 3 + 1 \times (-1)}{3+1}, \frac{3 \times 2 + 1 \times 4}{3+1}\right)$$
이므로 $P\left(-\frac{5}{2}, 2, \frac{5}{2}\right)$입니다.

(2) 선분 AB를 $3:1$로 외분하는 점 Q의 좌표는

$$\left(\frac{3\times(-4)-1\times2}{3-1}, \frac{3\times3-1\times(-1)}{3-1}, \frac{3\times2-1\times4}{3-1}\right)$$

이므로 Q$(-7, 5, 1)$입니다.

정답 (1) P$\left(-\dfrac{5}{2}, 2, \dfrac{5}{2}\right)$ (2) Q$(-7, 5, 1)$

03-2

두 점 A$(-1, a, 4)$, B$(2, -2, b)$에 대하여 선분 AB를 $2:1$로 내분하는 점의 좌표는

$$\left(\frac{2\times2+1\times(-1)}{2+1}, \frac{2\times(-2)+1\times a}{2+1}, \frac{2\times b+1\times4}{2+1}\right),$$ 즉

$$\left(1, \frac{-4+a}{3}, \frac{2b+4}{3}\right)$$

이 점이 xy평면 위에 있으므로 z좌표가 0이어야 합니다.

즉, $\dfrac{2b+4}{3}=0$에서 $b=-2$

또한 선분 AB를 $3:2$로 내분하는 점의 좌표는

$$\left(\frac{3\times2+2\times(-1)}{3+2}, \frac{3\times(-2)+2\times a}{3+2}, \frac{3\times b+2\times4}{3+2}\right),$$ 즉

$$\left(\frac{4}{5}, \frac{-6+2a}{5}, \frac{3b+8}{5}\right)$$

이 점이 zx평면 위에 있으므로 y좌표가 0이어야 합니다.

즉, $\dfrac{-6+2a}{5}=0$에서 $a=3$

$$\therefore a^2+b^2=3^2+(-2)^2=13$$

정답 13

03-3

두 점 A$(0, 1, 1)$, B$(-2, 3, 7)$의 xy평면 위로의 정사영을 각각 A$'$, B$'$이라고 하면

$$A'(0, 1, 0), B'(-2, 3, 0)$$
$$\therefore \overline{A'B'}=\sqrt{(-2-0)^2+(3-1)^2+(0-0)^2}$$
$$=2\sqrt{2}$$

또한 선분 AB를 $1:2$로 내분하는 점을 P라고 하면 점 P의 좌표는

$$\left(\frac{1\times(-2)+2\times0}{1+2}, \frac{1\times3+2\times1}{1+2}, \frac{1\times7+2\times1}{1+2}\right)$$

$$\therefore P\left(-\frac{2}{3}, \frac{5}{3}, 3\right)$$

점 P에서 xy평면 위에 내린 수선의 발을 P$'$이라고 하면 P$'\left(-\dfrac{2}{3}, \dfrac{5}{3}, 0\right)$이고, 선분 A$'B'$은 xy평면 위에 있으므로 $\overline{A'B'}\perp\overline{PP'}$입니다.

따라서 $\overline{PP'}=3$이므로 삼각형 PA$'$B$'$의 넓이는

$$\frac{1}{2}\times\overline{A'B'}\times\overline{PP'}=\frac{1}{2}\times2\sqrt{2}\times3=3\sqrt{2}$$

보충 설명 선분 AB를 $1:2$로 내분하는 점 P는 두 점 A, B와 같은 직선 위에 있고, 세 점 A, P, B의 xy평면 위로의 정사영 A$'$, P$'$, B$'$ 역시 같은 직선 위에 있습니다. 따라서 삼각형 PA$'$B$'$에서 선분 A$'$B$'$을 밑변으로 할 때, 높이는 선분 PP$'$입니다.

정답 $3\sqrt{2}$

예제 04 삼각형의 무게중심   p.305

04-1

세 점 A$(-1, 0, 2)$, B$(1, 1, 0)$, C$(2, -1, 2)$를 꼭짓점으로 하는 삼각형 ABC의 무게중심 G의 좌표는

$$\left(\frac{-1+1+2}{3}, \frac{0+1+(-1)}{3}, \frac{2+0+2}{3}\right),$$ 즉

$$G\left(\frac{2}{3}, 0, \frac{4}{3}\right)$$

따라서 $a=\dfrac{2}{3}, b=0, c=\dfrac{4}{3}$이므로

$$a+b+c=\frac{2}{3}+0+\frac{4}{3}=2$$

정답 2

04-2

점 C의 좌표를 (a, b, c)라고 하면 삼각형 ABC의 무게중심 G의 좌표가 $(1, 3, 4)$이므로

$$G\left(\frac{2+0+a}{3}, \frac{5+(-1)+b}{3}, \frac{3+5+c}{3}\right)$$에서

$$\frac{2+a}{3}=1, \frac{4+b}{3}=3, \frac{8+c}{3}=4$$

$$\therefore a=1,\ b=5,\ c=4$$

따라서 점 C의 좌표는 $(1,\ 5,\ 4)$입니다.

정답 $C(1,\ 5,\ 4)$

04-3

점 $A(1,\ 2,\ 3)$에서 xy평면, yz평면, zx평면에 내린 수선의 발 $P,\ Q,\ R$는 각각

$$P(1,\ 2,\ 0),\ Q(0,\ 2,\ 3),\ R(1,\ 0,\ 3)$$

이므로 삼각형 PQR의 무게중심 G의 좌표는

$$\left(\frac{1+0+1}{3},\ \frac{2+2+0}{3},\ \frac{0+3+3}{3}\right),\ 즉$$

$$G\left(\frac{2}{3},\ \frac{4}{3},\ 2\right)$$

따라서 선분 AG의 길이는

$$\overline{AG}=\sqrt{\left(\frac{2}{3}-1\right)^2+\left(\frac{4}{3}-2\right)^2+(2-3)^2}$$

$$=\sqrt{\frac{1}{9}+\frac{4}{9}+1}=\frac{\sqrt{14}}{3}$$

정답 $\dfrac{\sqrt{14}}{3}$

예제 05 좌표평면 또는 좌표축에 접하는 구의 방정식   p.313

05-1

구의 반지름의 길이를 r라고 하면 구가 점 $P(2,\ 4,\ 2)$를 지나므로 중심의 좌표는

$$(r,\ r,\ r)$$

따라서 구의 방정식은

$$(x-r)^2+(y-r)^2+(z-r)^2=r^2$$

이때, 점 $P(2,\ 4,\ 2)$는 이 구 위의 점이므로

$$(2-r)^2+(4-r)^2+(2-r)^2=r^2$$

$$r^2-8r+12=0,\ (r-2)(r-6)=0$$

$$\therefore r=2\ 또는\ r=6$$

따라서 두 구 중에서 작은 구의 중심의 좌표가 $(2,\ 2,\ 2)$이므로 작은 구의 중심과 원점 사이의 거리는

$$\sqrt{2^2+2^2+2^2}=2\sqrt{3}$$

정답 $2\sqrt{3}$

05-2

구의 반지름의 길이를 r라고 하면 구가 점 $(1,\ -1,\ -2)$를 지나므로 중심의 좌표는

$$(r,\ -r,\ -r)$$

따라서 구의 방정식은

$$(x-r)^2+(y+r)^2+(z+r)^2=r^2$$

이때, 점 $(1,\ -1,\ -2)$는 이 구 위의 점이므로

$$(1-r)^2+(-1+r)^2+(-2+r)^2=r^2$$

$$r^2-4r+3=0,\ (r-1)(r-3)=0$$

$$\therefore r=1\ 또는\ r=3$$

따라서 두 구의 반지름의 길이의 합은

$$1+3=4$$

다른 풀이 위의 풀이에서 $r^2-4r+3=0$이므로 근과 계수의 관계에 의하여 두 구의 반지름의 길이의 합은 4입니다.

정답 4

05-3

구가 x축, y축, z축에 동시에 접하려면 구의 중심에서 x축, y축, z축에 이르는 거리가 모두 같아야 하므로 구의 중심을 C라고 하면

$$C(a,\ a,\ a)\ (단,\ a>0)$$

이때, 구의 중심 C에서 x축에 내린 수선의 발을 H라고 하면

$$H(a,\ 0,\ 0)$$

이고, 선분 CH의 길이는 구의 반지름의 길이가 됩니다.

한편, 주어진 구의 반지름의 길이가 4이므로

$$\sqrt{a^2+a^2}=4$$

$$a^2=8\qquad\therefore a=2\sqrt{2}\ (\because a>0)$$

즉, 구의 방정식은

$$(x-2\sqrt{2})^2+(y-2\sqrt{2})^2+(z-2\sqrt{2})^2=16$$

이므로 xy평면과 만나서 생기는 원의 방정식은

$$(x-2\sqrt{2})^2+(y-2\sqrt{2})^2=8$$

따라서 구가 xy평면과 만나서 생기는 원의 넓이는 8π입니다.

정답 8π

예제 06 구와 평면이 만나서 생기는 원 p.315

06-1

구의 중심의 좌표를 (a, b, c), 반지름의 길이를 r라고 하면 이 구의 방정식은

$$(x-a)^2+(y-b)^2+(z-c)^2=r^2$$

이 구가 원점을 지나므로

$$a^2+b^2+c^2=r^2$$

$$\therefore (x-a)^2+(y-b)^2+(z-c)^2=a^2+b^2+c^2$$

이 구의 방정식에 $z=0$, $x=0$, $y=0$을 각각 대입하면 구를 xy평면, yz평면, zx평면으로 자른 단면의 방정식은 다음과 같습니다.

$$(x-a)^2+(y-b)^2=a^2+b^2 \quad \cdots\cdots ㉠$$
$$(y-b)^2+(z-c)^2=b^2+c^2 \quad \cdots\cdots ㉡$$
$$(x-a)^2+(z-c)^2=a^2+c^2 \quad \cdots\cdots ㉢$$

이때, 세 원 ㉠, ㉡, ㉢의 반지름의 길이가 각각 3, 4, 5이므로

$$a^2+b^2=3^2 \quad \cdots\cdots ㉣$$
$$b^2+c^2=4^2 \quad \cdots\cdots ㉤$$
$$a^2+c^2=5^2 \quad \cdots\cdots ㉥$$

㉣, ㉤, ㉥의 각 변을 더하면

$$2(a^2+b^2+c^2)=50$$

$$\therefore a^2+b^2+c^2=25$$

따라서 구의 반지름의 길이는

$$r=\sqrt{a^2+b^2+c^2}=\sqrt{25}=5$$

정답 5

06-2

구의 중심의 좌표를 (a, b, c)라고 하면 반지름의 길이가 4이므로 이 구의 방정식은

$$(x-a)^2+(y-b)^2+(z-c)^2=4^2$$

이 구를 xy평면, yz평면, zx평면으로 자른 단면의 방정식은 각각 다음과 같습니다.

$$(x-a)^2+(y-b)^2=4^2-c^2 \quad \cdots\cdots ㉠$$
$$(y-b)^2+(z-c)^2=4^2-a^2 \quad \cdots\cdots ㉡$$
$$(x-a)^2+(z-c)^2=4^2-b^2 \quad \cdots\cdots ㉢$$

이때, 세 원 ㉠, ㉡, ㉢의 반지름의 길이가 각각 1, 2, 3이므로

$4^2-c^2=1^2$에서 $c^2=15$

$4^2-a^2=2^2$에서 $a^2=12$

$4^2-b^2=3^2$에서 $b^2=7$

$$\therefore a^2+b^2+c^2=12+7+15=34$$

따라서 원점과 구의 중심인 점 (a, b, c) 사이의 거리는

$$\sqrt{a^2+b^2+c^2}=\sqrt{34}$$

정답 $\sqrt{34}$

06-3

구의 반지름의 길이를 r라고 하면 중심이 점 $(1, 2, 3)$이므로 이 구의 방정식은

$$(x-1)^2+(y-2)^2+(z-3)^2=r^2 \quad \cdots\cdots ㉠$$

㉠과 z축의 교점의 z좌표는 $x=0$, $y=0$일 때의 z의 값이므로 $x=0$, $y=0$을 ㉠에 대입하면

$$(z-3)^2=r^2-5$$

$$\therefore z=3-\sqrt{r^2-5} \text{ 또는 } z=3+\sqrt{r^2-5}$$

이때, $\overline{AB}=4$이므로

$$(3+\sqrt{r^2-5})-(3-\sqrt{r^2-5})=4$$

$$\sqrt{r^2-5}=2,\ r^2=9$$

$$\therefore r=3 \ (\because r>0)$$

즉, 구 $(x-1)^2+(y-2)^2+(z-3)^2=9$가 yz평면과 만나서 생기는 원의 방정식은

$$(y-2)^2+(z-3)^2=8$$

따라서 yz평면과 만나서 생기는 원의 넓이는 8π입니다.

정답 8π

기본 다지기

09-1 ①   **2** ③   **3** 4   **4** ㄱ, ㄴ, ㄷ

     5 P$(3, -2, -4)$ **6** $\dfrac{\sqrt{13}}{6}$

     7 (1) $\left(x-\dfrac{1}{2}\right)^2+(y-2)^2+(z-3)^2=\dfrac{9}{4}$

        (2) $(x+2)^2+(y+1)^2+(z-3)^2=12$

     8 13   **9** 18   **10** 15

09-1

접근 방법 평행사변형의 두 대각선은 서로 다른 것을 이등분하므로 두 선분 AC, OB의 중점이 일치합니다. 이 성질을 이용하면 점 C의 좌표를 구할 수 있습니다.

상세 풀이

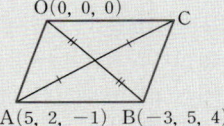

평행사변형 OABC에서 선분 OB의 중점의 좌표는

$$\left(\frac{0+(-3)}{2}, \frac{0+5}{2}, \frac{0+4}{2}\right), \text{즉}$$

$$\left(-\frac{3}{2}, \frac{5}{2}, 2\right)$$

점 $C(x, y, z)$라고 하면 선분 AC의 중점의 좌표는

$$\left(\frac{5+x}{2}, \frac{2+y}{2}, \frac{-1+z}{2}\right)$$

이때, 사각형 OABC는 평행사변형이므로 두 대각선의 중점은 서로 일치합니다.

즉, $\dfrac{5+x}{2}=-\dfrac{3}{2}$, $\dfrac{2+y}{2}=\dfrac{5}{2}$, $\dfrac{-1+z}{2}=2$이므로

$$x=-8, y=3, z=5$$

따라서 점 C의 좌표는 $(-8, 3, 5)$입니다.

보충 설명 평행사변형의 성질

(1) $\overline{AB}=\overline{DC}$, $\overline{AD}=\overline{BC}$

(2) $\angle A=\angle C$, $\angle B=\angle D$

(3) $\overline{OA}=\overline{OC}$, $\overline{OB}=\overline{OD}$

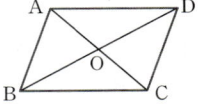

정답 ①

09-2

접근 방법 임의의 점 (a, b, c)를 x축에 대하여 대칭이동한 점은 y좌표, z좌표의 부호가 모두 바뀌므로 점 $(a, -b, -c)$이고, yz평면에 대하여 대칭이동한 점은 x좌표의 부호만 바뀌므로 점 $(-a, b, c)$입니다.

상세 풀이 점 $A(2, 3, 4)$를 x축에 대하여 대칭이동한 점 P는 y좌표와 z좌표의 부호가 모두 바뀌므로

$$P(2, -3, -4)$$

이고, yz평면에 대하여 대칭이동한 점 Q는 x좌표의 부호만 바뀌므로

$$Q(-2, 3, 4)$$

입니다.

따라서 선분 PQ를 $2:1$로 내분하는 점의 좌표는

$$\left(\frac{2\times(-2)+1\times 2}{2+1}, \frac{2\times 3+1\times(-3)}{2+1}, \frac{2\times 4+1\times(-4)}{2+1}\right)$$

이므로 $\left(-\dfrac{2}{3}, 1, \dfrac{4}{3}\right)$입니다.

보충 설명 좌표공간에서 좌표축에 대한 대칭이동은 해당 축의 좌표를 제외한 나머지 두 좌표의 부호를 바꾸고, 좌표평면에 대한 대칭이동은 해당 평면의 두 좌표축의 좌표를 제외한 나머지 하나의 좌표의 부호만 바꿉니다. 예를 들어, 점 $(-1, 3, 2)$를 y축에 대하여 대칭이동하면 y좌표 3을 제외한 나머지 $-1, 2$의 부호를 바꾼 점 $(1, 3, -2)$가 되고, 이 점을 다시 xy평면에 대하여 대칭이동하면 z좌표 -2의 부호를 바꾼 점 $(1, 3, 2)$가 됩니다.

정답 ③

09-3

접근 방법 점 P는 xy평면 위의 점이므로 z좌표가 0입니다. 따라서 선분 AB를 $m:n$으로 내분하는 점의 좌표를 구한 후, $z=0$을 대입하면 m, n의 값을 구할 수 있습니다.

상세 풀이 두 점 $A(1, 3, 6)$, $B(1, 7, -2)$에 대하여 선분 AB를 $m:n$으로 내분하는 점 P의 좌

표는

$$\left(\frac{m\times1+n\times1}{m+n},\ \frac{m\times7+n\times3}{m+n},\ \frac{m\times(-2)+n\times6}{m+n}\right)$$

이때, 점 P는 xy평면 위의 점이므로 z좌표가 0입니다.

즉, $\dfrac{m\times(-2)+n\times6}{m+n}=0$에서

$-2m+6n=0$ $\therefore m=3n$

따라서 점 P는 선분 AB를 3 : 1로 내분하므로

$m=3,\ n=1$

$\therefore m+n=3+1=4$

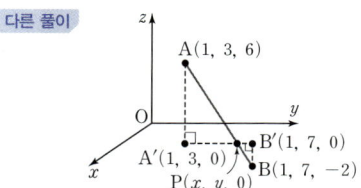

다른 풀이

위의 그림과 같이 두 점 A$(1, 3, 6)$, B$(1, 7, -2)$에 대하여 선분 AB가 xy평면과 만나는 점 P의 좌표를 $(x, y, 0)$이라 하고, 두 점 A, B에서 xy평면에 내린 수선의 발을 각각 A$'$, B$'$이라고 하면

A$'(1, 3, 0)$, B$'(1, 7, 0)$

$\triangle$APA$'\backsim\triangle$BPB$'$이므로

$\overline{\text{AP}}:\overline{\text{BP}}=\overline{\text{AA}'}:\overline{\text{BB}'}$

$=6:2=3:1$

정답 4

09-4

접근 방법 임의의 점 (a, b, c)를 xy평면에 대하여 대칭이동한 점의 좌표는 $(a, b, -c)$이고, yz평면에 내린 수선의 발의 좌표는 $(0, b, c)$입니다.

상세 풀이 두 점 A$(-1, 3, 4)$, B$(3, -1, 5)$에 대하여

ㄱ. 점 A를 xy평면에 대하여 대칭이동한 점은 z좌표의 부호가 바뀌므로 A$'$의 좌표는 $(-1, 3, -4)$입니다. (참)

ㄴ. yz평면 위의 모든 점은 x좌표가 0이므로 점

B에서 yz평면에 내린 수선의 발 H의 좌표는 $(0, -1, 5)$입니다. (참)

ㄷ. zx평면이 선분 AB를 $m : n$으로 내분한다고 하면 선분 AB와 zx평면이 만나는 점이 선분 AB를 $m : n$으로 내분하는 점입니다. 이때, 이 점은 zx평면 위의 점이므로 y좌표가 0입니다.

따라서 선분 AB를 $m : n$으로 내분하는 점의 y좌표는

$\dfrac{m\times(-1)+n\times3}{m+n}=0$에서 $\dfrac{3n-m}{m+n}=0$

$m=3n$ $\therefore m:n=3:1$ (참)

따라서 옳은 것은 ㄱ, ㄴ, ㄷ입니다.

보충 설명 ㄷ에서 선분 AB를 3 : 1로 내분하는 점을 직접 구한 후, $y=0$인지 살펴보면 zx평면 위의 점인지 아닌지 알 수 있습니다. 이때, 내분점의 x좌표, y좌표, z좌표를 모두 구하는 대신 y좌표만 구하면 계산이 더 간단합니다.

정답 ㄱ, ㄴ, ㄷ

09-5

접근 방법 점 P(a, b, c)에서 x축에 내린 수선의 발 Q의 좌표는 $(a, 0, 0)$, y축에 내린 수선의 발 R의 좌표는 $(0, b, 0)$, z축에 내린 수선의 발 H의 좌표는 $(0, 0, c)$입니다. 이때 $\overline{\text{PQ}}=2\sqrt{5}$, $\overline{\text{PR}}=5$이고 H의 좌표가 $(0, 0, -4)$임을 이용하여 실수 a, b, c의 값을 구할 수 있습니다.

상세 풀이 점 P(a, b, c)에서 x축에 내린 수선의 발 Q$(a, 0, 0)$에 대하여

$\overline{\text{PQ}}=\sqrt{(a-a)^2+(b-0)^2+(c-0)^2}$

$=\sqrt{b^2+c^2}=2\sqrt{5}$

$\therefore b^2+c^2=20$ ......㉠

또한 점 P(a, b, c)에서 y축에 내린 수선의 발 R$(0, b, 0)$에 대하여

$\overline{\text{PR}}=\sqrt{(a-0)^2+(b-b)^2+(c-0)^2}$

$=\sqrt{a^2+c^2}=5$

$$\therefore a^2+c^2=25 \qquad \cdots\cdots ㉡$$

한편, 점 $P(a, b, c)$에서 z축에 내린 수선의 발 H
의 좌표가 $(0, 0, -4)$이므로

$$c=-4 \qquad \cdots\cdots ㉢$$

㉢을 ㉠, ㉡에 대입하여 풀면

$$a=3, b=-2 \ (\because a>0, b<0)$$

따라서 점 P의 좌표는 $(3, -2, -4)$입니다.

정답 $P(3, -2, -4)$

09-6

접근 방법   좌표공간에서 x축 위의 점 P의 좌표를
$(a, 0, 0)$, y축 위의 점 Q의 좌표를 $(0, b, 0)$이라 하
고 조건에 맞는 실수 a, b의 값을 구합니다.

상세 풀이   두 점 $A(2, -1, 1)$, $B(0, 2, -2)$에
서 같은 거리에 있는 x축, y축 위의 점을 각각
$P(a, 0, 0)$, $Q(0, b, 0)$이라고 하면
$\overline{PA}^2=\overline{PB}^2$에서

$$(a-2)^2+1^2+(-1)^2=a^2+(-2)^2+2^2$$
$$-4a=2 \qquad \therefore a=-\frac{1}{2}$$
$$\therefore P\left(-\frac{1}{2}, 0, 0\right)$$

$\overline{QA}^2=\overline{QB}^2$에서

$$(-2)^2+(b+1)^2+(-1)^2=(b-2)^2+2^2$$
$$6b=2 \qquad \therefore b=\frac{1}{3}$$
$$\therefore Q\left(0, \frac{1}{3}, 0\right)$$

따라서 두 점 P, Q 사이의 거리는

$$\overline{PQ}=\sqrt{\left(\frac{1}{2}\right)^2+\left(\frac{1}{3}\right)^2}=\frac{\sqrt{13}}{6}$$

정답 $\dfrac{\sqrt{13}}{6}$

09-7

접근 방법   (1) 구의 중심의 좌표와 반지름의 길이를 알
면 구의 방정식을 구할 수 있습니다.

(2) 점 P의 좌표를 (x, y, z)라 하고 주어진 조건에

맞게 식을 세워 정리하면 점 P가 나타내는 도형의
방정식을 구할 수 있습니다.

상세 풀이   (1) 두 점 $A(1, 1, 2)$, $B(0, 3, 4)$에 대
하여 주어진 구의 중심은 선분 AB의 중점이고
반지름의 길이는 $\frac{1}{2}\overline{AB}$입니다.

따라서 구의 중심의 좌표는

$$\left(\frac{1+0}{2}, \frac{1+3}{2}, \frac{2+4}{2}\right), \ 즉 \left(\frac{1}{2}, 2, 3\right)$$

이고, 반지름의 길이는

$$\frac{1}{2}\sqrt{(0-1)^2+(3-1)^2+(4-2)^2}=\frac{3}{2}$$

이므로 구하는 구의 방정식은

$$\left(x-\frac{1}{2}\right)^2+(y-2)^2+(z-3)^2=\frac{9}{4}$$

(2) 점 P의 좌표를 (x, y, z)라고 하면 두 점
$A(2, 3, -1)$, $B(-1, 0, 2)$에 대하여
$\overline{AP}:\overline{BP}=2:1$이므로 $\overline{AP}=2\overline{BP}$
즉, $\overline{AP}^2=4\overline{BP}^2$이므로

$$(x-2)^2+(y-3)^2+(z+1)^2$$
$$=4\{(x+1)^2+(y-0)^2+(z-2)^2\}$$

이 식을 전개하여 정리하면

$$x^2+y^2+z^2+4x+2y-6z+2=0$$
$$\therefore (x+2)^2+(y+1)^2+(z-3)^2=12$$

보충 설명   (2) 수학〈상〉 **12 원의 방정식**의 예제 **04**
보충 설명   에서 아폴로니우스의 원에 대하여 다음과
같이 배웠습니다.

'일반적으로 두 점 A, B에 대하여 $\overline{PA}:\overline{PB}=m:n$
$(m>0, n>0, m\neq n)$인 점 P가 나타내는 도형은
선분 AB를 $m:n$으로 내분하는 점과 $m:n$으로 외
분하는 점을 지름의 양 끝점으로 하는 원이 됩니다.'
즉, 위의 (2)에서 구한 도형의 방정식이 아폴로니우
스의 원을 3차원으로 확장한 것입니다.

즉, $\overline{PA}:\overline{PB}=2:1$인
점 P가 나타내는 도형은
오른쪽 그림과 같이 선분
AB를 $2:1$로 내분하는
점과 $2:1$로 외분하는 점을 지름의 양 끝점으로 하

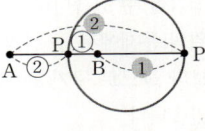

는 구가 됩니다.

정답 (1) $\left(x-\dfrac{1}{2}\right)^2+(y-2)^2+(z-3)^2=\dfrac{9}{4}$

(2) $(x+2)^2+(y+1)^2+(z-3)^2=12$

09-8

접근 방법 구가 점 A를 지나므로 구의 방정식에 $x=3$, $y=4$, $z=1$을 대입하여 a, b에 대한 식을 구하고, 구가 xy평면에 접하면 구의 중심의 z좌표의 절댓값과 구의 반지름의 길이가 같음을 이용하여 상수 a, b의 값을 구합니다.

상세 풀이 주어진 구의 방정식을 변형하면

$$(x^2-2x+1-1)+(y^2-6y+9-9)$$
$$+(z^2-2az+a^2-a^2)-b=0$$
$$(x^2-2x+1)+(y^2-6y+9)$$
$$+(z^2-2az+a^2)=a^2-b+10$$
$$\therefore (x-1)^2+(y-3)^2+(z-a)^2$$
$$=a^2-b+10$$

이때, 이 구는 점 A$(3, 4, 1)$을 지나므로

$$4+1+1-2a+a^2=a^2-b+10$$
$$\therefore 2a-b+4=0 \qquad \cdots\cdots \text{㉠}$$

또한 이 구가 xy평면에 접하므로

(구의 반지름의 길이)$=|a|$

즉, (구의 반지름의 길이)$^2=a^2$이므로

$$a^2-b+10=a^2 \quad \therefore b=10$$

$b=10$을 ㉠에 대입하면

$$2a=6 \quad \therefore a=3$$
$$\therefore a+b=3+10=13$$

보충 설명 좌표공간에서 xy평면에 접하는 구는 xy평면을 기준으로 위쪽과 아래쪽의 두 영역으로 나누어 생각할 수 있습니다.

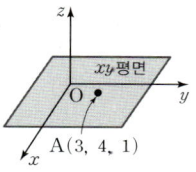

위의 문제에서 구 위의 점 A$(3, 4, 1)$의 z좌표 1이 0보다 크므로 구가 xy평면 위쪽에 있다는 것을 알 수 있습니다.

09-9

접근 방법 구의 중심과 반지름의 길이를 각각 구하고, 구가 x축과 yz평면에 모두 접하므로 구의 중심에서 x축에 내린 수선의 발까지의 거리와 구의 중심에서 yz평면에 내린 수선의 발까지의 거리가 구의 반지름의 길이와 같음을 이용합니다.

상세 풀이 구 $(x-a)^2+(y-b)^2+(z-c)^2=9$의 중심은 점 (a, b, c)이고 반지름의 길이는 3입니다.

(i) 구의 중심 (a, b, c)에서 x축에 내린 수선의 발은 $(a, 0, 0)$이므로 두 점 (a, b, c), $(a, 0, 0)$ 사이의 거리는

$$\sqrt{(a-a)^2+(b-0)^2+(c-0)^2}$$
$$=\sqrt{b^2+c^2}$$

이 구가 x축에 접하므로

$$\sqrt{b^2+c^2}=3 \quad \therefore b^2+c^2=9$$

(ii) 구의 중심 (a, b, c)에서 yz평면에 내린 수선의 발은 $(0, b, c)$이므로 두 점 (a, b, c), $(0, b, c)$ 사이의 거리는

$$\sqrt{(a-0)^2+(b-b)^2+(c-c)^2}$$
$$=\sqrt{a^2}=|a|$$

이 구가 yz평면에 접하므로

$$|a|=3 \quad \therefore a^2=9$$

(i), (ii)에 의하여

$$a^2+b^2+c^2=9+9=18$$

보충 설명 구 $(x-a)^2+(y-b)^2+(z-c)^2=r^2$이 좌표평면 또는 좌표축에 접할 조건

(1) xy평면에 접하는 경우 ➡ $r=|c|$

(2) yz평면에 접하는 경우 ➡ $r=|a|$

(3) zx평면에 접하는 경우 ➡ $r=|b|$

(4) x축에 접하는 경우 ➡ $r=\sqrt{b^2+c^2}$

(5) y축에 접하는 경우 ➡ $r=\sqrt{a^2+c^2}$

(6) z축에 접하는 경우 ➡ $r=\sqrt{a^2+b^2}$

09- 10

접근 방법 구가 xy평면과 만나서 생기는 원의 방정식은 $z=0$을 구의 방정식에 대입하면 얻을 수 있습니다. 마찬가지 방법으로 yz평면, zx평면과 만나서 생기는 원의 방정식을 구한 후, 넓이를 a, b, c에 대한 식으로 나타내어 주어진 조건을 이용합니다.

상세 풀이 구 $(x-a)^2+(y-b)^2+(z-c)^2=9$가 xy평면, yz평면, zx평면과 만나서 생기는 원의 방정식은 다음과 같습니다.

(i) xy평면과 만나서 생기는 원의 방정식은
$$(x-a)^2+(y-b)^2=9-c^2$$
← 구의 방정식에 $z=0$을 대입합니다.

이고, 이는 반지름의 길이가 $\sqrt{9-c^2}$인 원이므로 넓이 S_1은 $(9-c^2)\pi$입니다.

(ii) yz평면과 만나서 생기는 원의 방정식은
$$(y-b)^2+(z-c)^2=9-a^2$$
← 구의 방정식에 $x=0$을 대입합니다.

이고, 이는 반지름의 길이가 $\sqrt{9-a^2}$인 원이므로 넓이 S_2는 $(9-a^2)\pi$입니다.

(iii) zx평면과 만나서 생기는 원의 방정식은
$$(x-a)^2+(z-c)^2=9-b^2$$
← 구의 방정식에 $y=0$을 대입합니다.

이고, 이는 반지름의 길이가 $\sqrt{9-b^2}$인 원이므로 넓이 S_3은 $(9-b^2)\pi$입니다.

이때, $S_1+S_2+S_3=12\pi$이므로
$$(9-c^2)\pi+(9-a^2)\pi+(9-b^2)\pi=12\pi$$
$$27-(a^2+b^2+c^2)=12$$
$$\therefore a^2+b^2+c^2=15$$

보충 설명 주어진 문제의 조건 $(S_1+S_2+S_3=12\pi)$보다 미지수 (a, b, c)의 개수가 많으므로 a, b, c의 값을 각각 구할 수 없습니다. 하지만 문제에서 구하는 것이 $a^2+b^2+c^2$이라는 특정한 형태의 값이므로 각각의 미지수의 값을 구하기보다는 문제에서 원하는 형태에 초점을 맞추어 접근합니다.

정답 15

09- 11

접근 방법 좌표공간의 두 점 $A(2, 4, 3)$, $B(-1, 1, -2)$의 xy평면 위로의 정사영은 각 점의 z좌표를 0으로 바꾸면 얻을 수 있습니다. 또한 선분 AB를 $1:2$로 외분하는 점을 구한 후, xy평면을 기준으로 그림을 그려 삼각형의 넓이를 구합니다.

상세 풀이 두 점 $A(2, 4, 3)$, $B(-1, 1, -2)$의 xy평면 위로의 정사영을 각각 A', B'이라고 하면
$$A'(2, 4, 0), B'(-1, 1, 0)$$

또한 선분 AB를 $1:2$로 외분하는 점을 P라고 하면 점 P의 좌표는
$$\left(\frac{1\times(-1)-2\times2}{1-2}, \frac{1\times1-2\times4}{1-2}, \frac{1\times(-2)-2\times3}{1-2}\right),$$
즉 $P(5, 7, 8)$

이때, 점 P의 xy평면 위로의 정사영을 P'이라고 하면 $P'(5, 7, 0)$이므로 $\overline{PP'}=8$이고, $\overline{PP'}\perp\overline{A'B'}$입니다.

좌표공간의 점을 삼각형 $PB'A'$이 이루는 평면 위에 나타내면 다음 그림과 같습니다.

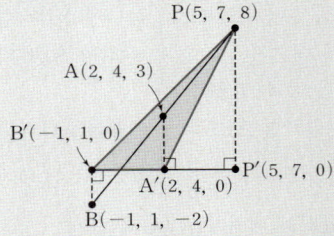

따라서 구하는 삼각형의 넓이는
$$\frac{1}{2}\times\overline{A'B'}\times\overline{PP'}$$
← $\overline{A'B'}=\sqrt{(-1-2)^2+(1-4)^2}$
　　$=3\sqrt{2}$
$$=\frac{1}{2}\times3\sqrt{2}\times8$$
$$=12\sqrt{2}$$

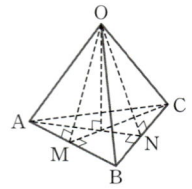

보충 설명 선분 AB를 $1:2$로 외분하는 점 P는 두 점 A, B와 같은 직선 위에 있고, 세 점 A, B, P의 xy평면 위로의 정사영 A′, B′, P′ 역시 같은 직선 위에 있습니다. 따라서 **상세 풀이** 의 그림과 같이 삼각형 PB′A′에서 선분 A′B′을 밑변으로 할 때, 높이는 선분 PP′입니다.

정답 $12\sqrt{2}$

09-12

접근 방법 [그림 2]의 점 O가 원점 $(0, 0, 0)$이 되도록 기준을 잡고 x축, y축, z축을 정하여 세 꼭짓점 A, B, C를 좌표공간 위에 놓습니다. 원점 O를 중심으로 꼭짓점 A, B, C의 위치를 파악하여 삼각형 ABC의 수선의 발의 위치를 생각해 봅니다.

상세 풀이 좌표공간에 점 O를 원점으로 놓고, 오른쪽 그림과 같이 x축, y축, z축을 잡으면
$A(1, 0, 4)$,
$B(4, 1, 0)$,
$C(0, 4, 1)$
입니다.
이때, 삼각형 ABC는 정삼각형이고 세 꼭짓점 A, B, C는 각각 zx평면, xy평면, yz평면 위에 있습니다.
또한 세 꼭짓점 A, B, C는 각 축으로부터 일정한 거리만큼 떨어져 있으므로 점 O에서 삼각형 ABC에 내린 수선의 발은 삼각형 ABC의 무게중심임을 알 수 있습니다.
따라서 삼각형 ABC의 무게중심을 G라고 하면 점 G의 좌표는 $\left(\dfrac{5}{3}, \dfrac{5}{3}, \dfrac{5}{3}\right)$이므로 점 O에서 삼각형 ABC에 내린 수선 OG의 길이는

$$\overline{OG}=\sqrt{\left(\dfrac{5}{3}\right)^2+\left(\dfrac{5}{3}\right)^2+\left(\dfrac{5}{3}\right)^2}=\dfrac{5\sqrt{3}}{3}$$

보충 설명 다음 그림과 같이 **상세 풀이** 의 사면체 O-ABC를 삼각형 ABC가 밑면이 되도록 놓고 다음을 살펴봅시다.

(ⅰ) 삼각형 OAB에서 선분 AB의 중점을 M이라고 하면 '이등변삼각형의 꼭지각의 이등분선은 밑변을 수직이등분한다.'는 성질에 의하여
$$\overline{AB}\perp\overline{OM}, \ \overline{AB}\perp\overline{CM}$$
이고, 삼수선의 정리에 의하여 점 O에서 삼각형 ABC에 내린 수선의 발은 선분 CM 위에 있습니다.

(ⅱ) 삼각형 OBC에서 선분 BC의 중점을 N이라고 하면 '이등변삼각형의 꼭지각의 이등분선은 밑변을 수직이등분한다.'는 성질에 의하여
$$\overline{BC}\perp\overline{ON}, \ \overline{BC}\perp\overline{AN}$$
이고, 삼수선의 정리에 의하여 점 O에서 삼각형 ABC에 내린 수선의 발은 선분 AN 위에 있습니다.

(ⅰ), (ⅱ)에 의하여 점 O에서 삼각형 ABC에 내린 수선의 발이 두 선분 CM, AN 위에 있으므로 수선의 발은 두 선분 CM, AN의 교점에 위치합니다.
즉, 두 선분 CM, AN의 교점이 삼각형 ABC의 무게중심이므로 원점 O에서 삼각형 ABC에 내린 수선의 발은 삼각형 ABC의 무게중심입니다.

정답 $\dfrac{5\sqrt{3}}{3}$

09-13

접근 방법 정사면체의 모든 면은 정삼각형이므로 면 OAB가 정삼각형이 되도록 하는 꼭짓점 B의 좌표를 구한 후, 정사면체 O-ABC의 꼭짓점 C에서 밑면 OAB에 내린 수선의 발이 삼각형 OAB의 무게중심과 같다는 것을 이용합니다.

상세 풀이 점 $A(2, 0, 0)$이므로 삼각형 OAB는 한 변의 길이가 2인 정삼각형이고 xy평면 위에 있는 점 B의 y좌표가 양수이므로 점 B의 좌표는

$$(2\cos 60°, 2\sin 60°, 0)$$
$$\therefore B(1, \sqrt{3}, 0)$$

또한 정사면체
O－ABC의 꼭짓점 C
에서 삼각형 OAB에
내린 수선의 발 G는 삼
각형 OAB의 무게중
심입니다.

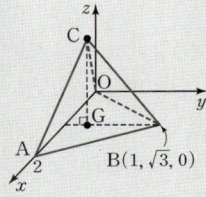

삼각형 OAB의 무게중심 G의 좌표는
$$\left(\frac{0+2+1}{3}, \frac{0+0+\sqrt{3}}{3}, \frac{0+0+0}{3}\right), 즉$$
$$G\left(1, \frac{\sqrt{3}}{3}, 0\right)$$
즉, 꼭짓점 C의 좌표를 $\left(1, \frac{\sqrt{3}}{3}, c\right)$라고 하면
$\overline{OC}=\overline{OA}=2$이므로
$$\overline{OC}^2=1^2+\left(\frac{\sqrt{3}}{3}\right)^2+c^2=2^2$$
$$c^2=\frac{8}{3}$$
$$\therefore c=\frac{2\sqrt{6}}{3} \ (\because c>0)$$
따라서 꼭짓점 C의 좌표는 $\left(1, \frac{\sqrt{3}}{3}, \frac{2\sqrt{6}}{3}\right)$이므로
$$a=1, b=\frac{\sqrt{3}}{3}, c=\frac{2\sqrt{6}}{3}$$
$$\therefore abc=1\times\frac{\sqrt{3}}{3}\times\frac{2\sqrt{6}}{3}=\frac{2\sqrt{2}}{3}$$

보충 설명 정사면체의 성질

(1) 꼭짓점 A에서 면 BCD에
내린 수선의 발 H는 면
BCD의 무게중심입니다.
$$\overline{BM}=\overline{CM},$$
$$\overline{DH}=2\overline{MH},$$
$$\overline{DM}\perp\overline{BC}$$

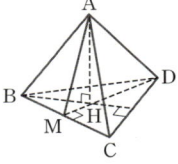

(2) 세 쌍의 꼬인 위치에 있는 모서리가 이루는 각의
크기는 모두 직각입니다.
$$\overline{AB}\perp\overline{CD}, \ \overline{AC}\perp\overline{BD}, \ \overline{AD}\perp\overline{BC}$$

정답 $\dfrac{2\sqrt{2}}{3}$

09-14

접근 방법 점 B$(5, 4, 0)$과 점 P는 xy평면 위에 있지
만 점 A는 xy평면 위에 있지 않으므로
$\overline{AP}=\overline{A'P}$가 성립하도록 하는 xy평면 위의 점 A$'$을
찾은 후, 거리의 최솟값을 구합니다.

상세 풀이 점 A$(0, 0, 4)$
에서 직선 $x=3$에 내린
수선의 발을 Q라고 하
면 점 Q$(3, 0, 0)$이고
선분 AQ의 길이는
$$\sqrt{3^2+4^2}=5$$

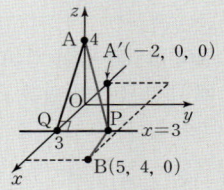

이므로 x축 위의 점 Q에서 거리가 5인 x축 위의
점을 A$'(-2, 0, 0)$으로 놓습니다.
이때, 위의 그림과 같이 직선 $x=3$ 위의 점 P에
대하여 두 삼각형 AQP, A$'$QP는 합동이므로
$$\overline{AP}=\overline{A'P}$$
입니다. 즉,
$$\overline{AP}+\overline{PB}=\overline{A'P}+\overline{PB}$$
$$\geq\overline{A'B}$$
$$=\sqrt{(5+2)^2+4^2}=\sqrt{65}$$
따라서 점 A에서 점 P를 거쳐 점 B까지 이르는
거리의 최솟값은 $\sqrt{65}$입니다.

보충 설명 xy평면 위의 직선 $x=3$ 위의 점 P의 좌표
를 $(3, y, 0)$이라 하고 두 점 사이의 거리 구하는 공
식을 이용하여
$$\overline{AP}+\overline{BP}=\sqrt{y^2+25}+\sqrt{y^2-8y+20}$$
의 결과를 얻을 수 있지만 이 값의 최솟값을 직접
구하는 것은 매우 복잡합니다. 따라서 위의 풀이와
같이 $\overline{AP}=\overline{A'P}$인 점 A$'$을 두 점 B, P와 같은 평면
위에 있도록 위치시켜서 문제를 해결합니다.

정답 $\sqrt{65}$

09-15

접근 방법 서로 다른 평면 위에 있는 도형의 최단 거
리를 생각하는 것은 쉽지 않으므로 점 A에서 xy평
면에 내린 수선의 발과 원 $(x-2)^2+(y-2)^2=1$ 사

이의 최단 거리를 먼저 생각합니다.

상세 풀이

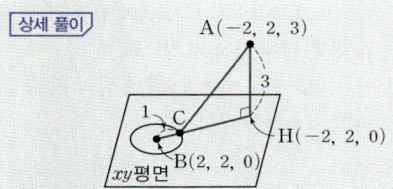

A(−2, 2, 3)

위의 그림과 같이 점 A(−2, 2, 3)에서 xy평면에 내린 수선의 발을 H라고 하면 H는 xy평면 위의 점이므로 H(−2, 2, 0)이고,
원 $(x-2)^2+(y-2)^2=1$의 중심을 B라고 하면 B(2, 2, 0)입니다. 이때, 선분 BH와 원이 만나는 점을 C라고 하면 선분 AP의 길이는 점 P가 점 C가 될 때 최소가 됩니다.
이때, 삼각형 ACH에서 두 선분 AH, CH의 길이는

$$\overline{AH}=3$$
$$\overline{CH}=\overline{BH}-\overline{BC}$$
$$=\sqrt{(-2-2)^2+(2-2)^2}-1$$
$$=4-1=3$$
$$\therefore \overline{AC}=\sqrt{\overline{AH}^2+\overline{CH}^2}=\sqrt{3^2+3^2}=3\sqrt{2}$$

따라서 두 점 A, P 사이의 거리의 최솟값은 $3\sqrt{2}$입니다.

정답 $3\sqrt{2}$

09- 16

접근 방법 좌표공간은 오른쪽 그림과 같이 8개의 영역으로 나누어지므로 구의 중심에서 xy평면, yz평면, zx평면, x축, y축, z축, 원점까지의 거리를 구하여 구의 반지름의 길이와 비교합니다.

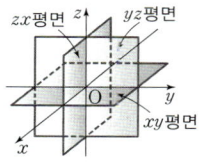

상세 풀이 좌표공간은 xy평면, yz평면, zx평면에 의하여 다음과 같이 8개의 영역으로 나누어집니다.

① $x>0, y>0, z>0$인 영역
② $x>0, y>0, z<0$인 영역
③ $x>0, y<0, z>0$인 영역
④ $x>0, y<0, z<0$인 영역
⑤ $x<0, y>0, z>0$인 영역
⑥ $x<0, y>0, z<0$인 영역
⑦ $x<0, y<0, z>0$인 영역
⑧ $x<0, y<0, z<0$인 영역

(i) 주어진 구를 C라고 하면 구 C는 중심의 좌표가 (−2, 3, 4)이므로 구 C의 중심은 ⑤의 영역에 있습니다.
따라서 구 C는 ⑤의 영역을 지납니다.

(ii) 구의 반지름의 길이 r는
$$r=\sqrt{24}=2\sqrt{6}$$
이고 $|-2|<r, 3<r, 4<r$이므로 구 C는 yz평면, zx평면, xy평면에 의하여 두 부분으로 나누어집니다.
따라서 구 C는 ①, ⑦, ⑥의 영역을 지납니다.

(iii) $\sqrt{(-2)^2+3^2}<r$이므로 구 C는 z축과 서로 다른 두 점에서 만납니다.
따라서 구 C는 ③의 영역을 지납니다.

(iv) $\sqrt{(-2)^2+4^2}<r$이므로 구 C는 y축과 서로 다른 두 점에서 만납니다.
따라서 구 C는 ②의 영역을 지납니다.

(v) $\sqrt{3^2+4^2}>r$이므로 구 C는 x축과 만나지 않습니다.
따라서 구 C는 ⑧의 영역을 지나지 않습니다.

(vi) $\sqrt{(-2)^2+3^2+4^2}>r$이므로 원점은 구 C의 외부에 있습니다.
따라서 구 C는 ④의 영역을 지나지 않습니다.

(i)~(vi)에 의하여 구 C가 지나는 영역의 개수는 ①, ②, ③, ⑤, ⑥, ⑦의 6입니다.

보충 설명 구의 중심 (−2, 3, 4)에서 x축에 내린 수선의 발이 (−2, 0, 0)이므로 (v)와 같이 구의 중심에서 x축까지의 거리는 $\sqrt{3^2+4^2}=5$입니다.

정답 ㉢

09-17

접근 방법 구 C가 xy평면과 만나서 생기는 원 C_1과 yz평면과 만나서 생기는 원 C_2가 한 점에서 만나면 그 교점은 y축 위에 있고, zx평면과 만나서 생기는 원 C_3과 원 C_2가 한 점에서 만나면 그 교점은 z축 위에 있습니다. 한편, 공간에서 세 원 C_1, C_2, C_3을 동시에 생각하는 것은 복잡하므로 xy평면, yz평면, zx평면으로 각각 나누어 생각합니다.

상세 풀이 구 C의 중심의 좌표가 (a, b, c)이므로 xy평면과 만나서 생기는 원 C_1의 중심의 좌표는 $(a, b, 0)$이고, yz평면과 만나서 생기는 원 C_2의 중심의 좌표는 $(0, b, c)$이며, zx평면과 만나서 생기는 원 C_3의 중심의 좌표는 $(a, 0, c)$입니다. 또한 원 C_1과 원 C_2는 한 점에서 만나므로 교점은 y축 위에 있고, 원 C_2와 원 C_3도 한 점에서 만나므로 교점은 z축 위에 있습니다.

한편, 원 C_1은 y축과 접하고 넓이가 36π이므로

$a=6$ $(\because a>0)$ $\cdots\cdots$ ㉠

원 C_2는 y축과 z축에 접하므로

$b=c$ $(\because b>0, c>0)$

원 C_1과 원 C_2가 만나서 생기는 접점 $(0, b, 0)$과 구 C의 중심 (a, b, c) 사이의 거리가 구의 반지름의 길이와 같으므로

$a^2+c^2=100$ $\cdots\cdots$ ㉡

㉠을 ㉡에 대입하면

$c^2=64$ $\quad \therefore c=8$ $(\because c>0)$

이때, $b=c$이므로 $b=8$

$\therefore a+b+c=6+8+8=22$

보충 설명 위의 문제와 같이 좌표공간에서 공간도형을 묻는 문제는 머리 속에서 공간도형을 그려 복잡하게 생각하기보다는 각각의 기준이 되는 평면으로 나누어 그 단면을 기준으로 문제를 해결합니다.

정답 22

09-18

접근 방법 주어진 구를 S라고 하면 직선 l과 구 S의

---

xy평면 위로의 정사영은 도형의 z 성분을 제거하는 것과 같은 의미이므로 구 S의 xy평면 위로의 정사영인 원의 방정식과 직선 l의 정사영인 직선의 방정식을 구할 수 있습니다. 또한 원과 직선이 서로 접한다는 의미는 원의 중심과 직선 사이의 거리가 반지름의 길이와 같다는 뜻입니다.

상세 풀이 주어진 구를 S라고 하면 구 S의 xy평면 위로의 정사영은

$(x-1)^2+(y-2)^2=4$ $\cdots\cdots$ ㉠

또한 두 점 $P(0, 0, 5)$, $Q(a, b, 4)$를 잇는 직선 l의 xy평면 위로의 정사영은 두 점 $(0, 0)$, (a, b)를 지나므로 그 직선의 방정식은

$y=\dfrac{b}{a}x$, 즉 $bx-ay=0$ $\cdots\cdots$ ㉡

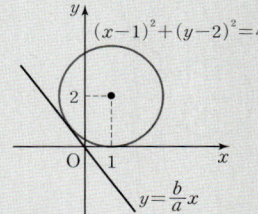

이때, 원 ㉠과 직선 ㉡이 접하므로 원의 중심 $(1, 2)$와 직선 ㉡ 사이의 거리는 원의 반지름의 길이 2와 같습니다.

즉, $\dfrac{|b-2a|}{\sqrt{b^2+(-a)^2}}=2$에서

$|b-2a|=2\sqrt{b^2+a^2}$

$b^2-4ab+4a^2=4b^2+4a^2$

$3b^2+4ab=0$, $b(3b+4a)=0$

$\therefore \dfrac{a}{b}=-\dfrac{3}{4}$ $(\because b\neq0)$

보충 설명 직선 $k : px+qy+s=0$이 원 $(x-a)^2+(y-b)^2=r^2$에 접한다는 것은 원의 중심 (a, b)와 직선 k 사이의 거리가 원의 반지름의 길이와 같다는 것을 의미하므로 점과 직선 사이의 거리 구하는 공식 $r=\dfrac{|pa+qb+s|}{\sqrt{p^2+q^2}}$를 이용합니다.

정답 $-\dfrac{3}{4}$

09-19

접근 방법 외접하는 두 개의 구의 중심과 반지름의 길이를 고려하여 그림을 그리고, 점 P를 중심으로 하는 구가 두 개의 구에 동시에 외접하므로 점 P가 나타내는 도형이 원이라는 것을 알아야 합니다.

상세 풀이 두 구 C_1, C_2는 반지름의 길이가 각각 1, 2이고, 두 구의 중심을 각각 O, A라고 하면 $\overline{OA} = \sqrt{2^2 + (-1)^2 + 2^2} = 3$이므로 두 구는 외접합니다. 조건을 만족시키는 점 P에 대하여 세 점 O, A, P를 지나는 평면으로 세 구를 자른 단면은 다음 그림과 같습니다.

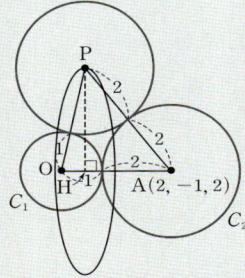

이때, 점 P에서 선분 OA에 내린 수선의 발을 H라고 하면 점 P가 나타내는 도형은 중심이 점 H이고, 선분 OA에 수직인 선분 PH를 반지름으로 하는 원입니다.

두 삼각형 POH, PHA에서 피타고라스 정리에 의하여

$3^2 = \overline{OH}^2 + \overline{PH}^2$, 즉 $\overline{PH}^2 = 9 - \overline{OH}^2$ ······ ㉠

$4^2 = (3 - \overline{OH})^2 + \overline{PH}^2$,

즉 $\overline{PH}^2 = 16 - (3 - \overline{OH})^2$ ······ ㉡

㉠, ㉡에 의하여

$9 - \overline{OH}^2 = 16 - (9 - 6 \times \overline{OH} + \overline{OH}^2)$

$6 \times \overline{OH} = 2$ ∴ $\overline{OH} = \dfrac{1}{3}$

이를 ㉠에 대입하면

$\overline{PH}^2 = 9 - \left(\dfrac{1}{3}\right)^2 = \dfrac{80}{9}$에서 $\overline{PH} = \dfrac{4\sqrt{5}}{3}$

따라서 점 P가 나타내는 도형의 둘레의 길이는

$$2\pi \times \overline{PH} = 2\pi \times \dfrac{4\sqrt{5}}{3} = \dfrac{8\sqrt{5}}{3}\pi$$

보충 설명 주어진 문제에서 두 구의 중심과 반지름을 좌표공간에 대응하여 생각하는 것은 매우 복잡합니다. 따라서 구의 중심과 반지름을 생각하고, 그 구의 단면인 원을 그려서 조건에 맞도록 생각합니다.

정답 $\dfrac{8\sqrt{5}}{3}\pi$

09-20

접근 방법 좌표평면에서 두 원

$$x^2 + y^2 + ax + by + c = 0,$$
$$x^2 + y^2 + a'x + b'y + c' = 0$$

의 교점을 지나는 원의 방정식은

$$x^2 + y^2 + ax + by + c$$
$$+ k(x^2 + y^2 + a'x + b'y + c') = 0 \ (k \neq -1)$$

으로 표현합니다. 마찬가지 방법으로 좌표공간에서 두 구의 교선을 포함하는 구의 방정식을 생각할 수 있습니다. 또한 원점을 지난다는 조건을 이용하여 상수 k의 값과 구의 방정식을 구할 수 있습니다.

상세 풀이 두 구의 교선을 포함하는 구의 방정식은 $k \neq -1$인 상수 k에 대하여

$$(x^2 + y^2 + z^2 - 2x - 6y - 4z - 22)$$
$$+ k(x^2 + y^2 + z^2 + 2x + 4y + 6z - 11) = 0 \ \cdots\cdots ㉠$$

이 구가 원점을 지나므로 $x = 0$, $y = 0$, $z = 0$을 ㉠에 대입하면

$$11k = -22 \qquad ∴ k = -2$$

$k = -2$를 ㉠에 대입하여 정리하면

$$x^2 + y^2 + z^2 + 6x + 14y + 16z = 0$$
$$∴ (x+3)^2 + (y+7)^2 + (z+8)^2 = 122$$

따라서 구하는 구의 반지름의 길이는 $\sqrt{122}$입니다.

보충 설명 좌표공간에서 두 구

$$x^2 + y^2 + z^2 + ax + by + cz + d = 0,$$
$$x^2 + y^2 + z^2 + a'x + b'y + c'z + d' = 0$$

의 교선을 포함하는 구의 방정식은

$$x^2 + y^2 + z^2 + ax + by + cz + d$$
$$+ k(x^2 + y^2 + z^2 + a'x + b'y + c'z + d') = 0 \ (k \neq -1)$$

입니다.

정답 $\sqrt{122}$